After Effects

O essencial em Motion Graphics e VFX

SÉRIE
INFORMÁTICA

Dados Internacionais de Catalogação na Publicação (CIP)
(Simone M. P. Vieira - CRB 8ª/4771)

Affonso, Alex

    After Effects : o essencial em Motion Graphics e VFX /
Alex Affonso. – São Paulo : Editora Senac São Paulo, 2021.
(Série Informática)

    ISBN 978-65-5536-935-9 (Impresso/2021)
    e-ISBN 978-65-5536-936-6 (ePub/2021)
    e-ISBN 978-65-5536-937-3 (PDF/2021)

    1. Adobe After Effects (Programa de computador)   2.
Computação gráfica 3. Animação por computador I. Título.
II. Série.

21-1414t   CDD – 006.68
                            BISAC COM012000

Índice para catálogo sistemático:

1. Adobe After Effects : Programa de computador   006.68

After Effects

O essencial em Motion Graphics e VFX

Alex Affonso

Editora Senac São Paulo – São Paulo – 2021

ADMINISTRAÇÃO REGIONAL DO SENAC NO ESTADO DE SÃO PAULO

Presidente do Conselho Regional: Abram Szajman
Diretor do Departamento Regional: Luiz Francisco de A. Salgado
Superintendente Universitário e de Desenvolvimento: Luiz Carlos Dourado

EDITORA SENAC SÃO PAULO

Conselho Editorial: Luiz Francisco de A. Salgado
　　　　　　　　　Luiz Carlos Dourado
　　　　　　　　　Darcio Sayad Maia
　　　　　　　　　Lucila Mara Sbrana Sciotti
　　　　　　　　　Luís Américo Tousi Botelho

Gerente/Publisher: Luís Américo Tousi Botelho
Coordenação Editorial/Prospecção: Dolores Crisci Manzano e Ricardo Diana
Administrativo: grupoedsadministrativo@sp.senac.br
Comercial: comercial@editorasenacsp.com.br

　Edição e Preparação de Texto: Vanessa Rodrigues
　Revisão de Texto: Daniela Veríssimo
　Projeto Gráfico e Capa: Antonio Carlos De Angelis
　Editoração Eletrônica: Manuela Ribeiro
　Impressão e Acabamento: Melting Color

Todos os direitos desta edição reservados à
Editora Senac São Paulo
Rua 24 de Maio, 208 – 3º andar – Centro – CEP 01041-000
Caixa Postal 1120 – CEP 01032-970 – São Paulo – SP
Tel. (11) 2187-4450 – Fax (11) 2187-4486
E-mail: editora@sp.senac.br
Home page: http://www.livrariasenac.com.br

© Editora Senac São Paulo, 2021

Sumário

Apresentação

O que é a Série Informática

A Série Informática foi desenvolvida para que você aprenda sozinho, sem o acompanhamento de um professor. Neste volume, você vai entrar no universo de possibilidades infinitas que é o After Effects. Vamos desvendar a magia de trabalhar com Motion Graphics e criar animações do zero, combinando recursos e efeitos para dar luz àquelas imagens que, antes de se tornarem realidade, existem apenas na nossa cabeça criativa.

Equipamento necessário

Para você estudar com este material, é importante que seu computador tenha as configurações mínimas listadas a seguir.

Windows

- **Processador:** Multicore Intel com suporte a 64-bit.

- **Sistema operacional:** Microsoft Windows 10 (64 bit) versão 1903 ou superior. Importante: a versão 1607 do Windows não é suportada.

- **Memória RAM:** 16 GB no mínimo (32 GB recomendados).

- **Placa gráfica GPU:** 2 GB de VRAM. A Adobe recomenda a atualização do driver NVIDIA para a versão 451.77 ou mais recente ao usar o After Effects. Versões anteriores apresentam problemas e podem travar o software.

- **Espaço em HD:** 5 GB de espaço disponível em HD; espaço livre adicional necessário durante a instalação (não pode ser instalado em dispositivos de armazenamento removíveis). Espaço adicional de 10 GB recomendado para armazenamento de arquivos temporários (cache).

- **Resolução do monitor:** 1280 × 1080 ou maior.

- **Internet:** A conexão à internet e o registro são necessários para ativação do software, validação da assinatura e acesso aos serviços on-line.

Versão para Mac

- **Processador:** Multicore Intel com suporte a 64-bit.

- **Sistema operacional:** macOS versão 10.14 ou mais recente. O macOS Big Sur é suportado na versão 17.5.1 do After Effects.

- **Memória RAM:** 16 GB no mínimo (32 GB recomendados).

- **Placa gráfica GPU:** 2 GB de VRAM.

- **Espaço em HD:** 6 GB de espaço disponível em HD; espaço livre adicional necessário durante a instalação (não pode ser instalado em um volume que use sistema de arquivos com diferenciação entre letras maiúsculas e minúsculas em dispositivos de armazenamento removíveis). Espaço adicional de 10 GB recomendado para armazenamento de arquivos temporários (cache).

- **Resolução do monitor:** 1440 × 900 ou maior.
- **Internet:** A conexão à internet e o registro são necessários para ativação do software, validação da assinatura e acesso aos serviços on-line.

Para mais detalhes sobre os requisitos mínimos do After Effects e dos demais softwares da Adobe, acesse a página oficial, disponível em: https://helpx.adobe.com/support.html,[1] e digite "requirements" no campo de busca.

E a versão do After Effects, qual deve ser?

Embora todos os exercícios desenvolvidos ao longo do livro tenham sido criados e finalizados no After Effects 2020, você pode usar qualquer outra versão dele para aprender e fazer exatamente as mesmas coisas. As atualizações constantes implementadas pela Adobe ano após ano no After Effects trazem sempre maneiras novas e mais elaboradas de trabalhar, mas nada que mude a essência do software e a forma como ele funciona. Ou seja, desde que esteja utilizando a versão 2015 ou superior do After Effects, tudo o que é explicado neste livro pode ser feito de igual maneira.

Entretanto, para abrir os projetos fornecidos nos arquivos de exercícios, você precisará ter o After Effects 2020 (v17.6.0 Build 46) instalado. Minha recomendação é de que você mantenha seu software sempre atualizado na última versão, uma vez que as atualizações não apenas corrigem possíveis problemas e falhas como também trazem novos recursos. Não é à toa que, quando abrimos o After Effects, sempre apareça a janela de boas-vindas com dicas, tutoriais e, acima de tudo, informações sobre as novidades mais recentes.

---

1   Acesso em: 14 set. 2021.

A estrutura do livro

Cada capítulo foi elaborado com o objetivo de que você descubra um novo recurso, uma nova forma de trabalhar, uma nova possibilidade criativa, para entender o principal: a dinâmica da poderosa ferramenta que é o After Effects.

Você aprenderá, a cada etapa, que tudo depende de quanto esta ou aquela opção vai levar àquele resultado que você projetou. De forma orgânica, como quando você segura uma caneta para escrever e nem sequer pensa na caneta, você verá que, ao final, terá domínio sobre o After Effects e terá prazer em se entregar a ele e mergulhar de cabeça nas suas composições.

Não ache estranho se você passar horas (ou dias) apertando botões e arrastando linhas ou números sem perceber o tempo passar: isso é o resultado esperado. Ora, todo artista, quando mergulha em seu universo criativo, deixa-se perder por ele enquanto, quase sem pensar, manipula suas ferramentas, até que sua obra de arte esteja finalizada.

Você começará reconhecendo o software, entendendo para que servem os painéis e o trabalhar com a interface. Logo depois, no segundo capítulo, você já criará um projeto e, usando recursos fundamentais, terá informação e conhecimento suficientes para ir em frente e explorar, nos capítulos seguintes, os keyframes, os gráficos e tudo aquilo que permite a criação de muito mais do que apenas a variação premeditada de valores como posição e escala ao longo do tempo, por exemplo.

Então, sabendo utilizar as mais diversas possibilidades de controle da animação, você aprenderá a criar cenários e animá-los, a criar sobreposição e trabalhar com Chroma Key (fundo verde), a criar espaços/cenários tridimensionais e a usar programação em JavaScript, chamada de expressions, para ir muito além e trazer a naturalidade da aleatoriedade, entre outras coisas, para seus projetos.

Como a música desempenha um papel fundamental no audiovisual, o trabalho com sons também será abordado. A música, inclusive, pode ser usada como norte da animação, definindo seu ritmo.

Ao concluir o projeto, você aprenderá como exportá-lo de modo que ele possa ser reproduzido em todas as mídias, da televisão ao cinema, do monitor do computador à tela do celular.

Leia com atenção todos os itens do livro, pois sempre encontrará informações úteis para a execução das atividades. E conheça, abaixo, o significado dos símbolos colocados ao lado de determinados trechos do texto, porque eles servem para orientar seu trabalho.

Faça o download das atividades no link:
www.editorasenacsp.com.br/informatica/
adobe_after_effects/atividades.zip

Como usar os arquivos de exercícios

Os capítulos possuem arquivos de exercícios que podem ser usados por você para replicar aquilo que é explicado ao longo das lições.

Depois de baixar e descompactar os arquivos, você terá uma pasta para cada capítulo e, dentro delas, todas as imagens que são utilizadas nos exercícios. Você poderá, então, ir por dois caminhos:

- criar seus próprios projetos e importar as imagens para eles conforme a maneira explicada, para replicar aquilo que proponho do zero e se acostumar com a criação de projetos, tendo ciência de tudo o que é necessário configurar desde o início; ou

- abrir os projetos que preparei para este livro, que também estão nas pastas de cada capítulo.

Como exemplo, vamos usar a pasta do capítulo 2. Você encontrará dentro da pasta:

- uma música em formato .mp3;

- um logotipo desenhado no Illustrator em formato .ai;

- dois filmes em formato .mp4;

- dois projetos do After Effects (início e final) em formato .aep.

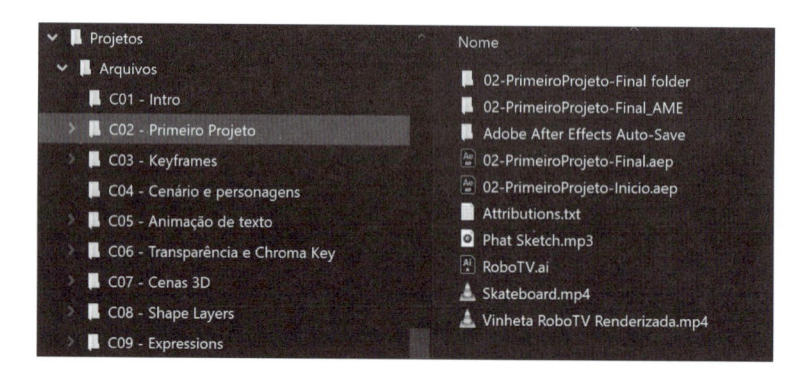

Você pode começar o exercício de cada capítulo: (1) ou abrindo o projeto inicial, (2) ou criando o projeto do zero (executando o passo a passo). E você pode também abrir o projeto final caso queira investigar como eu finalizei cada exercício e ver a forma como deixei as configurações de cada parâmetro alterado. Explorar o projeto de outro profissional é um modo importantíssimo de estudar o After Effects, tal qual é, para os programadores, investigar websites de seus colegas.

Espero ser o responsável por desmistificar tudo aquilo que possa parecer, pelo menos à primeira vista, difícil e complicado. Você verá que não é!

Introdução

Antes de começarmos a trabalhar com o After Effects, peço licença para falar um pouco sobre o que dominar um software como esse representa para mim. Quero, com isso, mostrar como tudo é possível quando você entende as nuances de cada detalhe.

Quando comecei a trabalhar com o After Effects, eu criava e produzia *trailers* de games para computador, daqueles que eram lançados em CD nas bancas de jornal por uma empresa que dominava o mercado nacional na época e tinha suas revistas espalhadas por todo o país.

Naquele tempo, eu precisava ir além de apenas capturar imagens e sequenciá-las; eu precisava de muito mais do que apenas contar uma história. Era preciso impressionar, era preciso despertar nos leitores da revista a vontade de jogar. E foi aí que o After Effects entrou na jogada.

Depois de editar alguns *trailers* no Adobe Premiere 4.2, que ainda não era Pro, e todos sempre diziam que os editores trabalhavam mesmo era com o Final Cut, apostei na ideia de que usar o software da mesma empresa que desenvolvia o Photoshop era a melhor alternativa. Isso me daria liberdade para criar de forma mais orgânica o que eu precisasse no Photoshop e integrar àquilo que eu estava editando no Premiere, mesmo que na época a integração entre eles não existisse de fato.

Foi então que, em 1998, essa minha jornada pelo audiovisual começou. Até aquele ano, eu já havia passado pelo curso de educação artística na Unesp e cursava letras na USP. Mais tarde, voltaria para a educação artística na Unesp, pois é na arte (e em línguas e literatura) que eu sempre me encontrei.

Percebendo o potencial que existia em trabalhar com Motion Graphics usando o After Effects para aprimorar as minhas edições e poder de fato criar algo novo sobre aquelas imagens incríveis que os games já tinham, não restou dúvida: eu precisava aprender a usá-lo.

Na primeira vez em que abri o After Effects 4.0, foi mais choque do que qualquer outra coisa, e um sentimento de impotência tomou conta de mim. Depois de olhar para a interface vazia dele por 5 minutos e não entender sequer como começar um projeto, eu simplesmente o fechei e me conformei em continuar trabalhando apenas com o Premiere.

Mas aquele sentimento durou pouco, já que eu sempre fui autodidata e investigativo. Não era uma tela vazia de um programa que não mostrava nada, mesmo quando se iniciava um novo projeto pelo comando *File > New Project*, que iria me abater.

Abri o After Effects de novo e, acessando cada comando de cada menu, descobri: era necessário criar uma nova composição, e não apenas um novo projeto. Era assim, então, que tanto o painel *Timeline* quanto o *Composition* apareciam. Dali em diante, as coisas fluíram muito bem, pois eu percebi aquilo que sempre digo a todos os meus alunos quando começamos um novo curso de After Effects: ele é o Photoshop para vídeo e animação.

Você notará, ao longo dos exercícios deste livro, que tudo no After Effects é criado com base na timeline, que nada mais é do que o painel *Layers* do Photoshop, munido de tempo. São infinitas as possibilidades de combinação e manipulação das camadas ao longo do tempo, e essa dinâmica torna possível criarmos não só uma sequência de imagens mas também uma sequência de acontecimentos variados que vão se desdobrando, evo luindo e revelando tudo aquilo que vemos na nossa cabeça enquanto projetamos uma nova animação, um novo efeito, um novo projeto.

O software não deve definir o que você cria. Pelo contrário: somos nós que projetamos o que queremos fazer. Conhecendo as potências do software, usamos o programa como ferramenta para criar nossa arte, nossa animação, nossos efeitos, e para trazer às telas um universo gigantesco de elementos que interagem entre si e criam, no espectador, as mais diversas sensações, as mais diversas percepções. Somos nós os responsáveis por, através dos efeitos visuais, ajudar a transmitir a mensagem de um filme, um comercial, um videoclipe, uma vinheta. Carregamos essas criações de intenções diversas a serem descobertas e consumidas pelo espectador.

E foi ao longo de mais de vinte anos trabalhando com o After Effects e, mais do que isso, ensinando milhares de pessoas a usá-lo com consciência, dominando sua dinâmica e sabendo como explorar suas infinitas possibilidades, que descobri que ele é a ferramenta que mais gosto de usar, que consegue me deixar mergulhado em um mundo no qual a cada segundo uma nova coisa acontece, um novo elemento ganha vida – e sou eu quem controla esse mundo.

Reserve tempo para estudar e praticar os exercícios propostos neste livro. E que esse mergulho seja, para você, não só produtivo e revelador como também prazeroso.

Boa leitura, bom estudo e boa viagem!

1

Visão geral do After Effects

O After Effects pode parecer assustador à primeira vista, principalmente ao vermos tudo o que ele nos oferece e como tantas e tantas possibilidades fazem dele um software tão poderoso. Não é surpresa que sua interface intimide até os usuários dos softwares Adobe mais experientes, pois ela traz diversos painéis com muitas opções que, dependendo do seu objetivo e do projeto, nem sequer são necessárias. Por isso, para nos familiarizarmos com a interface do software e suas diversas facetas, não podemos começar senão por ela, por seus painéis e pelos diferentes modos de organizar a área de trabalho.

Reconhecendo a área de trabalho

Ao abrir o After Effects pela primeira vez, você será apresentado à tela de boas-vindas, conhecida como *Home*.

Caso você queira redefinir as preferências do After Effects, basta iniciá-lo a partir da pasta *Aplicativos* no macOS ou do menu *Iniciar* no Windows e, logo na sequência, pressionar e manter pressionadas as teclas Cmd+Option+Shift (macOS) ou Ctrl+Alt+Shift (Windows). Basta clicar em *OK* na janela que aparecerá para redefinir todas as preferências do software, e seu After Effects abrirá com as configurações-padrão, sem nenhuma modificação feita pelo usuário.

Embora seja muito comum ignorarmos a janela de boas-vindas e logo fechá-la, ela traz uma gama de tutoriais criados e selecionados pela própria Adobe para ajudá-lo a começar a usar o After Effects ou aprimorar sua técnica, com dicas e truques de profissionais da área de Motion Graphics. Esses tutoriais, divididos entre os interativos (apresentados dentro do próprio software) e aqueles da web (no site da Adobe), estão localizados na opção *Learn*, à esquerda.

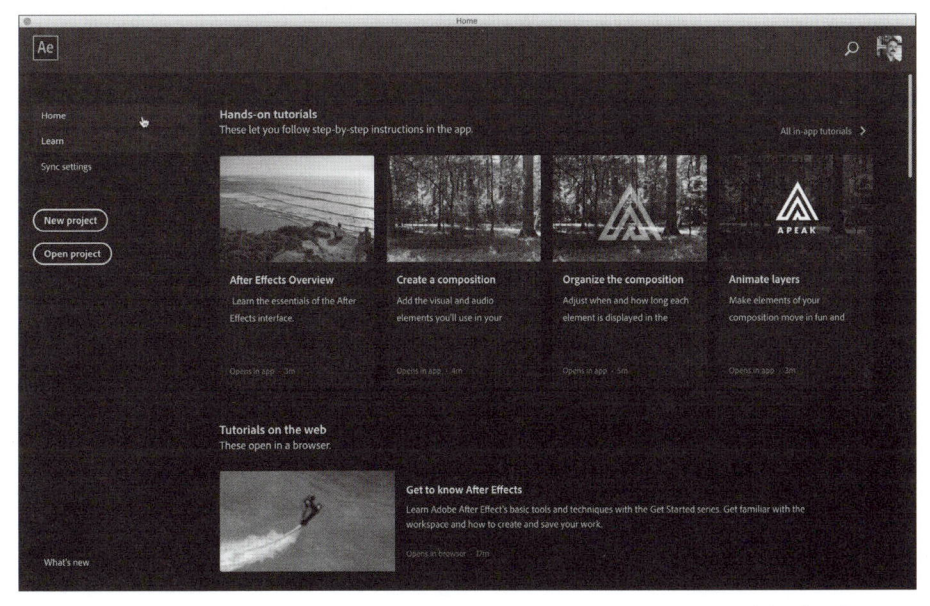

Essa janela também traz outras opções, como *Sync settings*, *New project* e *Open project*. Todas elas, ainda que aqui estejam como atalhos para começarmos a trabalhar com o After Effects, são encontradas no menu *File* tradicional, que vamos explorar aos poucos, conforme precisarmos dele.

Fechar a janela *Home* nos leva direto para a área de trabalho do After Effects, especificamente a padrão, chamada *Default*. No topo da interface, há diversas áreas de trabalho, que podemos escolher de acordo com o que estamos fazendo. Essas áreas de trabalho nada mais são do que organizações diferentes dos diversos painéis existentes no software, uma forma de filtrar as opções disponíveis e facilitar o acesso a elas quando mais precisamos. Ao longo dos exercícios deste livro, nós usaremos diversas delas, como *Effects*, *Color*, *Text* e *Essential Graphics*, por exemplo. A última das opções, chamada *Edit Workspaces*, dá acesso à janela pela qual podemos organizar sua ordem e definir aquelas que queremos manter visíveis na barra superior, facilitando o acesso.

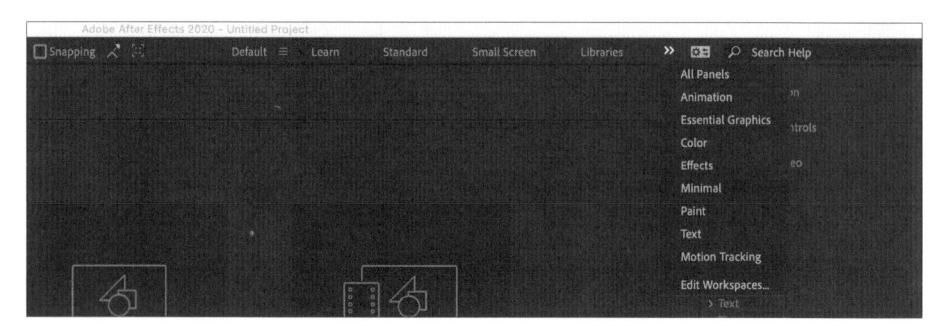

Usando a opção *Edit Workspaces*, organize os atalhos das áreas de trabalho para que eles fiquem como na imagem mostrada abaixo.

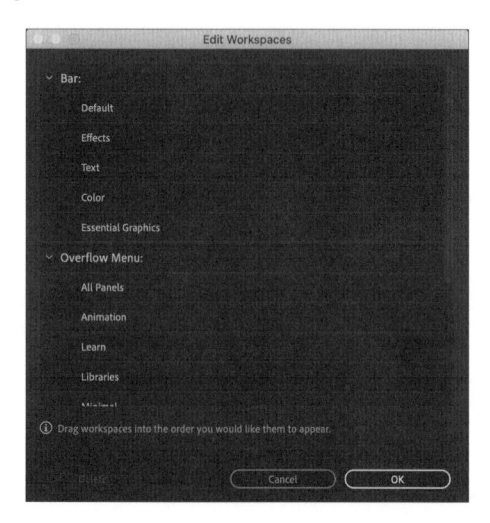

Além da possibilidade de alternar entre as áreas de trabalho já existentes, você pode criar as suas próprias, organizando os painéis da maneira que lhe for mais apropriada.

Para isso, basta arrastar o painel desejado para a área da interface que queira e ajustar sua largura e sua altura. Você notará que, ao arrastar painéis pelo nome, uma mancha lilás ou esverdeada (apenas em algumas áreas) aparecerá sobre a interface. Essa mancha destaca a região na qual o painel arrastado será colocado.

Na imagem a seguir, o painel *Effects* foi arrastado para o centro do painel *Project*. Dessa forma, ele ocupará o mesmo espaço da interface, e por isso naquela área será possível ver apenas um desses painéis por vez. Entretanto, ao soltarmos um painel na mancha lilás que aparece nas laterais de outro, ele será colocado ao lado, e os dois permanecerão visíveis simultaneamente na interface.

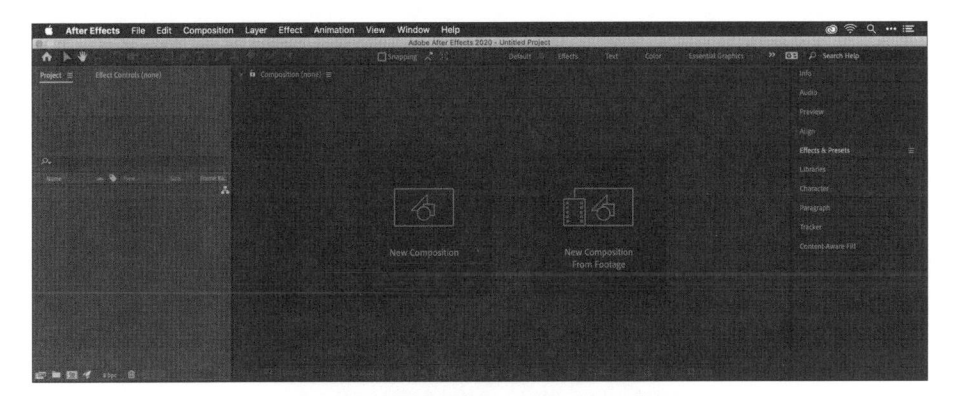

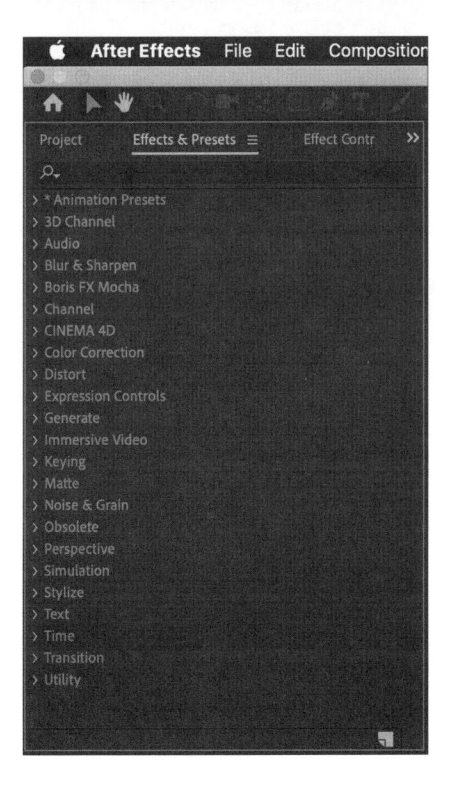

Muitos outros painéis estão disponíveis no menu superior *Window*, local padrão utilizado pela Adobe em todos os seus softwares para essa finalidade. Basta selecionar o painel desejado para que ele seja colocado, inicialmente, em seu local padrão da área de trabalho.

Depois de abrir os painéis desejados, organizá-los e definir exatamente como você deseja que sua área de trabalho seja salva, basta entrar novamente no menu *Window*, selecionar a opção *Save as New Workspace* e digitar o nome desejado. Pronto! Sua nova área de trabalho será mais uma opção que poderá ser selecionada nesse menu.

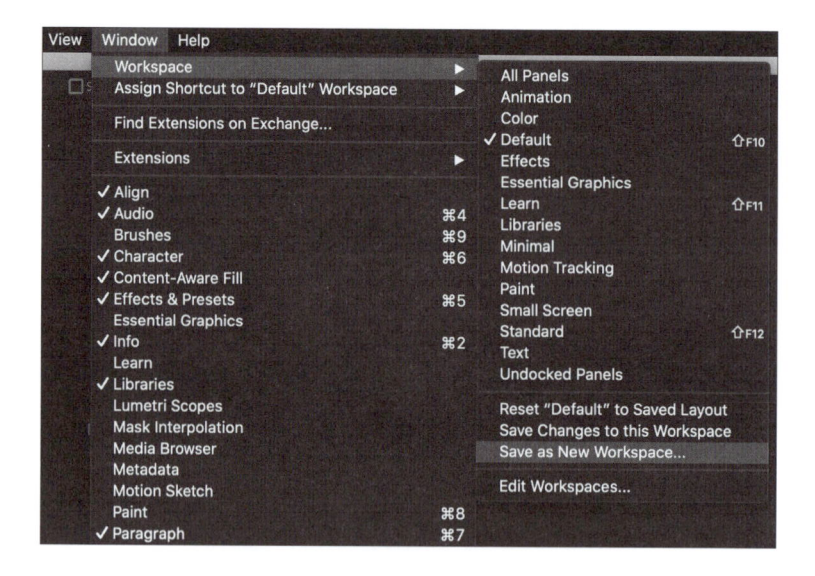

 Após modificar qualquer área de trabalho, caso você queira redefini-la às configurações de fábrica, basta entrar novamente no menu *Window > Workspace*, verificar se ela ainda está selecionada e clicar na opção *Reset "..." to Saved Layout*.

Agora que você já sabe como organizar e já entende como a área de trabalho do After Effects funciona, vamos criar um novo projeto para explorarmos os principais painéis e suas funções.

O que é e como criar um projeto no After Effects

Para poder importar imagens, vídeos, desenhos, músicas, efeitos sonoros e quaisquer outros arquivos compatíveis com o After Effects e começar a criar com eles na timeline, é preciso primeiro criar um projeto. O projeto nada mais é do que o arquivo do After Effects, cuja extensão é .aep, que armazena não só o vínculo com todos os seus arquivos mas também todas as configurações que você fizer no decorrer do seu trabalho.

Mesmo que você não tenha clicado no botão *New Project* na janela *Home* nem executado o mesmo comando por meio do menu *File*, você perceberá que o After Effects já mantém, por padrão, um projeto sem título aberto. Por esse motivo, é muito comum ignorarmos a janela *Home* e já partirmos para a importação de mídia. No entanto, é imprescindível notar que esse projeto não está salvo em local algum, e isso é um grande risco. Ao longo dos últimos vinte anos em que trabalho com o software, já vi muitos profissionais perderem projetos inteiros por se esquecerem de salvar e sair criando suas animações logo de cara. Pode parecer um erro tolo, mas é de fato muito comum.

Portanto, antes de mais nada, sugiro que você acesse o menu *File* e já selecione o comando *Save As > Save As* (Cmd+Shift+S, no macOS, ou Ctrl+Shift+S, no Windows), escolha um local em seu computador para salvar, defina um nome para esse primeiro projeto e só então siga adiante.

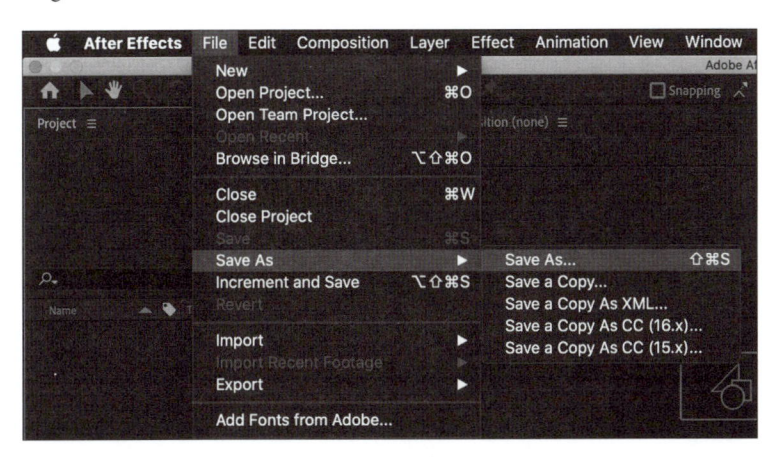

Com o projeto agora salvo, outra medida de segurança é ativar (ou verificar) o salvamento automático. Essa é uma das configurações essenciais do After Effects e, como muitas outras, encontra-se no menu *After Effects > Preferences* (macOS) ou no *Edit > Preferences* (Windows). Você pode definir o intervalo de tempo do salvamento automático, o número máximo de versões salvas e a pasta na qual quer que tais arquivos sejam armazenados. Atente para o fato de que os projetos salvos automaticamente serão cópias do seu projeto original no momento do salvamento. Por isso, eles estarão dentro de uma pasta chamada *After Effects Auto-Save*, no local indicado por você. Se possível, defina esse local em um HD ou SSD diferente daquele em que seu projeto original está sendo salvo, para garantir mais segurança contra falhas de disco.

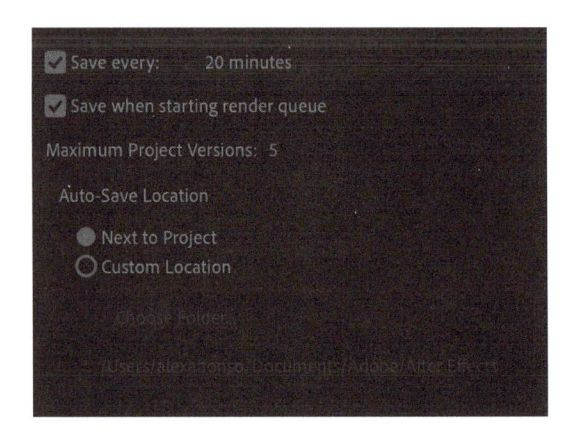

Importação de mídia

Como nosso objetivo neste momento é apenas nos familiarizarmos com os diversos aspectos de uso do After Effects, vamos importar alguns arquivos para que possamos criar uma composição, bem como sua timeline, e explorar os diversos painéis aos quais devemos estar o tempo todo atentos.

Há diversas maneiras de importar arquivos para qualquer projeto no After Effects. A mais tradicional é a que vamos usar conforme as etapas apresentadas a seguir.

⛶ Exercícios

1. Clique no menu *File* e selecione o comando *Import > File*.

2. Na janela que se abrir, de acordo com seu sistema, navegue até a pasta de exercícios *C01 - Intro*.

3. Selecione os três arquivos de mídia da pasta ao mesmo tempo. Você terá nela um logotipo em formato nativo do Illustrator (.ai), um vídeo (.mp4) e uma música (.mp3). Todos esses formatos, bem como .jpg, .png, .psd, .wav, etc., são comuns no dia a dia de quem trabalha com mídia digital e compatíveis com o After Effects.

4. Clique em *Abrir*. Eles serão importados para o projeto e ficarão disponíveis no painel *Project*.

O painel *Project*

Todos os arquivos que você importa para seu projeto passam a ser listados no painel *Project*. Isso quer dizer que os arquivos importados não foram incorporados ao seu projeto, mas estão vinculados a ele e não podem ser apagados de seu HD, pois isso faria com que seu conteúdo desaparecesse do seu projeto no After Effects.

Além dos arquivos importados, o painel *Project* armazena todas as composições criadas em seu projeto, todas as camadas sólidas, de ajuste, os projetos do Premiere Pro e quaisquer outros itens gerados automaticamente.

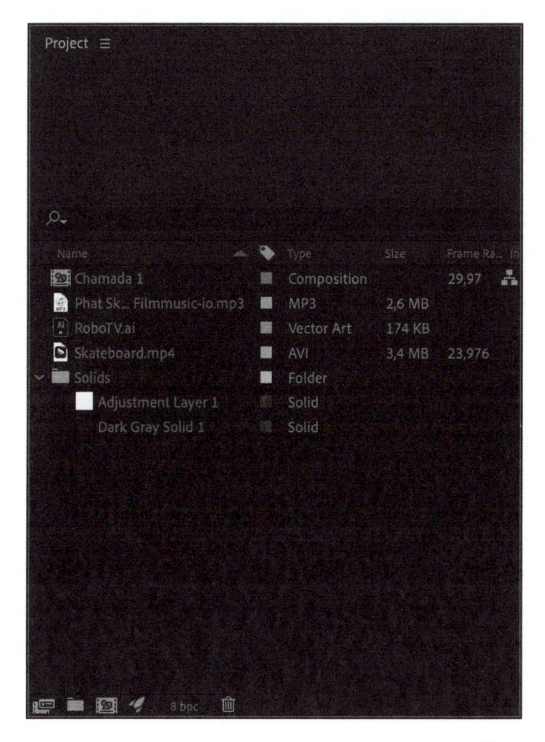

A organização dos itens de seu projeto é feita por meio de pastas, que podem ser criadas pelo comando *New Folder*, disponível no menu *File*, ou pelo pequeno botão de pasta na barra inferior do painel, chamado *Create a new Folder*. O processo, a partir daí, é idêntico ao processo ao qual já estamos acostumados, tanto no Finder (macOS) como no Windows Explorer (Windows).

O painel *Timeline*

Pode-se dizer que a timeline do After Effects é um híbrido daquela que encontramos no Premiere Pro com o painel *Layers* do Photoshop. Nela, todos os itens importados ou criados são dispostos uns sobre os outros e compõem a nossa animação por meio de sobreposição e transparências. Tal qual no Photoshop, nós podemos definir diversos parâmetros que estabelecem a forma como as camadas superiores interagem com as inferiores, além de aplicar efeitos que manipulam as imagens e os textos ao longo do tempo, seja de maneira contínua, seja variando seus parâmetros por meio de quadros- -chave, os famosos keyframes.

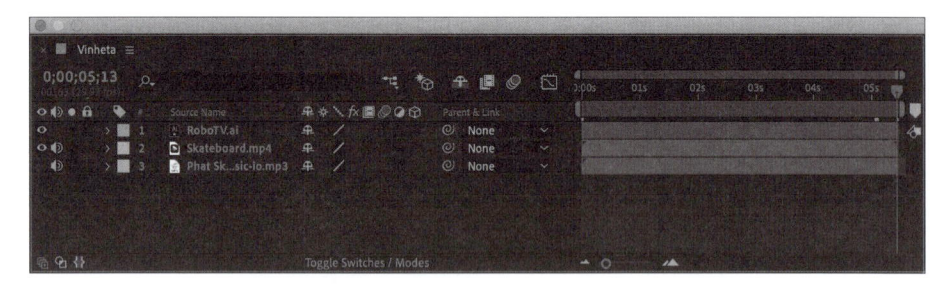

As opções na timeline são muitas e divididas em colunas, para facilitar tanto o acesso a todas as possibilidades quanto sua ocultação, o que se torna bastante importante quando precisamos de mais espaço para trabalhar.

As principais colunas da timeline são as apresentadas a seguir.

- *A/V Features*: Tem opções para mostrar, ocultar e bloquear camadas, além de silenciar seu som.

- *Source Name*: Coluna na qual estão os nomes de cada camada e podemos renomeá- -las, se necessário.

- *Switches*: Contém diversos botões liga/desliga para recursos específicos que definem, entre outras opções, a qualidade das imagens, de efeitos e de recursos 3D.

- *Parent & Link*: Possibilita a conexão de uma camada a outra para animações conjuntas.

- *Time Ruler*: Funciona como régua de tempo e é usada para definir o momento exato de cada mudança nas animações que criamos.

Além disso, na barra inferior esquerda da timeline encontram-se três pequenos botões, estando o primeiro já ativo. Os outros dois abrem mais duas colunas importantes, explicadas abaixo.

- ***Transfer Controls:*** Para definir modos de mistura e transparências entre camadas.

- ***In/Out/Duration/Stretch:*** Colunas que permitem ajustes precisos numéricos na definição de tempo e velocidade de cada camada.

No entanto, para que a timeline possa existir, é preciso primeiro definir uma composição, elemento primordial na construção de qualquer projeto no After Effects.

Os painéis *Composition, Footage* e *Layer*

Embora esses três painéis sirvam a propósitos distintos, é comum que a pessoa acabe se confundindo e não perceba quando está em um ou em outro. Isso porque, muitas vezes, abrimos algo neles que parece idêntico. A atenção aos detalhes é o que nos faz ter certeza sobre onde estamos, para não nos perdermos quando estivermos criando as animações.

O painel *Composition*

Para acessar o painel *Composition*, é preciso primeiro criar uma composição. Na verdade, a composição é o principal item de projeto do After Effects, pois sem ela nada existe. É como se ela fosse a tela vazia do Photoshop ou a página em branco do Illustrator. E é ela que dá acesso também à timeline.

Você já deve ter percebido que a área central da interface do After Effects possui dois botões grandes, ambos dedicados à tarefa de criar a primeira composição de qualquer projeto. Como o objetivo agora é apenas acessar o painel *Composition* da maneira mais simples, execute as etapas descritas abaixo.

1. No painel *Project*, clique no arquivo de vídeo *Skateboard.mp4* que você importou. Ele será a base para a composição a ser criada nesse projeto.

2. Com o vídeo selecionado, arraste-o para dentro do painel *Composition* ou para a timeline ainda vazia. Dessa forma, o After Effects criará a nova composição com as dimensões, a taxa de quadros por segundo e a duração do vídeo.

Como dito antes, esses grandes botões são dedicados a criar a primeira composição. *New Composition* é a opção para criá-la com os parâmetros que você desejar. Já o botão *New Composition From Footage* se refere à criação de uma composição com base em qualquer material que ainda não tenha sido importado para o projeto.

Mas é somente agora, com a composição criada e a timeline definida, que você de fato pode ver para que serve o painel *Composition*. Ele mostra tudo o que você cria na timeline, processando suas animações e seus efeitos em tempo real.

Na barra inferior do painel, você encontrará diversas funções, entre elas:

- porcentagem de aproximação da tela;
- qualidade de renderização da pré-visualização;
- visualização de máscaras e transparências;
- alternância entre câmeras e ângulos específicos em composições tridimensionais.

Todos os principais recursos do painel *Composition* serão explorados à medida que avançarmos nos exercícios deste livro, capítulo a capítulo. Ao final, você terá uma noção exata de como trabalhar com o painel *Composition* em conjunto com a timeline e os demais painéis do After Effects.

Os painéis *Footage* e *Layer*

Muitas vezes, você notará que a visualização do painel *Composition* mudará. E possivelmente isso ocorrerá porque você abrirá ou o painel *Footage* ou o painel *Layer*, mesmo sem querer. Acredite, isso acontecerá com frequência.

Se, a partir do painel *Project*, você der um duplo clique em qualquer arquivo, seu conteúdo será mostrado no painel *Footage*, que ocupará o mesmo espaço do painel *Composition*. O mesmo ocorrerá se você der um duplo clique em qualquer camada na timeline, porém o painel *Layer* é que será aberto.

Footage é o nome dado a todo material bruto, sem edição. Ou seja, todo arquivo no painel *Project* é um footage, porque ali ele não está processado por nenhum dos efeitos ou quaisquer outros ajustes possíveis pelo After Effects.

Esteja sempre de olho. Se, de repente, você perceber que está fazendo algo na timeline e nada está acontecendo na pré-visualização do painel *Composition*, as chances de você estar vendo o painel *Layer* ou mesmo o *Footage* são grandes. Basta clicar de volta no nome do painel *Composition* antes de seguir animando.

Mas para que servem os painéis *Footage* e *Layer*? Ambos os painéis permitem que operações iniciais sejam feitas ao material bruto original, sem que as alterações realizadas nesse mesmo material já em uma composição sejam mostradas.

Assim, mesmo que na composição uma determinada camada já tenha efeitos aplicados a ela, ao abri-la no painel *Layer* não veremos esses efeitos. Entretanto, ainda poderemos criar máscaras, pintar, apagar ou retocar imagens usando as ferramentas *Brush*, *Eraser* ou *Clone Stamp*, bem como definir pontos para análise de movimento ou criar uma seleção que ative automaticamente o recorte da imagem, função esta da ferramenta *Roto Brush*.

Já no painel *Footage* temos apenas alguns recursos básicos possíveis, como definição de corte com pontos de início (*In Point*) e fim (*Out Point*) da cena, a visualização de seu canal alfa ou máscara e botões para inserção do corte da cena na composição. A vantagem aqui é sempre trabalhar no material bruto e definir, a partir dele, como processá-lo e usá-lo no projeto.

Os painéis *Info* e *Preview*

É muito comum trabalharmos sempre com o painel *Info* aberto, principalmente quando vamos pré-visualizar aquilo que acabamos de animar. Isso porque, além de todas as informações sobre aquilo que mantemos selecionado e sobre aquilo que está sob o ponteiro do mouse no painel *Composition*, ele nos permite saber se estamos assistindo a nosso projeto em tempo real ou não, o que depende do número de camadas, de efeitos e do poder de processamento de nosso equipamento.

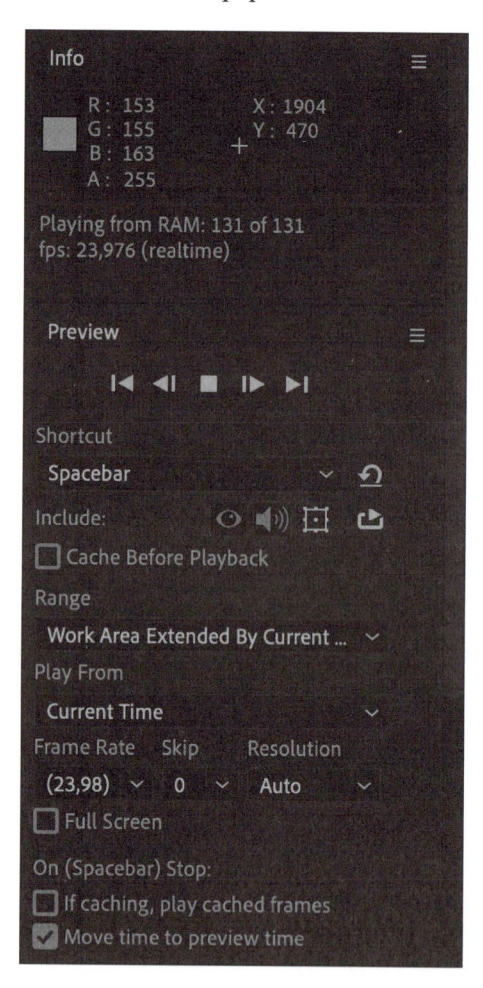

Já o painel *Preview* possui todas as opções que definem a maneira como a pré-visualização da nossa composição será processada, o que inclui opções como imagem e áudio, taxa de quadros por segundo, resolução, armazenamento ou não na memória cache, entre outras. É importante notar que, além de podermos escolher qual tecla de atalho usar para iniciar a pré-visualização, cujo padrão é a barra de espaço, também podemos definir a área da timeline a ser renderizada por meio do menu *Range*, bem como se queremos que ela seja reproduzida em tela cheia ou não usando a opção *Full Screen*.

Anotações

Anotações

2

Criando seu primeiro projeto

OBJETIVOS

» Aprender a importar arquivos de imagens, áudio, vídeo e nativos de .psd e .ai

» Trabalhar as camadas de uma composição (sobreposição, transformação, animação)

» Pré-visualizar e analisar a animação

» Fazer a renderização e o backup

Criar um novo projeto no After Effects é tão fácil quanto selecionar o comando *File > New > New Project* ou, simplesmente, pressionar seu atalho (Cmd+Opt+N, no macOS, ou Ctrl+Alt+N, no Windows). Nenhuma janela aparecerá e nada lhe será perguntado, porque o projeto do After Effects nada mais é do que um recipiente para tudo o que for criado dentro dele. O que carregará as informações específicas sobre as características das suas composições serão as próprias composições, que funcionam aqui como a prancheta vazia do Illustrator ou a tela em branco do Photoshop.

Dessa forma, com um projeto novo criado, nosso primeiro passo será importar mídia. Entre os diversos formatos de arquivos que podemos importar para um projeto do After Effects, a maioria dos projetos lida com imagens (.jpg ou .png), vídeos (.mp4, .mov ou .avi), áudio (.mp3 ou .wav) e arquivos nativos de Photoshop (.psd) ou Illustrator (.ai).

Para uma lista completa de todos os formatos de arquivos suportados pelo After Effects, consulte a página oficial da Adobe.

Importação de arquivos

Importação de arquivos do Photoshop ou do Illustrator

Com o intuito de preservar as camadas de uma arte que foi criada no Photoshop ou no Illustrator, nós geralmente importamos tais arquivos em seus formatos nativos (.psd ou .ai). Mas há alguns detalhes importantes sobre a construção desses arquivos em seus softwares de origem, para que o After Effects de fato reconheça suas camadas e as interprete e converta corretamente.

Nesse novo projeto que acabou de criar, você começará importando um arquivo de Illustrator. Porém, antes de partir para a importação de fato, vejamos nas imagens a seguir duas formas diferentes de criação e organização de suas camadas no próprio Illustrator.

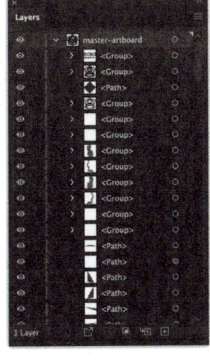

Nesse primeiro exemplo, observe que a arte no Illustrator foi toda criada em apenas uma camada, e todas as formas que compõem o logotipo da *RoboTV* são apenas sub-camadas. Arquivos construídos dessa maneira serão reconhecidos pelo After Effects como se tivessem apenas uma camada de fato, o que significa que nenhuma das partes do logotipo estará isolada e que, assim, não será possível animá-las independentemente umas das outras.

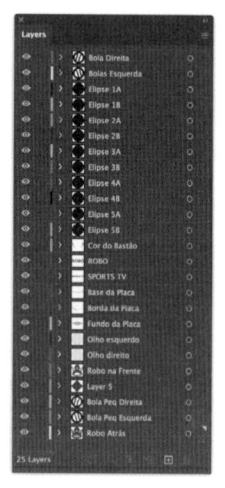

Já nesse segundo exemplo, o mesmo logotipo foi organizado em camadas distintas. Em vez de a ilustração ser feita sem preocupação com as camadas, aqui elas foram organizadas e cada parte da imagem foi colocada em sua própria camada, justamente para tornar possível a animação de suas partes no After Effects. Essa é a forma ideal de criar desenhos no Illustrator para animações elaboradas: trabalhando com todas as suas partes, cada qual em uma camada.

Exercícios

1. Para importar esse desenho do Illustrator, clique em *File > Import > File*.

2. Localize o arquivo *RoboTV.ai* na pasta *C02 - Primeiro Projeto*, selecione-o e clique em *Abrir*.

Você notará que, dessa vez, em vez de o arquivo ser importado diretamente para o projeto do After Effects, outra janela se abrirá. Nela, você deverá definir se quer importar a imagem como footage ou como composition. Importar como footage significa ignorar suas camadas e tratá-la como uma imagem cujas camadas foram todas mescladas (Merged Layers) ou selecionar apenas uma camada para importação. Importar como composition significa manter todas as camadas do arquivo e permitir que o After Effects as converta para camadas em uma composição própria, que ele criará automaticamente com o mesmo nome do arquivo original.

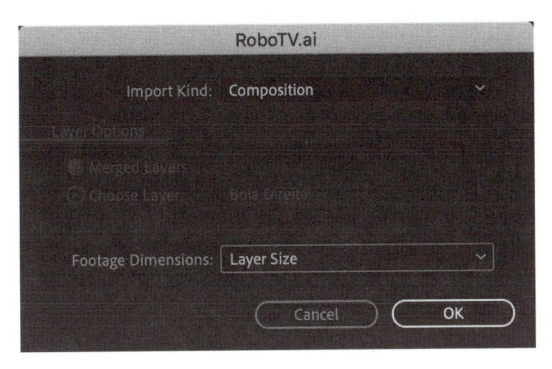

Em ambos os casos, selecionar a opção *Layer Size* em *Footage Dimensions* garante que cada camada seja interpretada isoladamente, cada uma tendo seu próprio centro, o eixo ao redor do qual todos os ajustes espaciais são calculados, como *Position*, *Scale*, *Rotation* e *Anchor Point*. Este último é o nome que o After Effects dá para o centro de toda camada, e é ele o responsável por determinar o ponto de origem de tais parâmetros espaciais (que serão abordados detalhadamente ao longo do livro).

3. Selecione a opção *Composition*, em *Import Kind*, e *Layer Size*, em *Footage Dimensions*, e clique em *OK*. O arquivo será convertido para uma composição e suas camadas serão colocadas na pasta *RoboTV*, no painel *Project*, logo abaixo da composição de mesmo nome.

4. Dê um duplo clique na composição a partir do painel *Project* para abrir sua timeline e poder ver sua arte no painel *Composition*.

A importação de arquivos do Photoshop funciona de igual maneira a essa que você acabou de fazer. A mesma janela para escolher a forma de importação é aberta, e nela você poderá optar por importar o arquivo como footage ou como composition. Porém, ao importar arquivos do Photoshop, haverá duas opções composition, sendo uma delas a *Composition - Retain Layer Sizes*. Esta é a opção a ser usada na maioria das vezes, já que ela mantém cada camada do Photoshop com suas próprias dimensões e cada uma com seu próprio eixo central, seu *Anchor Point*.

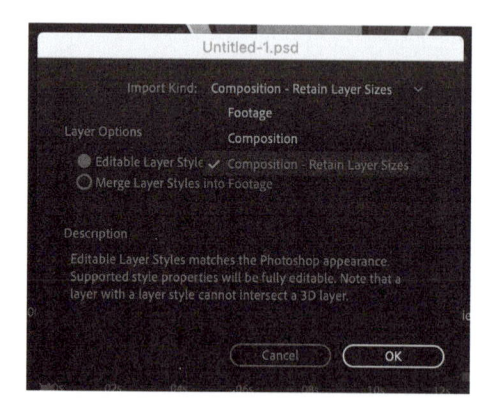

IMPORTAÇÃO DE ÁUDIO E VÍDEO

Para importar arquivos de áudio e vídeo, o processo é muito mais simples, uma vez que basta selecioná-los e importá-los. Apenas se você importar vídeos gerados por outros softwares que preservem a transparência, como Cinema 4D, Maya ou 3Ds Max, será necessário definir a forma como tais transparências, chamadas Alpha Channel, deverão ser interpretadas.

⊞ Exercícios

1. Clique em *File* > *Import* > *File*.

2. Navegue até a pasta *C02 - Primeiro Projeto*, selecione os arquivos *Phat Sketch.mp3* e *Skateboard.mp4* e clique em *Abrir*. Ambos os arquivos serão importados para o projeto e aparecerão no painel *Project*.

O que é e como criar uma composição

Antes de começar a colocar os arquivos importados em uma timeline, é preciso criar sua composição. A composição é como uma página em branco, o ponto de partida que carrega as configurações de acordo com as diretrizes do seu projeto. É nela que definimos o tamanho da tela, a taxa de quadros por segundo, o formato do pixel e sua duração.

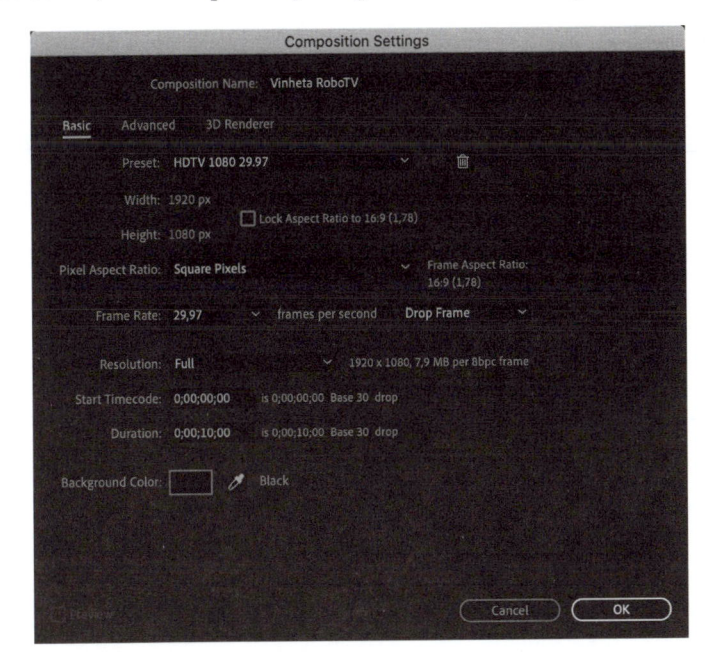

1. Clique no menu *Composition* e selecione a opção *New Composition*.

2. No campo *Composition Name*, digite o nome *Vinheta RoboTV*. Esse será o nome da sua composição, que será colocada no painel *Project* e, quando aberta, será o nome da sua timeline.

Na aba *Basic*, encontram-se as configurações essenciais que devem ser revisadas e alteradas para refletir as diretrizes de seu projeto. Nessa atividade, você criará uma animação para uma vinheta que será usada na abertura de um programa de esportes. Como o veículo de distribuição para ela usa o formato Full HD, você escolherá as opções corretas para essa finalidade.

3. Na opção *Preset*, selecione *HDTV 1080 29.97*. Isso definirá o tamanho da tela em 1920 × 1080 pixels, com o pixel quadrado (square pixels) e com 29,97 quadros por segundo, padrão adotado em diversos países, incluindo o Brasil, para transmissão televisiva.

4. No campo *Duration*, altere o valor para *0;00;10;00*, que equivale a 10 segundos de duração. Esse será o tempo que teremos na timeline para fazer a animação.

 Nos campos de timecode, em que lemos sempre, da direita para a esquerda, frames, segundos, minutos e horas, não é necessário ficar digitando os números entre os pontos. Basta digitar os números, e o After Effects os converterá para tempo. Por exemplo, para digitar 10 segundos, é só digitar *1000*. Ao clicar fora do campo, você notará que o valor será adaptado para *0;00;10;00* automaticamente.

5. Clique em *OK* para que sua primeira composição seja criada. Além de ela ser colocada no painel *Project*, o que indica que ela é agora mais um item em seu projeto, sua timeline será aberta automaticamente em outra aba, ao lado da timeline da composição *RoboTV*.

Caso você feche alguma timeline clicando no pequeno "x" ao lado do nome dela, basta dar um duplo clique sobre a composição de mesmo nome no painel *Project* para reabri-la.

 Se você quiser usar o projeto inicial deste capítulo já com a mídia importada, basta ir ao comando *File > Open*, navegar até a pasta *Co2 - Primeiro Projeto* dos arquivos de exercícios deste livro e abrir o arquivo *02-PrimeiroProjeto-Inicio.aep*.

AS CAMADAS NA COMPOSIÇÃO E NA TIMELINE

Para começar a criar sua composição de fato, é preciso colocar as imagens, os vídeos e os áudios importados na timeline. À medida que você for fazendo isso, o painel *Composition* passará a refletir a ordem de sobreposição, transparência, tempo e efeitos aplicados a cada camada.

1. Comece arrastando para a timeline da sua composição *RoboTV*, que você acabou de criar, o arquivo de áudio *Phat Sketch.mp3*. Ele será o primeiro a ser colocado e, neste momento, será a camada 1.

2. Arraste o vídeo *Skateboard.mp4* para a timeline e o coloque sobre o áudio. Ao fazer isso, você verá que o vídeo se tornará a camada 1 e o áudio passará a ser a camada 2.

Essa numeração de camadas, chamada de *Index*, determina a ordem delas em sua composição. Via de regra, quanto menor o número da camada, mais superior ela é, o que a faz ficar em cima das demais não só na timeline mas também na composição da sua arte, sobrepondo os demais elementos cuja camada têm número superior.

3. Por fim, coloque na timeline, acima do vídeo, a composição que foi criada anteriormente, quando você importou o arquivo de Illustrator preservando suas camadas, a *RoboTV*. Novamente o *Index* das camadas se ajustará, uma vez que essa composição, *RoboTV*, passará a ser a camada número 1.

O importante a perceber aqui é que você acabou de colocar uma composição dentro de outra. Isso quer dizer que é possível criar composições isoladas e colocá-las em outra, o que abre as portas para infinitas possibilidades de combinação de animações, pois você não precisa fazer tudo em uma única timeline.

Por ora, sua timeline deve estar como mostra a imagem a seguir.

Compondo uma cena com a sobreposição das camadas

A simples sobreposição das camadas já define, por si, a natureza da composição. Ela nada mais é do que a maneira como você decide sobrepor os vídeos, fotos, desenhos, gráficos e texto para criar suas animações e/ou realizar correções e manipulações de imagens por meio de efeitos.

Ao colocar na timeline o áudio, o vídeo e o logotipo desenhado no Illustrator anteriormente, você já definiu a maneira, ainda que automática, com que esses elementos de seu projeto iriam se sobrepor. Ao ver o resultado dessa sobreposição de camadas pelo painel *Composition*, você tem a liberdade de ajustar na forma como quiser, modificando seus parâmetros, criando animações e aplicando efeitos.

Antes de começar a modificar alguns parâmetros na timeline, você deverá ajustar sua duração, para que ela tenha apenas 5 segundos em vez dos 10 configurados inicialmente.

1. Para alterar qualquer configuração de uma composição já criada, primeiro a mantenha aberta ou selecionada no painel *Project*.

2. Acesse o menu *Composition* e selecione o comando *Composition Settings*.

3. Na janela de configurações da composição, clique no campo *Duration* e digite *500*. Como visto anteriormente, ao digitar apenas os números o After Effects os interpreta da direita para a esquerda. Assim, *500* será lido como *00;00;05;00*, ou seja, 5 segundos.

4. Clique em *OK* para confirmar suas alterações.

Parâmetros de transformação das camadas

Para definir, por exemplo, o tamanho e a posição do logotipo *RoboTV* sobre o vídeo em sua composição, é necessário modificar alguns parâmetros fixos presentes em quase todos os tipos de camada. Esses parâmetros englobam configurações como posição, escala, rotação e opacidade.

Posição, escala e rotação

Você já deve ter notado, olhando para a imagem no painel *Composition*, que o logotipo *RoboTV* está no centro da tela, cobrindo o vídeo que deverá ficar rodando de fundo. Você modificará tanto o tamanho (escala) do logotipo quanto sua posição. Para ajudar a definir o local em que ele ficará, porém, será preciso ativar a visualização das guias de segurança, conhecidas linhas-guia, que determinam as margens de segurança comuns dos mais diversos formatos de transmissão em TV.

1. Localize, na parte inferior do painel *Composition*, o botão *Choose grid and guide options*. Ele fica ao lado do menu de porcentagem, usado exclusivamente para determinar a porcentagem de aproximação da tela, o conhecido zoom. Clique e mantenha o botão do mouse pressionado sobre ele.

2. Selecione a opção *Title/Action Safe*. Isso habilitará a visualização dessas margens de segurança para projetos destinados à transmissão televisiva.

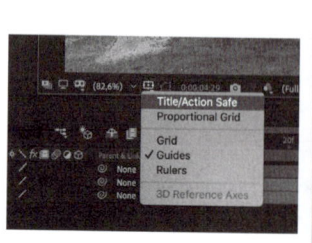

3. Selecione a camada *RoboTV* na timeline e clique na seta à esquerda de seu número, ao lado da sua cor, para revelar a opção *Transform*.

4. Clique na seta ao lado da palavra *Transform* para abri-la e revelar seus parâmetros. Dentro dela estarão *Anchor Point*, *Position*, *Scale*, *Rotation* e *Opacity*.

5. No parâmetro *Scale*, clique sobre o primeiro valor, *100%*, e altere-o para *40%*. Esse valor equivale à largura da imagem (ou eixo X). Você notará que o segundo valor, referente à altura (ou eixo Y) da imagem, também mudará graças à corrente que está ligada, identificada pelo ícone que antecede tais números.

6. Para mover a imagem para o canto inferior esquerdo da tela, você deverá modificar os valores do parâmetro *Position*. Porém, em vez de fazer isso clicando sobre os números para digitar novos, você pode apenas arrastar a imagem no painel *Composition*.

7. Usando a ferramenta *Selection* ▶, clique sobre a imagem no painel *Composition* e arraste-a até encostá-la na segunda margem de segurança, da esquerda para a direita e de baixo para cima. O reposicionamento da imagem no painel *Composition* atualizará automaticamente os valores do parâmetro *Position* revelados na timeline, como mostram as imagens a seguir.

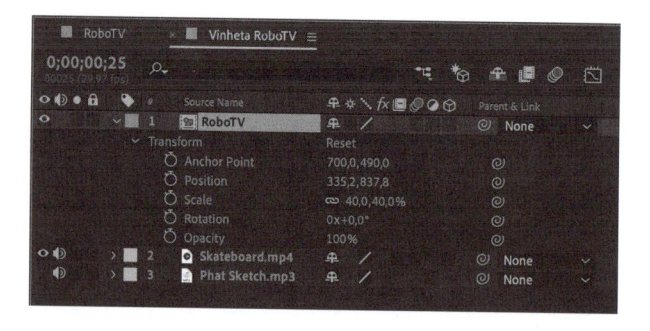

Ponto âncora

Todas as camadas com propriedades espaciais têm um parâmetro chamado *Anchor Point*, ou seja, o ponto âncora. Esse parâmetro define seu eixo, e é a partir dele que outros são calculados, como *Position* (posição), *Scale* (escala) e *Rotation* (rotação).

Digamos que você queira rotacionar o logotipo do canal RoboTV a partir de sua base, e não de seu centro original. Com a camada *RoboTV* ainda selecionada, você pode notar que há, em sua visualização no painel *Composition*, uma mira em seu centro. Essa mira é a representação do *Anchor Point*. Enquanto ela estiver no centro da imagem, a rotação ocorrerá ao redor desse centro. Teste colocando o mouse sobre qualquer valor de escala, clique e arraste para a direita ou para a esquerda. Veja como a imagem é ampliada ou reduzida ao redor desse ponto central, o ponto âncora. Antes de prosseguir, certifique--se de manter esse valor de escala em *40%*, como configurado antes.

Para mover o ponto âncora de lugar e colocá-lo na base da imagem, execute as etapas descritas a seguir.

1. Selecione a ferramenta *Pan Behind (Anchor Point)* (Y) ![ícone], na barra de ferramentas, e leve-a até o ponto âncora da camada *RoboTV* selecionada, no painel *Composition*.

2. Clique e arraste o ponto âncora para baixo, colocando-o na ponta do losango de fundo do logo *RoboTV*.

3. Clique no segundo valor do parâmetro *Rotation* e digite *-15*. Esse valor define a orientação da imagem, que nada mais é do que seu ângulo ao redor do eixo, seu ponto âncora. A imagem ficará em -15° tão logo você altere o valor e aperte Enter.

> O primeiro valor do parâmetro *Rotation* é usado quando queremos criar uma animação que faz com que a imagem gire mais de uma vez em torno de seu eixo. Embora entre o primeiro e o segundo valor haja um "x", isso não significa que o primeiro valor multiplique o segundo. Eles são distintos e, em vez de se multiplicarem, somam-se. Assim, o valor *2x180°* não equivale a uma volta completa (360°), mas a duas voltas completas (720°) + 180°, resultando em 900° de rotação.

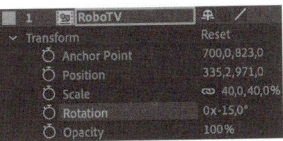

OPACIDADE

Uma das formas mais simples de criar transparência e fazer com que a imagem de uma camada transpasse a outra é diminuir sua opacidade. Conforme uma camada fica menos opaca, ela passa a revelar o que há por baixo (ou por trás) através de si mesma, como qualquer superfície transparente.

1. Selecione a camada *RoboTV*, caso a tenha desselecionado.

2. Com sua opção *Transform* ainda aberta na timeline, clique sobre o número *100* do parâmetro *Opacity* e digite *80*. Dessa forma, você estará dizendo que quer essa imagem com apenas 80% de sua opacidade original, deixando-a 20% transparente. São esses 20% de transparência que farão a imagem de baixo, o vídeo do skatista, aparecer através do logotipo.

Camadas sólidas, de desenho e de texto

Além de criar camadas com imagens, vídeos ou áudio importados para o After Effects, você pode criar camadas sólidas, de desenho ou de texto, entre outras. Cada uma servindo a seu propósito, você precisará de algumas delas para concluir a criação de sua composição.

Você deverá desenhar um retângulo que será posteriormente colocado atrás do logotipo, como uma tarja para inserção de texto. Você criará, ao final dessa etapa, o que é chamado de GC, ou gerador de caracteres.

CRIANDO UMA CAMADA DE DESENHO (OU FORMA)

1. Antes de começar, clique com a ferramenta *Selection* (V) em uma área vazia da timeline, para garantir que nenhuma camada esteja selecionada.

2. Selecione a ferramenta *Rectangle* (Q) ▣ e, pressionando o botão esquerdo do mouse, clique e arraste da lateral esquerda para a direita, na região do logotipo, como mostrado na imagem a seguir.

3. Uma nova camada será criada sobre as demais, chamada *Shape Layer 1*. Para dar a ela um nome mais lógico, selecione-a na timeline e aperte a tecla Enter. Digite *Fundo do GC* e aperte Enter novamente.

4. Com ela ainda selecionada, clique na caixa de cor ao lado do título *Fill*, na barra de ferramentas. A caixa de diálogo *Shape Fill Color* será aberta. Digite *0E1235* no campo hexadecimal, identificado por #.

> 💬 Esse valor (*0E1235*) é o mesmo da cor de todos os contornos do desenho, que poderia ser extraída com o conta-gotas, disponível nessa mesma janela. Você pode usá-lo e clicar com ele sobre qualquer cor na sua tela para definir a que preferir.

5. Para eliminar a cor do contorno do desenho, clique sobre o título *Stroke* na barra de ferramentas, ao lado de sua cor, e selecione *None*, na janela de diálogo *Stroke Options*. Clique em *OK*.

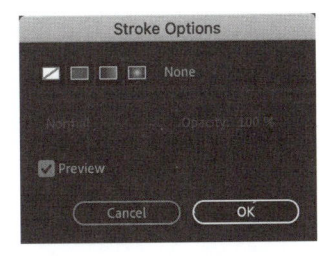

6. Para deixar a tarja menos opaca, abra a seta ao lado da camada *Fundo do GC*, na timeline, e mude o valor do parâmetro *Opacity* para *80*.

7. Para colocar a tarja embaixo do logotipo, usando a ferramenta de seleção clique e arraste a camada *Fundo do GC* para debaixo da camada *RoboTV*. Sua timeline deverá estar, agora, como a imagem a seguir.

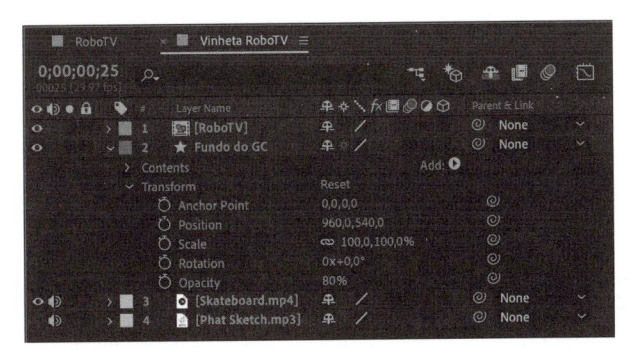

CRIANDO CAMADAS DE TEXTO

Para digitar o texto que deverá ficar sobre essa tarja, você usará a ferramenta *Horizontal Type* ▣ (Cmd+T, no macOS, ou Ctrl+T, no Windows). Ao selecioná-la, você notará que o After Effects abrirá automaticamente o painel *Character*, à direita, para que você configure seu texto da maneira que desejar.

1. Comece clicando com a ferramenta *Horizontal Type* sobre a tarja que você acabou de desenhar, no painel *Composition*.

2. Digite *SKATEBOARDING* e volte para a ferramenta de seleção. A camada de texto criada continuará selecionada.

3. No painel *Character*, mude a família da fonte para *Helvetica Bold*, e seu tamanho, para *48 px*.

4. Clique sobre a caixa de cor sólida ainda no painel *Character*, usada para definir a cor de preenchimento, e digite *236* nos campos *R*, *G* e *B*, ou *ECECEC*, no campo do código hexadecimal. Esses valores deixarão a cor do texto menos brilhante, um nível seguro para brancos cujo destino é a transmissão para TV.

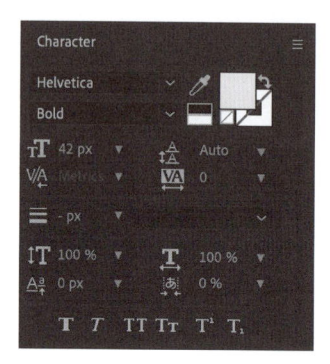

5. Usando novamente a ferramenta *Horizontal Type*, clique abaixo do texto que você acabou de criar para digitar uma nova linha de texto: *da Califórnia para as Olimpíadas.*

6. Volte para a ferramenta de seleção e, no painel *Character*, mude o estilo da fonte Helvetica para *Regular*, e o tamanho do texto para *36 px.*

7. Com a ferramenta de seleção, clique e arraste essa segunda linha de texto para deixá--la abaixo da primeira.

 Você notará que é difícil ter certeza de que as duas camadas de texto estejam perfeitamente alinhadas apenas posicionando-as manualmente. A melhor forma de garantir um alinhamento perfeito é usando o painel *Align*.

8. Primeiro, abra o painel *Align*, clicando sobre ele entre os painéis à direita da interface.

9. Depois, na timeline, clique sobre uma das camadas de texto e, segurando a tecla Shift, clique sobre a outra. Você deverá ter apenas essas duas camadas selecionadas.

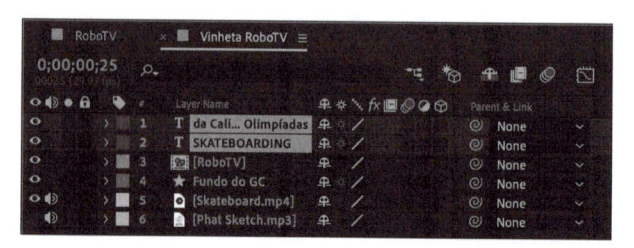

10. Mantenha *Selection* na opção *Align Layers to:* (painel *Align*) e clique no primeiro ícone disponível, executando assim o comando *Align Left*.

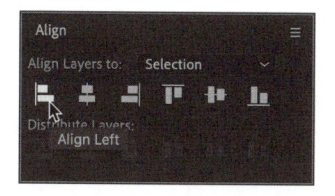

Criando uma camada de cor sólida

As camadas de cores sólidas geralmente são usadas para definir a cor de fundo de uma composição, quando o objetivo é evitar que o fundo da animação seja transparente. No entanto, elas também são utilizadas para criar uma sobreposição de cor, que pode ser tanto opaca quanto transparente.

1. Para criar uma camada de cor sólida, vá ao menu *Layer* e selecione a opção *New > Solid*. Na janela de diálogo *Solid Settings*, digite *Amarelo* como nome, clique na caixa de cor e escolha um tom de amarelo, ou digite o código hexadecimal *CA8532*.

2. Arraste a camada para baixo na timeline e coloque-a sobre a camada *Skateboard. mp4*. O amarelo sólido continuará cobrindo apenas o vídeo.

3. Abra a seta ao lado da cor da camada, próxima ao seu número, para revelar a opção *Transform*. Abra também a seta de *Transform*.

4. Altere o valor de *Opacity* para apenas *10%*, o que deixará o tom de amarelo quase totalmente transparente sobre o vídeo.

5. Clique com o botão direito do mouse sobre o nome dessa camada, entre na opção *Blending Mode* e escolha *Color Burn*. Alterar o Blending Mode, ou modo de mesclagem, faz com que a camada se mescle com o que houver abaixo dela com base em cálculos que definem a maneira como as cores interagem. O modo Color Burn aumenta o contraste e aprofunda os tons escuros, criando mais profundidade para a imagem.

 Leia sobre todos os Blend Modes do After Effects e a maneira como eles definem a forma com que as camadas se mesclam acessando a página do guia oficial da Adobe, em https://adobe.ly/3bZd5U8.[1] A mesma página poderá ser lida em inglês se, depois de carregá-la, você excluir o "/br" logo após o ".com" do endereço.

Com todas essas camadas que você criou, além daquelas com o áudio e as imagens que havia importado, sua timeline e sua composição devem estar, agora, como as mostradas a seguir.

---

1   Acesso em: 5 ago. 2021.

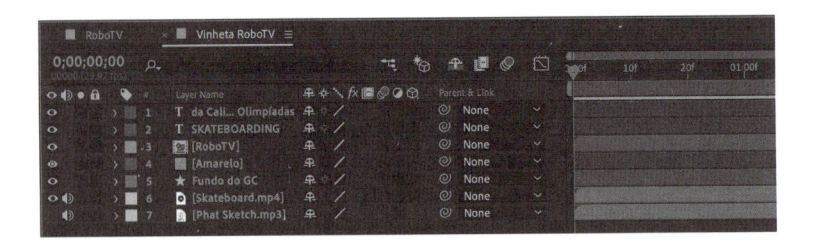

Animação: o conceito dos keyframes e sua interpolação

Para criar a animação da entrada do GC sobre o vídeo, você precisará criar animações em cada elemento. Essas animações, inicialmente simples, formarão a base de conhecimento necessário para todo o seu desenvolvimento como animador gráfico. Por isso, ao longo deste livro, os projetos abordarão cada vez mais novos aspectos dos processos de animação, progressivamente, dando-lhe ao final base suficiente para explorar as diversas facetas que fazem do After Effects referência no mercado de Motion Graphics e pós-produção.

Parâmetros espaciais e temporais: qual a diferença?

Os parâmetros de todos os efeitos, fixos ou não, dividem-se em espaciais e temporais. Os parâmetros espaciais são aqueles que nos permitem alterar valores que definem como a imagem é inserida no espaço, por meio das coordenadas X (horizontal), Y (vertical) e Z (profundidade). Exemplos de parâmetros espaciais são posição, escala e rotação.

Parâmetros temporais são aqueles que nos permitem alterar valores que definem como a imagem é vista no espaço, por meio de suas características básicas. Por exemplo, opacidade e cor.

É a combinação de diversos elementos, muitas vezes espaciais e temporais, que cria o dinamismo de todos os projetos de animações e pós-produção, possibilitando um universo de manipulação de imagens infindo, em que os limites são apenas a nossa criatividade.

AS DIFERENTES DIMENSÕES DOS PARÂMETROS DAS CAMADAS

Todos os parâmetros de qualquer camada na timeline do After Effects são configurados a partir de seus valores, sendo cada um deles uma dimensão. Os parâmetros com apenas um valor têm uma dimensão; os com dois valores, duas dimensões; os com três valores, três dimensões, e assim por diante.

A posição das camadas no espaço da composição, um parâmetro espacial, pode ter duas (X e Y) ou três dimensões (X, Y e Z). Já a opacidade é um parâmetro temporal que apresenta apenas uma dimensão, seu único valor de configuração. Um parâmetro como a cor pode ter três (R, G e B) ou quatro dimensões (R, G, B e Alpha). Tudo depende, então, de atentarmos para as possibilidades de cada parâmetro, cada valor e suas peculiaridades.

ANIMANDO A POSIÇÃO DAS CAMADAS

Para fazer a tarja crescer na tela, da esquerda para a direita, e, depois, os textos aparecerem, será necessário animar a posição da tarja e a opacidade das caixas de texto. E, por consequência, você terá de trabalhar com os chamados keyframes (quadros-chave). São eles que gravam, ao longo do tempo na timeline, os valores diferentes que determinamos para cada parâmetro.

Da maneira como nossa composição está agora, ela tem valores fixos de posição, escala, rotação e opacidade. Isso porque tais valores não mudam com o passar do tempo, o que faz com que todas as imagens fiquem paradas em seus locais originais por todo o tempo. Vamos começar a mudar isso criando keyframes e determinando novos valores, a começar pela tarja.

1. Selecione a camada *Fundo do GC* na timeline e abra a seta ao lado dela, bem como a seta ao lado da opção *Transform*, para revelar seus efeitos fixos de transformação. Como a tarja já está na posição em que deverá ficar quando a animação acabar, podemos dizer que já temos definido o final da animação. Esse é um processo bastante comum: pensarmos (ou, pelo menos, criarmos) as animações do final para o começo.

Mas como determinar o momento da timeline no qual deveremos inserir keyframes e registrar, assim, mudanças aos valores dos parâmetros das camadas? É aí que entra a agulha da timeline, aquele triângulo azul conectado a uma linha vertical que está, por padrão, até que a mudemos de lugar, no início da timeline. Também chamada de Playhead ou CTI (Current Time Indicator), ela pode ser arrastada a partir do triângulo azul.

2. Coloque o mouse sobre o triângulo azul da agulha da timeline e arraste-a até *02:00f*.

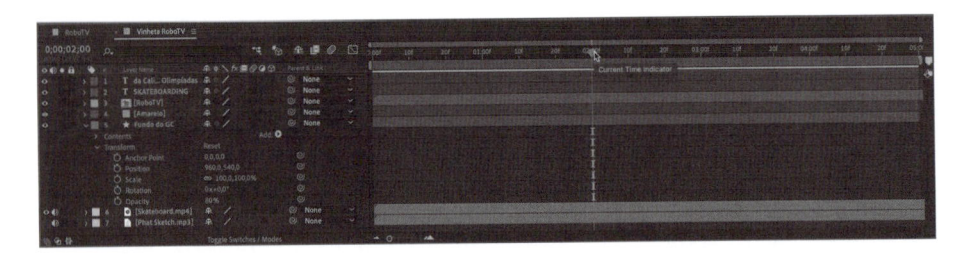

3. Clique no relógio antes do título do parâmetro *Position* , para registrar que em 2 segundos a posição dessa camada deverá ser aquela já definida anteriormente para ela.

Repare na imagem acima que, além de o relógio ficar azul (indicando que esse parâmetro possui keyframes gravados em tempos específicos), o primeiro keyframe apareceu exatamente no tempo de 2 segundos, marca representada pelo ícone de losango, característico do keyframe padrão, chamado Linear.

4. Leve a agulha da timeline para a marca de *01:00f*.

5. Usando a ferramenta de seleção, clique sobre a tarja no painel *Composition* e arraste--a segurando a tecla Shift, logo após clicar, para a esquerda, até que ela esteja totalmente fora da tela. Um novo keyframe será adicionado em 1 segundo, registrando a nova posição dessa camada. Além disso, você notará que um caminho (path) aparecerá no painel *Composition*, mostrando o percurso que a imagem seguirá de 1 segundo a 2 segundos, conforme apresentam as imagens a seguir.

6. Coloque a agulha no início da timeline e aperte a barra de espaço (ou o botão *Play* no painel *Preview*) para rodar sua animação e verificar o resultado.

ANIMANDO A OPACIDADE DAS CAMADAS

O próximo passo é animar a opacidade das camadas de texto, para que cada linha apareça em um intervalo de tempo diferente, logo após a animação da tarja iniciar.

1. Selecione a camada *SKATEBOARDING* na timeline e abra sua seta, e também a de sua opção *Transform*, para revelar seus parâmetros de transformação.

2. Coloque a agulha da timeline em *01:25f* e clique no relógio ⏱ do parâmetro *Opacity*, registrando um keyframe linear que gravará que, nesse momento, a opacidade do texto é de 100%.

3. Leve a agulha de volta para o tempo de *01:15f* e altere o valor de *Opacity* para *0%*. Isso garantirá que até *01:15f* o texto não apareça. E, a partir desse momento, ele aparecerá aos poucos, em efeito chamado Fade In.

4. Em seguida, selecione a camada de texto *da Califórnia para as Olimpíadas* e abra suas setas até conseguir ver seu parâmetro *Opacity*.

5. Coloque a agulha em *02:00f* e ligue o relógio do parâmetro *Opacity* dessa camada. Agora um novo keyframe será registrado nesse tempo, gravando *100%* no valor desse parâmetro.

6. Leve a agulha de volta para *01:25f* e altere o valor de *Opacity* para *0%*, o que criará outro keyframe e definirá a animação dessa camada.

7. Feche a seta de todas as camadas e selecione-as em conjunto, clicando na primeira, segurando a tecla Shift e clicando na última.

8. Aperte a tecla U. Esse atalho é extremamente útil, uma vez que mostra na timeline apenas os parâmetros nos quais foram registrados keyframes.

Poder ver todos os parâmetros animados e seus keyframes juntos, sem a necessidade de abrir todas as opções da timeline e ficar rolando para cima ou para baixo, ajuda a entender o que você está criando e, acima de tudo, a reposicionar os keyframes caso queira mudar o momento em que as animações acontecem ou sua velocidade, determinada pela distância entre os keyframes.

9. Arraste a agulha para o início da timeline e aperte a barra de espaço, ou o botão *Play* no painel *Preview*, para assistir à animação que você está fazendo.

ANIMANDO A ESCALA DAS CAMADAS

Para concluir as animações deste primeiro projeto, você trabalhará nas camadas do logotipo e fará alterações nos valores de escala tanto do texto quanto de alguns outros elementos. O logotipo está na composição *RoboTV*, armazenada no painel *Project* como resultado da importação do arquivo de Illustrator, e também na timeline da sua *Vinheta RoboTV*.

Seja pela timeline, seja pelo painel *Project*, você precisa apenas dar um duplo clique sobre ela para abrir sua própria timeline em outra aba.

1. Na timeline *Vinheta RoboTV* ou no painel *Project*, dê um duplo clique sobre a composição *RoboTV*.

2. Com a timeline *RoboTV* aberta, você terá acesso a todas as camadas que foram preservadas quando esse arquivo foi importado do Illustrator com as opções *Composition* e *Layer Size* marcadas. Role até a camada *22 - Fundo do Robô* e selecione-a.

Essa é a camada com o losango vermelho atrás do robô. Agora, em vez de abrir a seta da camada e da sua opção *Transform*, você passará a usar as teclas de atalho para acessar seus parâmetros essenciais:

- *Anchor Point* (A);
- *Position* (P);
- *Scale* (S);
- *Rotation* (R);
- *Opacity* (T).

Como o objetivo é criar uma animação de escala, você deverá abrir o parâmetro *Scale*.

3. Com a camada *22 - Fundo do Robô* selecionada, pressione a tecla S para revelar apenas o parâmetro *Scale* dentro dela.

ANIMAÇÃO POR PARENTESCO

Antes de prosseguir, vamos aproveitar para explorar mais uma das possibilidades em relação às animações espaciais essenciais no After Effects (*Anchor Point, Position, Scale* e *Rotation*).

Animar por parentesco (também chamado de *parenting*) significa determinar que uma camada será a camada pai enquanto outra (ou outras) será (serão) a(s) camada(s) filha(s). Assim, as alterações feitas na camada pai nos parâmetros espaciais essenciais serão refletidas igualmente na(s) camada(s) filha(s).

Para criar essa relação de parentesco entre as camadas, há duas formas possíveis, ambas pela timeline. Note que ao lado direito de cada camada há uma coluna, chamada *Parent & Link*. Essa coluna possui dois elementos: um ícone de espiral 🌀 e um menu no qual inicialmente se lê a palavra *None* (o que indica que nenhuma camada pai foi configurada).

Para conectar todas as demais camadas à camada *22 - Fundo do Robô*, você precisará realizar uma ou outra operação:

- clicar e segurar o botão do mouse sobre o ícone de espiral 🌀 (chamado de pick whip) da camada que deseja conectar e, com o botão do mouse pressionado, arrastá-lo até posicioná-lo em cima do nome da camada *22 - Fundo do Robô*; ou

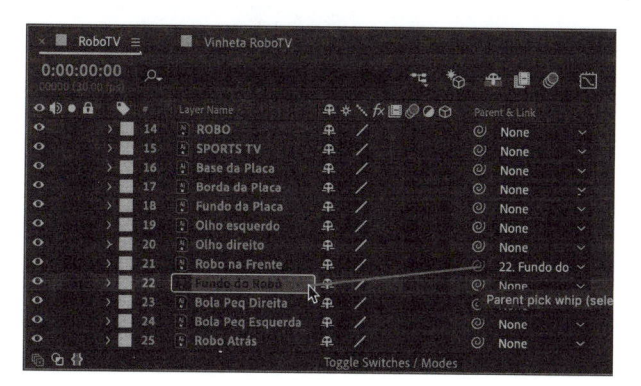

- clicar no menu em que está selecionado *None* e escolher, na lista de camadas disponíveis, a camada *22 - Fundo do Robô*.

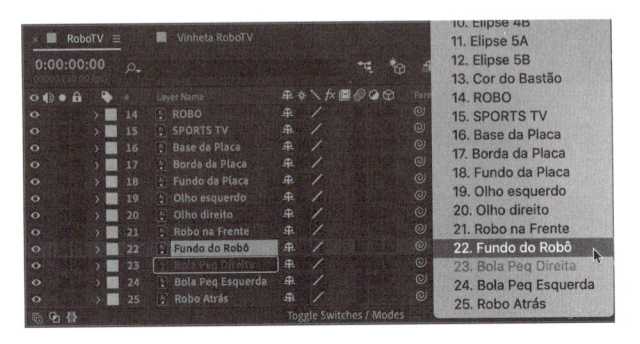

Faça o mesmo para todas as camadas. Você pode selecionar todas de uma só vez, clicando na primeira, segurando a tecla Shift e clicando na última. Então, desmarque apenas a camada *22 - Fundo do Robô*, já que ela será a camada pai, clicando sobre ela enquanto segura a tecla Cmd (macOS) ou a Ctrl (Windows). Assim, você poderá abrir o menu *Parent & Link* de uma das camadas selecionadas e escolher a camada *22 - Fundo do Robô*, para que ela seja definida como camada pai de todas as outras.

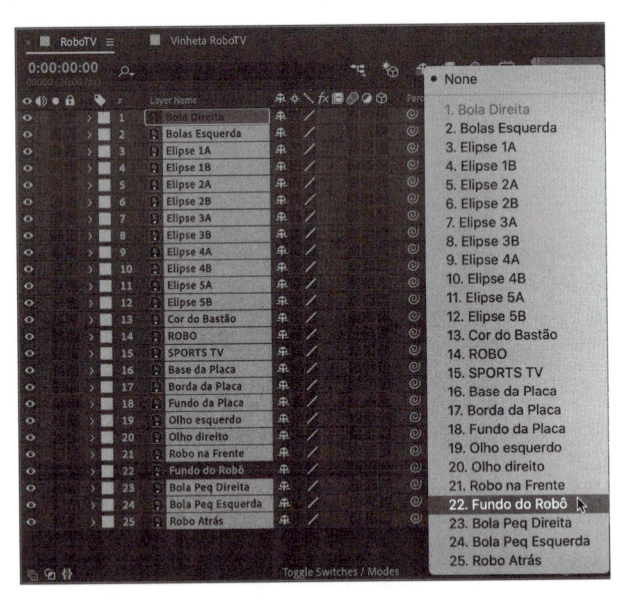

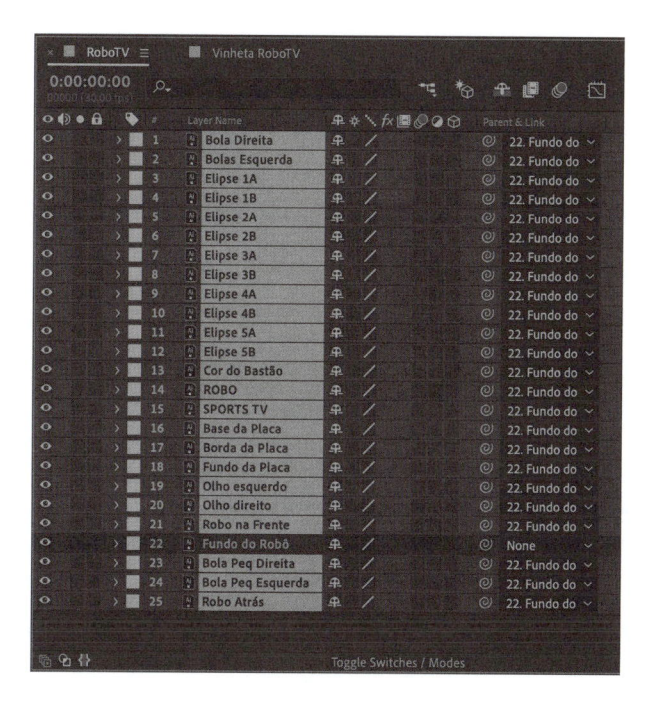

Concluindo as animações de escala

Agora você continuará a animação de escala da camada *22 - Fundo do Robô* do ponto em que parou. Você já havia revelado o parâmetro *Scale* ao pressionar a tecla S com essa camada selecionada.

1. Certifique-se de que a agulha esteja em *02:00*, que representa 2 segundos na sua timeline. Esse é o momento final da animação, no qual sua escala deverá estar em *100%*, ou seja, da maneira como já está agora.

2. Clique no ícone de relógio 🕐 antes do nome do parâmetro *Scale* dessa camada. Isso criará o primeiro keyframe de escala, registrando que em *02:00* a escala dessa imagem ao fundo do robô permanecerá em *100%*, seu valor original.

3. Leve a agulha para *01:00* e altere o valor de escala para *0%*. Desta vez, você não deve clicar no ícone de relógio 🕐. Ele só deve ser ativado uma vez, quando você define que o parâmetro passará a ter animação e registra o primeiro keyframe.

4. Pressione a barra de espaço e assista à animação. Você notará que não apenas o fundo mas também todas as camadas que compõem o logo terão sua escala animada de *0%* a *100%*, em razão do parentesco entre elas. Todas as camadas foram configuradas como filhas da camada que você acabou de animar e, por isso, todas elas respondem às mesmas configurações.

Mas a animação está lenta demais e sem muita personalidade. Isso porque apenas um movimento simples acontece em todos os elementos, e, mesmo 1 segundo parecendo pouco, ao assistir fica claro que ele é, na verdade, até longo demais. Por isso, você muda a velocidade da animação arrastando o último keyframe para trás.

5. Coloque a agulha no tempo *01:15*, que representa 1 segundo e meio. Determinar o tempo com a agulha é uma forma precisa de deslocar keyframe pela timeline.

6. Clique sobre o segundo keyframe de escala, que estava em *02:00*, e arraste-o para a esquerda segurando a tecla Shift. Isso fará com que ele grude na linha da agulha ao se aproximar dela, tornando seu posicionamento preciso.

Por enquanto, sua timeline estará na seguinte forma:

Conforme você for trabalhando em maior detalhe nas animações, aproximá-la poderá ajudar a ter mais controle sobre as distâncias e, assim, sobre o tempo que cada animação durará.

7. Com a timeline ainda selecionada (basta clicar em qualquer lugar dela), pressione, no teclado alfanumérico, a tecla =. Ela é o atalho para você aproximar o tempo e poder trabalhar em intervalos menores com mais precisão. Caso você queira distanciar o tempo na timeline, basta pressionar, no teclado alfanumérico, a tecla – .

O mesmo pode ser feito na barra de zoom, que fica na parte inferior da timeline, arrastando-a para a direita (aumentar o zoom) ou para a esquerda (diminuir o zoom).

8. Com a agulha ainda no tempo *01:15*, altere o valor da escala de *100%* para *120%*.

9. Leve a agulha para *01:20* e altere o valor de escala para *90%*.

10. Arraste a agulha mais uma vez, até *01:25*, e altere o valor de escala para *110%*.

11. Com a agulha em *01:28*, configure o valor de escala para *95%*.

12. Por fim, coloque a agulha em *02:00* e modifique o valor de escala para *100%*.

Ao fazer isso, você criará um efeito de vai e volta, chamado Bounce. Isso criará a ilusão de que o logotipo cresce e diminui de tamanho em intervalos curtos e rápidos antes de atingir seu estado final, seu tamanho real, resultando em uma animação que chama a atenção do espectador para o logotipo e faz sua atenção focar o texto que aparecerá em seguida (já animado anteriormente na composição *Vinheta RoboTV*).

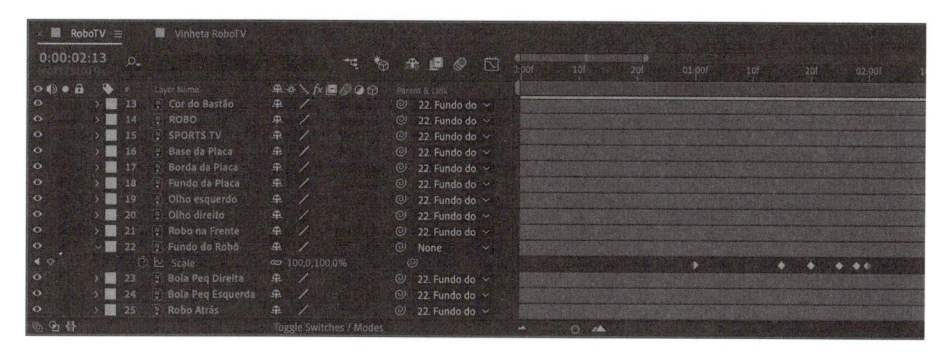

No entanto, o movimento ainda está rígido demais. Leve a agulha de volta para o início da timeline a aperte a barra de espaço para assistir. Faça isso algumas vezes até se acostumar com o movimento. Essa rigidez do movimento ocorre porque a animação, sempre que criada, é definida com keyframes lineares. Os keyframes lineares determinam uma aceleração constante para a animação, não havendo variações em ponto algum, nem de resistência, nem perda de velocidade. Por isso, você mudará os keyframes de formato padrão, Linear, para Bezier.

13. Clique sobre o primeiro keyframe da animação com o botão direito do mouse. Entre na opção *Keyframe Assistant* e escolha a opção *Easy Ease Out*.

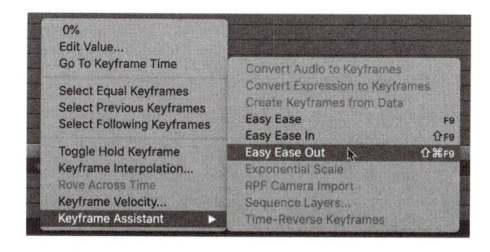

14. Clique com o botão direito do mouse sobre o último keyframe da animação e, dentro de *Keyframe Assistant*, selecione a opção *Easy Ease In*.

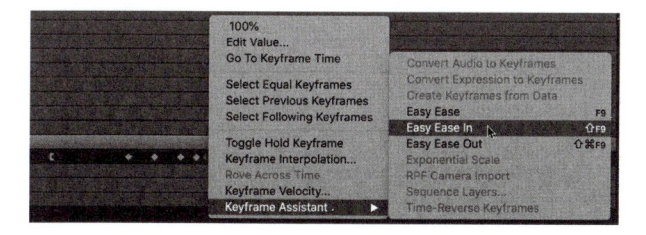

15. Por fim, selecione todos os keyframes internos da animação, clique com o botão direito sobre um deles e, dentro de *Keyframe Assistant*, escolha a opção *Easy Ease*.

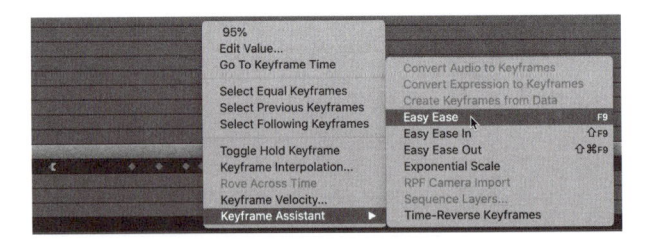

A opção *Easy Ease Out* desacelera a animação em sua saída, ou seja, seu início a partir do keyframe selecionado. A opção *Easy Ease In* faz o inverso, desacelerando a animação em sua chegada, ou seja, seu final no keyframe selecionado. E a opção *Easy Ease* desacelera tanto a chegada quanto a saída da animação nos keyframes selecionados. Como resultado, todos os movimentos de escala passarão a ter velocidade variável a partir de agora, acelerando e desacelerando em cada keyframe e criando, assim, um efeito de mola mais crível.

16. Leve a agulha para o início da timeline e aperte a barra de espaço para assistir à sua animação e verificar como o resultado agora é muito mais interessante que o anterior. E tudo graças a uma simples alteração de seus keyframes, do modo Linear para o modo Bezier.

Os keyframes na animação de escala da camada *22 - Fundo do Robô* deverão estar como na imagem mostrada a seguir.

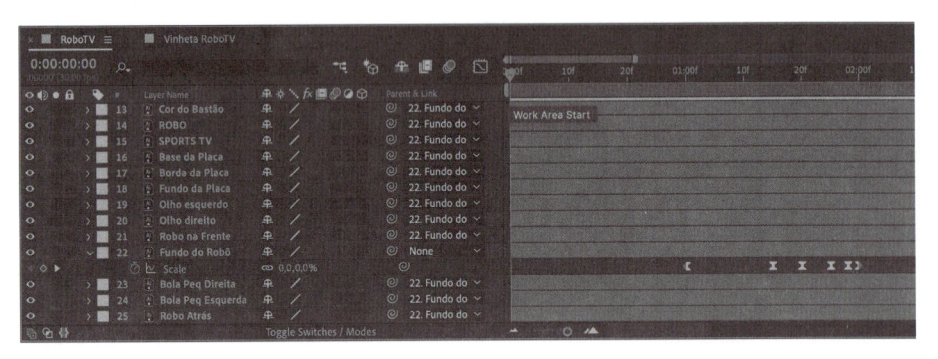

Pré-visualização da animação

Para poder pré-visualizar as animações feitas tanto no logotipo quanto na vinheta, você precisará voltar para a timeline *Vinheta RoboTV*. Como a composição *RoboTV* está inserida na vinheta, ela rodará junto e fará parte dessa composição final. Isso quer dizer que você poderá, sempre que julgar melhor ou mais fácil, realizar animações isoladas, cada qual em sua composição, e depois juntá-las em outra, que será usada para definir a composição final e a partir da qual a renderização, que é o processo de exportação, será feita.

1. Dê um duplo clique na composição *Vinheta RoboTV* no painel *Project* ou, simplesmente, clique em sua aba na timeline.

2. Abra o painel *Preview* clicando sobre seu nome à direita da interface ou indo no menu *Window* e selecionando *Preview*.

3. No painel *Preview*, na seção *Include*, você pode definir se quer assistir à sua timeline com ou sem imagem, áudio ou os controles (linhas de referência) das camadas e máscaras. Você pode também escolher se a animação será reproduzida em loop ou não.

4. Ative a opção *Cache Before Playback* se você quiser que o After Effects primeiro armazene os quadros processados da animação em arquivo temporário antes de começar a rodar. Isso garante que a reprodução aconteça em tempo real tão logo ela tenha sido gerada. Do contrário, você poderá ver a animação rodando em câmera lenta, ou travando, conforme os quadros ainda estiverem sendo processados.

5. As opções *Frame Rate*, *Skip* e *Resolution* permitem que você reduza o número de quadros a serem processados para pré-visualização, bem como sua qualidade. Isso é extremamente útil em projetos nos quais há muitos efeitos e camadas a serem gerados, o que demanda um processamento mais pesado do equipamento e faz com que, muitas vezes, consigamos assistir apenas a uma pequena parte de nossa animação por vez. Para garantir maior tempo de reprodução, diminua a taxa de quadros por segundo, configure para que alguns quadros sejam pulados e reduza a animação.

6. Ative a opção *Full Screen* se quiser assistir à sua animação em tela cheia, livre da interface do After Effects. Assim, você poderá se concentrar apenas na animação e conseguirá ter uma ideia mais fiel do resultado final.

Criando uma animação abrupta na opacidade

Digamos que, após assistir ao resultado final da animação criada até aqui, você tenha decidido criar mais uma animação para manipular a imagem do skatista no momento em que o GC aparece. Desta vez, você quer uma mudança abrupta na imagem. Para isso, você trabalhará na camada *Amarelo* da composição *Vinheta RoboTV*.

1. Selecione a camada *Amarelo* na timeline da composição *Vinheta RoboTV*.

2. Coloque a agulha no início da timeline e pressione a tecla T para revelar apenas o parâmetro *Opacity* da camada.

3. Clique no relógio ao lado do nome *Opacity*, para registrar que no início da animação a opacidade da camada permaneça no valor já configurado de *10%*.

4. Leve a agulha até o tempo *01:19*, momento em que a câmera muda para mostrar um close-up da manobra.

5. Altere o valor do parâmetro *Opacity* para *80%*. Isso criará um novo keyframe nesse exato momento.

6. Leve a agulha até o tempo *03:15* e modifique o valor de opacidade de volta para *10%*. Nesse momento em que a câmera volta a se distanciar em plano aberto, você fará a opacidade da camada amarela voltar a ser o que era no início.

7. Coloque a agulha no início da timeline e aperte a barra de espaço ou o botão *Play* no painel *Preview* para assistir às suas alterações.

Ao definir keyframes apenas alterando os valores dos parâmetros à medida que você arrasta a agulha pela timeline, o After Effects cria a interpolação linear entre eles, fazendo o valor de um keyframe ir se transformando no outro ao longo do tempo. Mas nesse caso você quer que a mudança seja abrupta, para que a imagem de repente fique amarela e, depois, também de repente, volte a ficar normal.

8. Selecione os três keyframes de opacidade criados na camada *Amarelo*.

9. Clique com o botão direito sobre qualquer um deles e, no menu de contexto, selecione a opção *Toggle Hold Keyframe*.

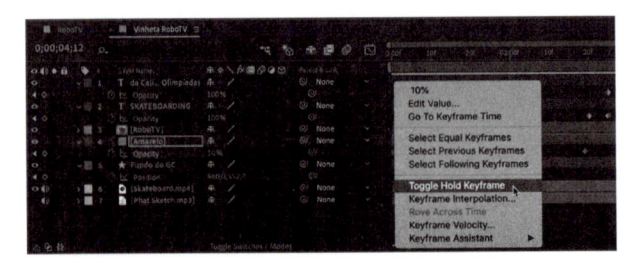

A opção *Toggle Hold Keyframe* desativa a interpolação entre eles e faz com que os valores configurados fiquem congelados até que a agulha chegue ao próximo keyframe. Dessa forma, você notará, ao assistir novamente à sua animação, que o amarelo mais intenso aparecerá e desaparecerá de forma abrupta, exatamente quando a agulha passar pelos keyframes configurados.

10. Coloque a agulha no início da timeline e pressione a barra de espaço para assistir, uma última vez, à sua animação.

Renderização via Adobe Media Encoder

Renderização é o nome dado ao processo de exportação da animação finalizada. Renderizar significa, então, gerar o arquivo de vídeo ou de sequência de imagens final que será distribuído, seja por inclusão em um projeto de edição no Premiere Pro, seja por inserção direta na transmissão de qualquer canal de TV ou de YouTube, por exemplo.

Para renderizar sua animação final, você deverá percorrer as etapas apresentadas a seguir.

1. Clique, na timeline que será exportada, na *Vinheta RoboTV*, para mantê-la selecionada. Uma linha azul ao redor do painel indica que a timeline está ativa e que é ela que será exportada quando o comando de renderização for executado.

2. Vá ao menu *File* e selecione *Export > Add to Adobe Media Encoder Queue*.

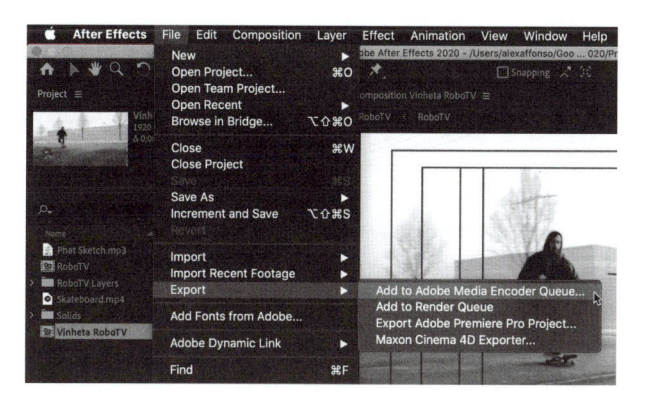

Ao selecionar esse comando, você deverá aguardar até que o Adobe Media Encoder seja aberto. Ele é o software da Adobe responsável por renderizar todos os projetos do Premiere Pro e do After Effects, além de ser usado também para fazer conversões de formatos de arquivos, processo muito comum na edição quando precisamos criar proxies (versões mais leves) de arquivos originais. Quando aberto, sua composição selecionada no After Effects será carregada na fila de renderização e poderá ser configurada antes da exportação de fato, como mostra a imagem abaixo.

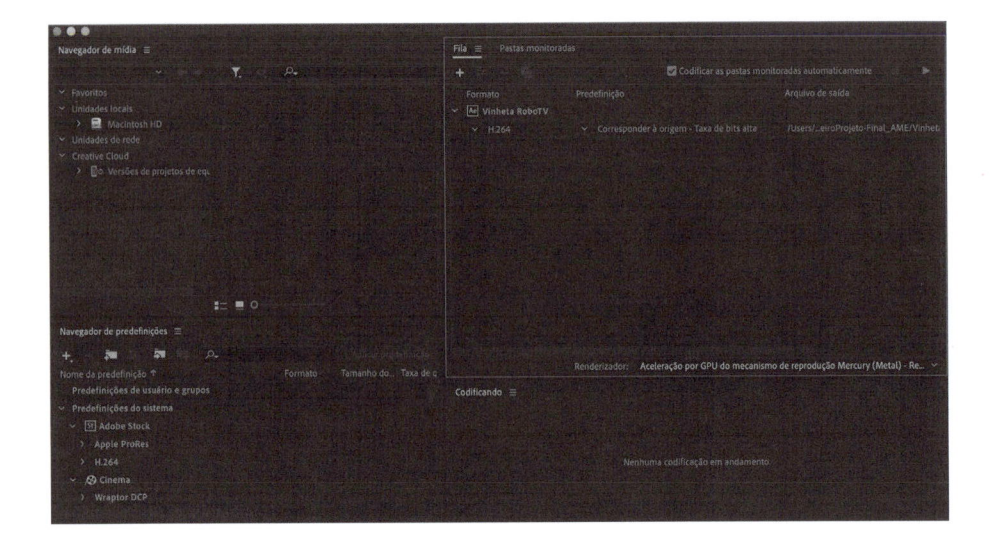

Na fila de renderização, você poderá escolher o formato do arquivo a ser gerado, a predefinição desse formato de acordo com a plataforma de distribuição ou transmissão e o local em seu disco rígido no qual o arquivo será armazenado.

3. Certifique-se de que o formato H.264 esteja selecionado na coluna *Formato*. Esse é o formato mais universal e utilizado para garantir a reprodução do vídeo em todas as plataformas.

4. Escolha a predefinição *YouTube 1080p Full HD* para configurar as dimensões e qualidades de exportação conforme as diretrizes do YouTube para vídeos Full HD (1920 × 1080 pixels).

5. Clique sobre o nome do arquivo na coluna *Arquivo de saída* e escolha em que local do seu disco rígido você quer que o vídeo seja salvo.

6. Clique em *Iniciar fila* acima, representado pelo botão *Play* verde, para começar o processo de renderização. Durante esse processo, uma pré-visualização pequena é mostrada na parte inferior da janela, na seção chamada *Codificando*.

Você não precisa ficar assistindo à renderização acontecer. Na verdade, o fato de todo o processo de renderização poder ser feito pelo Adobe Media Encoder garante que você possa continuar trabalhando até mesmo no After Effects se precisar.

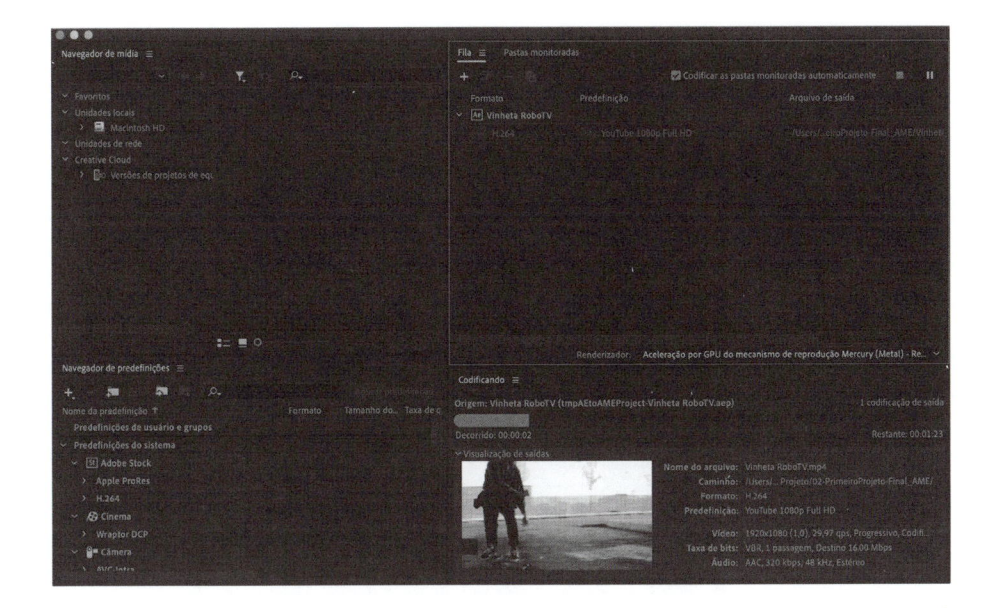

Assim que a renderização estiver finalizada, um som de conclusão será emitido e a coluna *Status* apresentará o texto *Concluído*.

7. Vá até a pasta em que você escolheu salvar seu vídeo e dê um duplo clique sobre ele, para assistir no reprodutor de mídia padrão do seu sistema.

Salvando e fazendo backup do seu primeiro projeto

Antes de fechar seu projeto e partir para o próximo capítulo, é uma boa ideia saber como criar um backup de tudo e armazenar para uso posterior. Nunca sabemos quando precisaremos acessar novamente o que fizemos, e ter a certeza de que tudo estará devidamente arquivado é essencial para evitar surpresas no futuro.

1. Para dar início ao processo de cópia e backup de seu projeto, acesse o comando *Collect Files* a partir do menu *Files > Dependencies*.

2. Na janela de diálogo *Collect Files*, selecione a opção *For All Comps* em *Collect Source Files*. Isso garante que você guardará todos os arquivos que foram usados em todas as composições de seu projeto, mas ainda assim descartando aqueles que não foram.

3. Ative a opção *Reduce Project* para que os arquivos importados, porém não usados no projeto, sejam descartados do backup.

4. Clique em *Collect* e escolha a pasta na qual vai salvar o backup de seu projeto.

5. Clique em *Salvar*, e pronto. Assim que tudo for salvo, a pasta será aberta e você encontrará, nela, o projeto do After Effects (.aep) ao lado de um relatório (.txt) e da pasta (*Footage*) dentro da qual estarão todos os arquivos usados de fato no projeto.

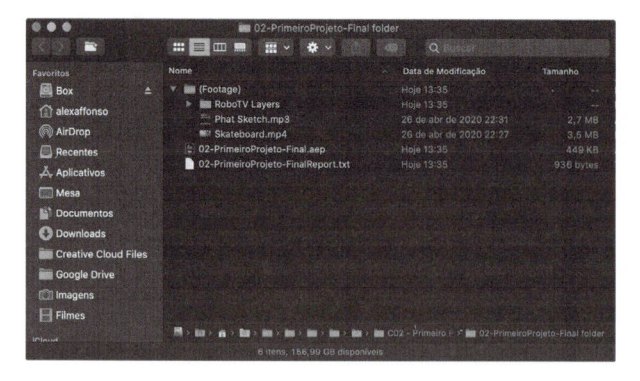

Na pasta de arquivos do capítulo 2 você encontrará essa pasta, que salvei assim que finalizei o meu projeto. Ao abri-la, você poderá acessar todas as camadas, configurações e animações que fiz, uma boa forma de analisar e estudar projetos de After Effects e aprender a criar animações por meio das técnicas usadas por outras pessoas.

Anotações

3

Keyframes, gráficos e recursos avançados de animação

OBJETIVOS

» Criar uma composição base para explorar novos recursos

» Aprimorar animações de rotação, de escala e de posição

» Aprender a ajustar animações utilizando gráficos

Você já viu, no capítulo anterior, que é possível mudar a velocidade das animações por meio do método de interpolação dos keyframes. Isso quer dizer que, após fazer qualquer animação, modificar a maneira como o After Effects processa a diferença entre os valores configurados em cada parâmetro faz com que a velocidade, em vez de ser constante, possa variar e criar efeitos de aceleração e desaceleração. Isso é essencial não apenas para suavizar o início ou o final como também para criar dinamismos diferentes em seus intervalos.

Criando a composição base para explorar suas possíveis variáveis

Criar uma nova composição é importante para você entender melhor e explorar de maneira mais metódica os diversos modos de interpolação de keyframes do After Effects. Além disso, ajuda a compreender a configuração personalizada da aceleração de qualquer animação.

1. Clique no menu *Composition* e selecione *New Composition* (ou pressione Cmd+N, no macOS, ou Ctrl+N, no Windows).

2. Na janela *New Composition*, digite *OuterSpace-01* no campo *Composition Name*.

3. No menu *Preset*, escolha a opção *HDTV 1080 24*. Ela criará uma composição no formato Full HD (1920 × 1080 pixels) com 24 quadros por segundo, padrão utilizado no cinema e muito comum para animações.

4. Defina a duração da sua nova composição em *00;00;10;00* no campo *Duration*.

5. Clique sobre a cor padrão da composição e mude-a para branco, escolhendo no seletor de cores ou digitando *#FFFFFF* no campo hexadecimal da cor.

6. Clique em *OK*, e sua nova composição será criada.

IMPORTAÇÃO DE ARQUIVOS QUE SERÃO USADOS NAS ANIMAÇÕES SEGUINTES

⊡ Exercícios

1. Acesse o menu *File* e selecione a opção *Import > File*. Ou, simplesmente, dê um duplo clique dentro do painel *Project*. A janela de importação de arquivos será aberta.

2. Navegue até a pasta *C03 - Keyframes,* selecione os arquivos *Rocket.ai* e *Worldmap.ai* e clique em *Abrir.*

Você está importando dois arquivos de Illustrator que foram criados com apenas uma camada. Por isso, o After Effects não lhe perguntará o que fazer. Nesse caso, a imagem será importada como footage automaticamente, sem divisão em camadas dos subgrupos existentes na estrutura desses desenhos.

3. Arraste a imagem *Worldmap.ai* do painel *Project* para a timeline. Em seguida, faça o mesmo com a imagem *Rocket.ai*, colocando-a acima da *Worldmap.ai*. Não se importe com a escala das imagens por enquanto. Primeiro, vamos criar o céu que ficará atrás de tudo. Sua timeline estará, por enquanto, como a imagem mostrada abaixo.

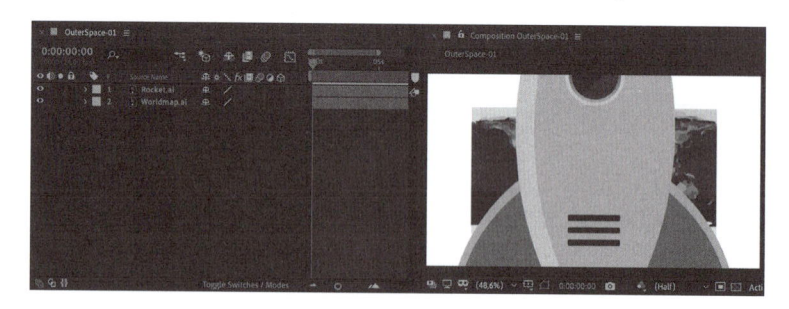

Como criar desenhos e pintá-los em dégradé

Para obter o céu que ficará atrás de toda a animação, você precisará criar uma camada que pode ser preenchida de dégradé, com a finalidade de fazer uma passagem sutil de tonalidades de azul do centro para fora. O After Effects possui algumas ferramentas de desenho que auxiliam a criação de formas simples quando precisamos complementar a animação com elementos que ainda não foram desenhados fora dele. Neste caso, o céu será uma forma retangular de fundo preenchida com dégradé radial, do centro para as extremidades.

Para criar uma forma retangular, execute os passos abaixo.

1. Selecione a ferramenta *Rectangle* (Q), na barra de ferramentas.

2. Com o mouse sobre o painel *Composition*, clique e arraste o mouse com o botão esquerdo pressionado desde o canto superior esquerdo até o canto inferior direito da área da sua composição, cobrindo toda ela com uma cor sólida que, *a priori*, você ainda não definiu.

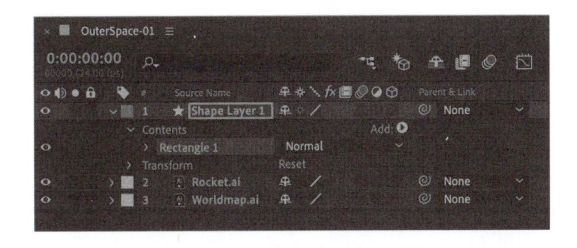

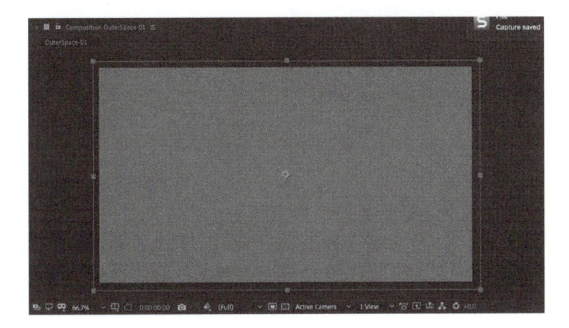

3. Com a camada *Shape Layer 1* que você acabou de criar ainda selecionada, clique no título *Fill*, na barra de ferramentas, para selecionar o tipo de preenchimento.

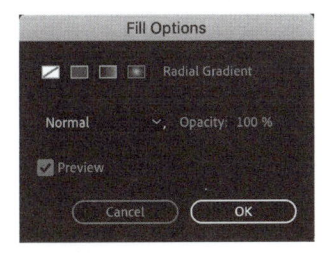

4. Escolha a última opção, *Radial Gradient*, e clique em *OK*.

5. Em seguida, clique na caixa com o exemplo do dégradé aplicado, ao lado do título *Fill*, na barra de ferramentas, para poder personalizar o dégradé. Isso abrirá a janela *Gradient Editor*. Na janela *Gradient Editor*, você pode clicar nos baldes de cor abaixo da rampa de dégradé horizontal para definir suas cores. Os baldes acima da rampa definem a opacidade das cores.

6. Clique no primeiro balde de cor abaixo da rampa de dégradé, à esquerda, e escolha um tom de azul bem claro, quase branco, ou digite *#BEDBED* no código hexadecimal da cor.

7. Depois, clique no balde à direita, também abaixo da rampa de dégradé, e escolha um tom de azul mais escuro, ou digite *#418AB7* no código hexadecimal da cor.

8. Clique em *OK* e volte para a ferramenta de seleção.

Ao voltar para a ferramenta de seleção, você notará que, sobre o dégradé criado no painel *Composition*, haverá dois pontos próximos ao centro. Eles definem o ponto central (a primeira cor) e o ponto da extremidade (a segunda cor).

9. Clique sobre o ponto da extremidade e arraste-o para a direita, ultrapassando a borda da tela. Você pode manter a tecla Shift pressionada ao fazer isso, para arrastar o ponto em linha reta. Fazendo isso, a distância entre os pontos de cor será definida, e o dégradé ficará suave.

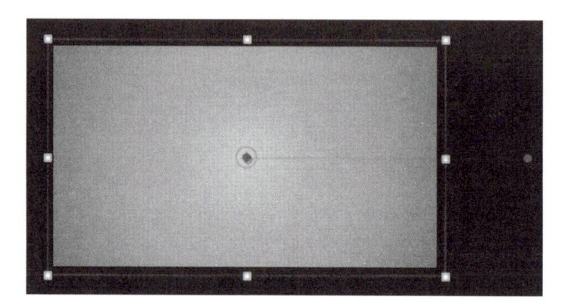

10. Para completar, clique sobre o nome *Shape Layer 1*, na timeline, pressione a tecla Enter e digite *Céu* para alterar seu nome.

11. Arraste essa camada para debaixo das outras, fazendo com que o céu fique por trás do mapa-múndi e do foguete previamente colocados.

Ajustando a escala do foguete e o mapa-múndi

Para finalizar a preparação da timeline para as animações que você fará em seguida, é preciso modificar a escala do foguete, que está grande demais. Isso pode ser feito de forma simples.

1. Clique na camada *Rocket.ai* e pressione a tecla S, para revelar o parâmetro *Scale* na timeline.

2. Altere a porcentagem de qualquer um dos valores de escala para *10%*. O foguete será redimensionado proporcionalmente, pois a corrente mantém tanto a largura quanto a altura proporcionais uma em relação a outra.

Já o mapa-múndi precisa ser transformado em uma elipse, para simular o planeta Terra. Isso pode ser alcançado pela aplicação do efeito CC Sphere sobre a camada.

1. Clique na camada *Worldmap.ai* para mantê-la selecionada.

2. Clique com o botão direito sobre ela, navegue até a opção *Effect* e selecione *Perspective > CC Sphere*. A imagem será automaticamente convertida para uma esfera de aparência tridimensional.

3. No painel *Effect Controls*, que se abrirá automaticamente, você poderá ajustar diversos parâmetros do efeito CC Sphere para modificar a forma como essa esfera foi gerada. Por exemplo, altere o valor *Radius* para *300*, abra a seta da seção *Shading* e altere o valor *Ambient* para *80*. Com essas duas simples alterações, o planeta Terra ficará maior e mais iluminado.

Você pode ainda, se quiser, continuar desenhando com as ferramentas de formas que ficam junto da ferramenta *Rectangle* para criar estrelas no céu. Use as ferramentas *Ellipse* e *Star* e explore as possibilidades de criação de formas simples no próprio After Effects.

Exercícios

Abra o arquivo de projeto *C03-Keyframes-Inicio.aep*, que está na pasta *C03 - Keyframes*, se quiser utilizar o arquivo já preparado e seguir o restante do exercício a partir daqui. Nele, a composição tem, além do que você já criou anteriormente, pequenas elipses simulando estrelas no céu.

Animação de rotação: como fazer o foguete girar ao redor do planeta

Para atingir esse objetivo, será preciso programar uma animação de rotação usando keyframes no parâmetro *Rotation*. Porém, se partirmos para essa animação antes de ajustarmos o *Anchor Point* (ponto âncora) de sua camada, o foguete girará em torno de seu próprio centro, que é seu eixo, seu pivô. A configuração do *Anchor Point* permite que a gente defina o eixo ao redor do qual a imagem deverá, por exemplo, girar, mudar de tamanho ou se movimentar.

1. Para ajustar o ponto âncora da camada *Rocket.ai*, selecione *Anchor Point* na timeline e pressione a tecla A, para revelar esse parâmetro.

2. Com o mouse sobre o primeiro valor de *Anchor Point*, ou seja, seu eixo X (horizontal), pressione o botão esquerdo do mouse e, segurando-o, arraste o mouse para a direita. Você verá que o ponto âncora permanecerá no centro, na mesma posição em que estava, mas o foguete começará a se distanciar dele. Continue arrastando o mouse para a direita até que o foguete esteja fora do planeta Terra, em sua órbita.

No exemplo acima, o valor do eixo X do parâmetro *Anchor Point* foi alterado para *6000*, suficiente para fazer o foguete ficar na órbita do planeta Terra.

Com o ponto âncora no local correto, agora você pode seguir adiante e programar a animação de rotação. Ela fará o foguete girar ao redor da Terra.

3. Com a camada *Rocket.ai* ainda selecionada, pressione a tecla R para revelar o parâmetro *Rotation* na timeline.

4. Mantenha a agulha no início da timeline, ou seja, em 0 segundo, e ligue o relógio de animação do parâmetro *Rotation* clicando sobre ele. Isso criará o primeiro keyframe, determinando o ângulo inicial do foguete.

5. Arraste a agulha até *02:00* na timeline e digite, no primeiro número do parâmetro *Rotation*, o valor *1*. Os valores nele deverão estar configurados, agora, da seguinte maneira: *1x+0,0°*. Isso determina que, no intervalo de tempo de 2 segundos, o foguete deverá dar uma volta completa de 360° ao redor do seu ponto âncora, que agora é o centro do planeta Terra. A essa volta completa se dá o nome de Revolução.

6. Leve a agulha de volta para o início da timeline e aperte a barra de espaço, para assistir à animação de rotação que você acabou de criar.

Isso conclui a animação de base para o que vamos explorar daqui em diante, que é como podemos modificar as acelerações das animações usando recursos mais avançados do After Effects, começando pela interpolação dos keyframes e avançando para o gráfico de velocidade. Aproveitaremos para aprender, também, como fazer animações entrarem em loop e serem repetidas continuamente ao longo da timeline.

OS DIFERENTES MÉTODOS DE INTERPOLAÇÃO PARA VARIAÇÃO DE VELOCIDADE

Antes de explorar alguns diferentes métodos de interpolação de keyframes, que nada mais são do que a maneira como a velocidade é calculada a partir de cada ponto em nossa animação pelo After Effects, vamos duplicar a animação que acabamos de fazer. Ela será a sua base para a criação das variações e servirá como comparativo, um bom método para praticar e entender as diferenças entre todas as opções a serem exploradas.

1. No painel *Project*, clique sobre o nome da composição *OuterSpace-01*.

2. Com a composição *OuterSpace-01* selecionada, vá ao menu *Edit* e selecione o comando *Duplicate* (você também pode usar o atalho de teclado Cmd+D, no macOS, ou Ctrl+D, no Windows). Assim, você passará a ter outra composição, idêntica à primeira, que se chamará *OuterSpace-02*.

3. Duplique a composição *OuterSpace-01* mais duas vezes, criando a *OuterSpace-03* e a *OuterSpace-04*.

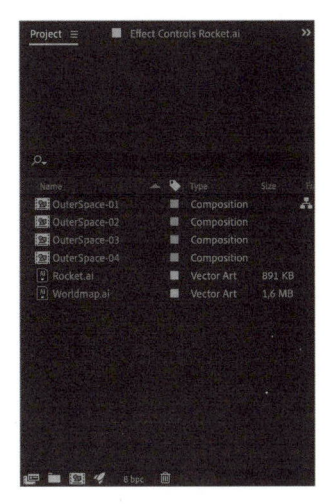

Nós vamos realizar alterações levemente diferentes nas composições 02 e 03, e, outra mais agressiva, na composição 04.

AS DIFERENÇAS ENTRE OS MODOS DE INTERPOLAÇÃO BEZIER: EASE IN E EASE OUT

Quando queremos desacelerar uma animação que criamos por meio de keyframes, uma opção simples é distanciar seus keyframes. Mas, embora essa saída seja útil para tornar a animação toda mais lenta, uma vez que a distância entre keyframes define sua velocidade constante, ela não é suficiente para criar alterações de aceleração em momentos distintos, como no seu início ou no final.

Suponha que você esteja em uma janela olhando para a rua e veja um carro passar sem parar. Esse carro estará em aceleração constante, e você o verá entrar e sair de sua visão na mesma velocidade. Isso equivale àquilo que no After Effects se chama aceleração constante, criada pelas animações com keyframes interpolados de forma linear (padrão), representados pelo losango. É o que você tem na primeira animação que fez com o foguete girando ao redor do planeta Terra.

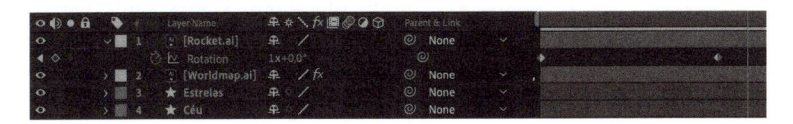

O modo Bezier Easy Ease Out

Alterar o método de interpolação para Bezier utilizando o recurso Ease Out faz com que o After Effects desacelere a partida da animação no keyframe em que tal alteração for efetuada. Nesse caso, imagine-se em uma janela olhando para a rua quando você vê um carro estacionado começar a se mover. Ele vai ganhando aceleração aos poucos, até atingir uma aceleração constante e seguir adiante. É isso que ocorre exatamente quando você configura um keyframe para utilizar o keyframe Ease Out.

1. Abra a composição *OuterSpace-02*, dando um duplo clique sobre ela no painel *Project*.

2. Selecione a camada *Rocket.ai* na timeline e pressione a tecla R, para revelar sua rotação.

3. Como ela é uma cópia da animação que você havia acabado de fazer, os keyframes que fazem o foguete dar uma volta completa ao redor da Terra já estarão lá. Clique com o botão direito do mouse sobre o primeiro keyframe e selecione a opção *Keyframe Assistant > Easy Ease Out*.

4. Volte a agulha para o início da timeline e pressione a barra de espaço para assistir. Tente notar a diferença e perceba como o foguete demora mais tempo para sair de sua posição inicial. Entretanto, como a duração da animação é a mesma, de 1 segundo, ele precisa acelerar depois para conseguir dar a volta completa no mesmo tempo. Toda essa mudança na aceleração transforma sua animação original.

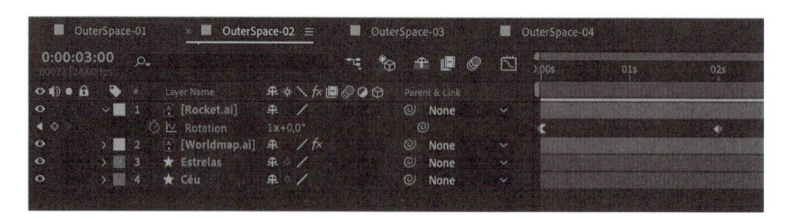

O modo Bezier Easy Ease In

Ao contrário do modo Ease Out, o modo Ease In garante que a animação perca velocidade, ou seja, desacelere, ao chegar ao keyframe que assim estiver configurado. Nesse caso, imagine-se mais uma vez em uma janela olhando para a rua. Desta vez, você avista um carro chegando a um determinado ponto e estacionando. À medida que chega, ele vai diminuindo de velocidade até parar. Isso é exatamente o que ocorre quando configuramos o keyframe em nossa animação para o modo Ease In.

1. Abra a composição *OuterSpace-03*, dando um duplo clique sobre ela no painel *Project*.

2. Selecione a camada *Rocket.ai* na timeline e pressione a tecla R, para revelar sua rotação.

3. Como ela é uma cópia da animação que você havia feito anteriormente, os keyframes que fazem o foguete dar uma volta completa ao redor da Terra já estarão lá. Clique com o botão direito do mouse sobre o último keyframe e selecione a opção *Keyframe Assistant > Easy Ease In.*

4. Leve a agulha de volta para o início da timeline e pressione a barra de espaço para assistir. Tente notar a diferença e perceba como o foguete sai de sua posição inicial

de modo mais rápido, pois ao chegar em 1 segundo ele deverá ter sua velocidade reduzida até seu movimento cessar. Isso cria um efeito de frenagem característico desse método de interpolação Bezier.

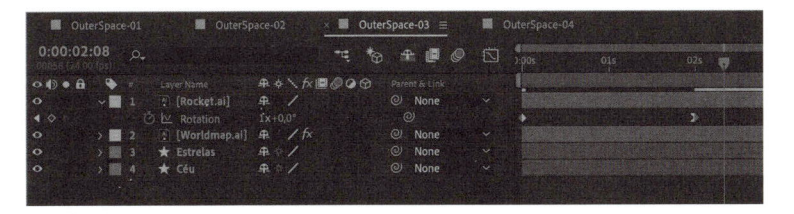

O modo Bezier Easy Ease

Ambos os modos Bezier vistos anteriormente podem existir juntos em um mesmo keyframe. A essa possibilidade se dá o nome de interpolação Easy Ease, também disponível para seleção no mesmo menu do botão direito do mouse sobre qualquer keyframe, em *Keyframe Assistant > Easy Ease*.

1. Abra a composição *OuterSpace-04* dando um duplo clique sobre ela no painel *Project*.

2. Selecione a camada *Rocket.ai* e pressione a tecla R para revelar seu parâmetro de rotação e os keyframes de animação previamente criados.

3. Leve a agulha até o *04s* e altere o valor de rotação para *2x-0,0°*.

4. Repita o processo a cada 2 segundos, aumentando sempre uma volta completa no valor de rotação. Assim, você terá três voltas em *06s*, quatro voltas em *08s* e cinco voltas em *10s* (no final da timeline). Isso criará, *a priori*, uma animação contínua e cíclica do foguete girando ao redor do planeta Terra.

Todos os keyframes, até esse ponto, serão lineares, preservando a aceleração constante. Você mudará todos eles para conseguir entender como a opção *Easy Ease* interfere na sua animação.

5. Clique com o botão direito sobre o primeiro keyframe e selecione a opção *Keyframe Assistant > Easy Ease Out*.

6. Clique com o botão direito sobre o último keyframe e selecione a opção *Keyframe Assistant > Easy Ease In*.

7. Selecione todos os keyframes internos da animação, clique com o botão direito sobre qualquer um deles e selecione a opção *Keyframe Assistant > Easy Ease*.

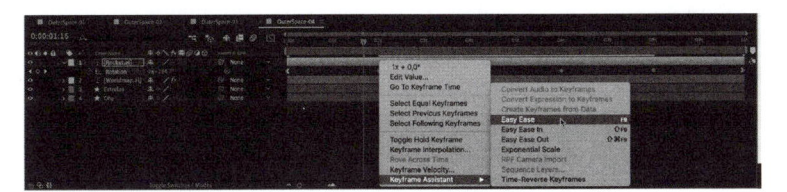

Você notará que todos os keyframes mudarão para um formato que lembra uma ampulheta, mas o que indicam, na verdade, é que a animação perde velocidade ao chegar a eles e ganha velocidade ao sair deles.

8. Leve a agulha de volta para o início da timeline e assista à animação pressionando a barra de espaço. Você notará que, desta vez, o foguete sempre parará no ponto inicial e começará a se mover de novo, justamente porque a interpolação Bezier Easy Ease o obriga a frear e a acelerar toda vez que chega a cada keyframe no qual ela foi ativada.

Apenas com o intuito de manter seu projeto organizado e não se perder no decorrer das atividades, vamos renomear as composições desse projeto conforme a lista a seguir.

Para isso, você deve selecionar cada uma no painel *Project* e pressionar a tecla Enter (ou selecionar a opção *Rename* após clicar com o botão direito do mouse sobre cada uma).

- Renomeie a composição *OuterSpace-01* para *OuterSpace-01-Linear*.

- Renomeie a composição *OuterSpace-02* para *OuterSpace-02-EaseOut*.

- Renomeie a composição *OuterSpace-03* para *OuterSpace-03-EaseIn*.

- Renomeie a composição *OuterSpace-04* para *OuterSpace-04-EasyEase*.

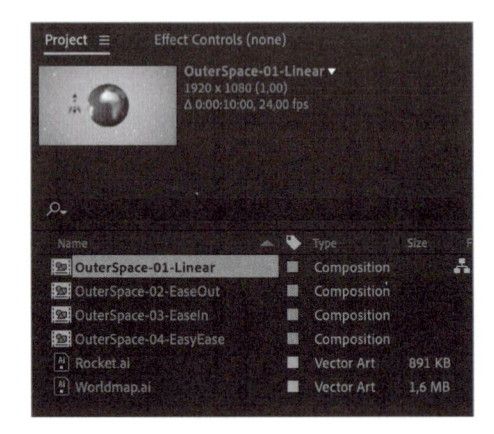

O caminho da animação e a alteração espacial de seu percurso

Agora vamos trabalhar em outro parâmetro e estudar maneiras diferentes de traçar percursos para a animação de qualquer camada. Você continuará no mesmo projeto, mas deverá preparar uma nova composição a partir da primeira que criou, conforme descrito a seguir.

1. Selecione a composição *OuterSpace-01-Linear*, no painel *Project*, e duplique-a pressionando as teclas Cmd+D (macOS) ou Ctrl+D (Windows).

2. Renomeie a cópia para *OuterSpace-05-Position* selecionando-a e pressionando a tecla Enter.

3. Dê um duplo clique sobre ela, para abri-la tanto na timeline quanto no painel *Composition*.

4. Com a agulha no início da timeline e a camada *Rocket.ai* selecionada, abra o parâmetro *Rotation* pressionando a tecla R e desligue o relógio da animação. Isso removerá todos os keyframes de rotação dessa camada e o foguete parará de girar ao redor do planeta Terra.

5. Pressione a tecla P para revelar o parâmetro *Position*.

6. Pressione as *teclas* Shift+A *para* revelar também o parâmetro *Anchor Point* da mesma camada.

7. Antes de começar uma nova animação, você deverá colocar o ponto âncora de volta no centro do foguete, reconfigurando o valor do eixo X de *Anchor Point* para *1500*, seu valor original quando você colocou essa imagem na timeline.

8. Pressionando as teclas Shift+S, você também revelará o parâmetro *Scale* na timeline, para configurá-la em *7,5%* e diminuir ainda mais o tamanho do foguete.

Como criar uma animação de posição

Para definir uma animação na posição do foguete ao longo do tempo, você trabalhará unicamente com o parâmetro *Position*. Para isso, com a camada *Rocket.ai* ainda selecionada, pressione a tecla P duas vezes. A primeira esconderá todos os parâmetros que você acabou de ajustar, e a segunda trará de volta apenas o parâmetro *Position*.

O processo de animação da posição de qualquer camada se dá por meio do reposicionamento de sua imagem ao longo do tempo, desde que o relógio do parâmetro *Position* esteja devidamente ligado.

1. Estando o parâmetro *Position* da camada *Rocket.ai* revelado e a agulha no início da timeline, pressione seu relógio ⏱ para ligá-lo e registrar, assim, o primeiro keyframe da animação.

2. Com a agulha ainda na mesma posição, ou seja, no início da timeline, e usando a ferramenta de seleção ◤, arraste o foguete para uma região ao redor do planeta Terra à sua escolha. Essa será a posição inicial de seu percurso.

 Não se incomode, por enquanto, com a direção para a qual o foguete estará virado o tempo todo (para cima). Ao concluir todo o percurso de movimento, você usará um comando especial que corrigirá sua direção automaticamente.

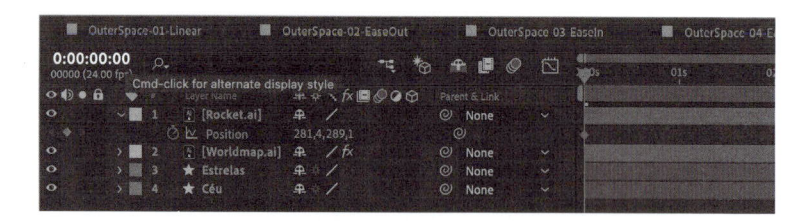

1. Arraste a agulha para *02:12f* e, depois, reposicione o foguete na janela da composição utilizando a ferramenta de seleção 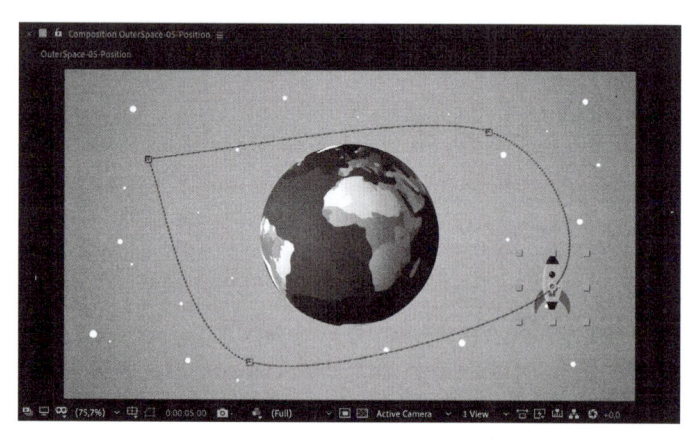 (ele deverá ficar em um novo lugar, estabelecendo um caminho que seguirá do ponto inicial a este).

2. Arraste a agulha para *05s* e novamente reposicione o foguete em outro local.

3. Repita o processo em *07:12f* e *10s*. Ao final, você terá cinco keyframes na timeline e poderá ver, no painel *Composition*, que um caminho aparece traçado conectando cada um dos pontos em que você colocou o foguete. A esse caminho se dá o nome de path, e é ele que determina o percurso que sua imagem seguirá ao longo do tempo.

4. Leve a agulha para o início da timeline e pressione a barra de espaço para assistir ao que foi feito até agora.

Após assistir à sua animação, você perceberá duas coisas:

- embora o espaço entre os keyframes seja idêntico, de 2 segundos e meio, a velocidade com que a imagem se move pode ser diferente de um ponto para outro. Isso ocorre porque a distância a ser percorrida pela imagem de um ponto a outro é diferente, o que gera velocidade distintas;

- o foguete mantém-se em sua direção inicial, virado com o bico para cima, durante todo o trajeto, uma vez que não definimos em momento algum seu ângulo.

Há duas formas rápidas e simples de solucionar esses dois aparentes problemas, descritas a seguir.

1. Comece entrando no parâmetro *Rotation* (R) da camada *Rocket.ai* e alterando o valor de rotação para 90°.

 Essa correção de rotação sempre será necessária para ajustar a direção inicial de qualquer imagem na qual você ativar o recurso Orient Along Path. Tudo depende, na realidade, do caminho a ser percorrido e do ângulo original inicial da imagem para que tudo funcione como esperado.

2. Depois, para corrigir a direção do foguete, girando seu bico de acordo com o lado para o qual ele voa, clique com o botão direito do mouse sobre a camada e selecione a opção *Transform > Auto-Orient*.

3. Na janela *Auto-Orientation*, selecione a opção *Orient Along Path*. Com esse ajuste simples, o After Effects saberá a direção do caminho a ser percorrido pela imagem e a girará de acordo, automaticamente.

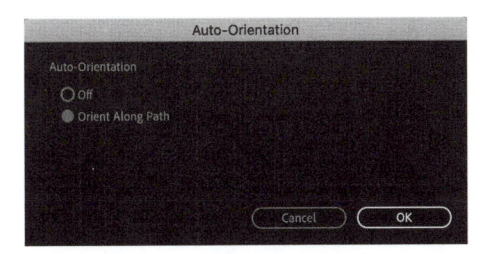

4. Volte a pressionar a tecla P, para revelar o parâmetro *Position* da camada *Rocket.ai*, caso não o esteja mais vendo. Agora você vai ajustar o intervalo de tempo entre os keyframes para que a velocidade do percurso seja continuamente igual entre todos os pontos que você criou no espaço.

5. Selecione todos os keyframes na timeline.

6. Clique com o botão direito sobre qualquer um deles e selecione a opção *Rove Across Time*.

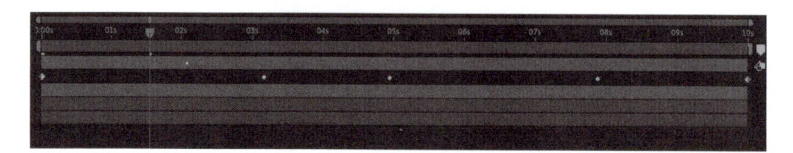

Você notará que tanto a distribuição quanto o formato dos keyframes mudarão, bem como o pontilhado no path no painel *Composition*, que passará a apresentar um pontilhado distribuído uniformemente. Tudo isso indica que o After Effects recalculou a animação e redistribuiu os keyframes automaticamente para tornar a velocidade da animação uniforme ao longo do tempo.

7. Assista novamente antes de prosseguir.

Como alterar o path de uma animação de posição

Para alterar o caminho desenhado automaticamente como decorrência do local em que você colocou o foguete a cada momento, o que por fim definiu os keyframes de sua animação, você terá de usar a ferramenta de seleção no painel *Composition*.

1. Selecione a camada *Rocket.ai* na timeline e ative a ferramenta de seleção clicando nela, na barra de ferramentas, ou pressionando a tecla V.

Usando a ferramenta de seleção, você pode clicar em qualquer um dos nós (pontos quadrados) visíveis no painel *Composition*, gerados quando você criou os keyframes. Todos os keyframes de qualquer parâmetro espacial são representados por nós em um path, vértices a partir dos quais são gerados tanto os segmentos retos quanto os curvos.

2. Usando a ferramenta de seleção, clique em qualquer um dos nós no painel *Composition* e arraste-o para outro lugar, redefinindo o path incialmente criado.

Com um dos nós ainda selecionado, repare que próximo a ele aparecem outros dois pontos menores, redondos. Esses pequenos pontos redondos representam as hastes da curva Bezier e são responsáveis pelas curvas geradas pelos segmentos.

3. Clique em um desses pontos redondos pequenos das hastes da curva Bezier e arraste-o para ver como o path pode ser alterado. Altere-o da maneira que preferir, arredondando os traços e tornando o percurso mais curvo do que reto.

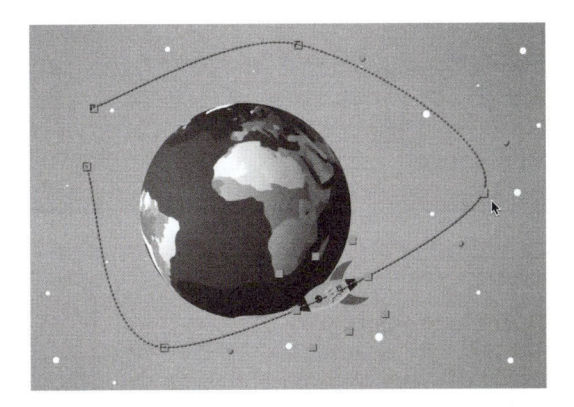

4. Assista novamente à animação até aqui e veja como o resultado já é completamente diferente do que você tinha até então. Isso demonstra como a decupagem de uma animação e o trabalho minucioso em cada detalhe vão aperfeiçoando-a e tornando--a cada vez mais elaborada.

MOTION SKETCH: UMA MANEIRA PRÁTICA DE GRAVAR O PERCURSO DE UMA ANIMAÇÃO

Existe uma maneira muito mais intuitiva e lúdica de gravar o percurso que você pretende para a posição de qualquer camada: a *Motion Sketch*. Esse é um recurso que usa a posição do mouse e sua movimentação como determinantes para os keyframes a serem gerados em uma animação. A gravação do movimento acontece em tempo real, e dessa forma é possível criar percursos de movimento muito mais naturais e intuitivos do que com a inserção manual de cada keyframe no decorrer do tempo, como você fez anteriormente.

Antes de começar, entretanto, duplique a composição *OuterSpace-05-Position* no painel *Project* e renomeie a cópia para *Outer-Space-06-MotionSketch*. Abra-a com um duplo clique e, na camada *Rocket.ai*, com a agulha no início da timeline, desligue o relógio de animação. Isso eliminará o path anteriormente gerado e devolverá o foguete para sua posição inicial, mantendo apenas a correção de ângulo para 90° que você havia feito no parâmetro *Rotation*.

1. Com a camada *Rocket.ai* da composição *OuterSpace-06-MotionSketch* selecionada, abra o painel *Motion Sketch* por meio do menu *Window*.

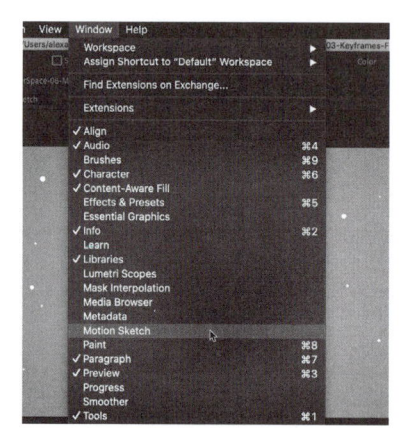 

2. De todas as opções do painel *Motion Sketch*, ligue a única que por padrão vem desligada, *Background*.

Com todas as opções ligadas, o After Effects gravará a movimentação do mouse em tempo real (*Capture speed at 100%*), aplicará uma suavização baixa, de apenas 1, para simplificar o path criado e mostrará um quadrado com um "x" no meio, representando a imagem em movimento (Wireframe), além do fundo (Background).

3. Pressione o botão *Start Capture*, no painel *Motion Sketch*. O cursor do mouse virará uma mira, que representa o centro da camada que você animará.

4. Posicione a mira do mouse na posição em que você quiser iniciar a movimentação do foguete, no painel *Composition*.

5. Pressione o botão do mouse e, com ele pressionado, comece imediatamente a arrastá-lo para definir o percurso que você quer que o foguete siga. Você notará que a agulha na timeline começará a correr, o que indica o momento em que você está. O After Effects gravará todo o movimento que você fizer com o mouse e o aplicará no parâmetro *Position* da camada selecionada.

Uma grande quantidade de keyframes será criada, muito mais do que você provavelmente precisa para que tal animação aconteça.

Em instantes, você aprenderá a simplificar ainda mais esse path, reduzindo esse número de keyframes e aperfeiçoando as curvas, para reduzir as oscilações e o travamento que podem ter ocorrido ao arrastar o mouse. No entanto, por ora, apenas assista para ver o que foi gerado.

6. Com o parâmetro *Position* selecionado pelo nome, o que mantém todos os keyframes também selecionados na timeline, abra o painel *Smoother* a partir no menu *Window*.

7. No painel *Smoother*, mantenha a opção *Spatial Path* em *Apply To*, já que *Position* é um parâmetro espacial, aumente o valor *Tolerance* para 5 e clique em *Apply*. Isso reduzirá o número de keyframes e simplificará o path, aperfeiçoando as curvas e eliminando boa parte das oscilações gravadas.

8. Clique em *Apply* uma segunda vez caso queira experimentar simplificar ainda mais o path. Entretanto, você perceberá que, a partir de um certo ponto, clicar em *Apply* ficará apenas mudando os keyframes de lugar. Isso indica que o processo de simplificação automática chegou ao seu limite. Assista à sua animação para conferir como ficou.

9. Se você ainda quiser fazer com que a aceleração do foguete seja constante e uniforme no decorrer do tempo, clique com o botão direito sobre qualquer um dos keyframes ainda selecionados na timeline e ative a opção *Rove Across Time*.

O desfoque em decorrência do movimento: Motion Blur

Ao criar animações de movimento com o intuito de simular ou imitar a realidade, um bom aliado nessa imitação é sempre o desfoque de movimento. Ele permite que o objeto em movimento deixe um rastro, que pode ser mais ou menos intenso, de acordo com a sua velocidade. Esse recurso pode ser ativado de forma bastante simples para cada camada em particular. Veja como nas explicações a seguir.

1. Localize na timeline a coluna *Switches*. Ela está logo à direita do nome de toda camada e apresenta diversos ícones e alguns quadros vazios de comandos ainda não acionados.

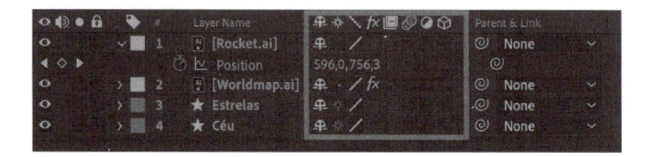

2. Nela, você encontrará um campo destinado ao comando *Motion Blur*. Ele é o terceiro campo da direita para a esquerda, representado por três bolinhas sequenciais no título da coluna. Ative-o para a camada *Rocket.ai*.

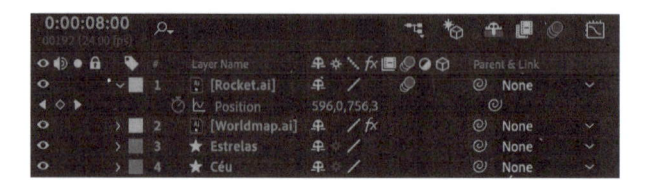

Além de ele ficar ativo na própria camada, um ícone igual, porém um pouco maior, acima, ficará aceso, indicando que a pré-visualização processará esse efeito quando você apertar a barra de espaço. Isso porque o processamento desse efeito é demasiado demorado, e muitas vezes, depois de já ter visto o resultado dele aplicado, você não quererá mais perder tempo processando-o novamente. Nesse caso, basta desligar o botão *Motion Blur* no topo da timeline, mantendo-o ligado na camada desejada para que ele ainda seja processado na renderização final.

3. Aperte a barra de espaço para assistir à animação mais uma vez. Se você estiver com o painel *Info* ainda aberto, notará que nele o After Effects avisará, em vermelho, que a animação não está rodando em tempo real enquanto o efeito está sendo processado. Ele mudará para tempo real apenas depois de todos os quadros serem armazenados em cache e ele conseguir, então, reproduzir sua animação em tempo real.

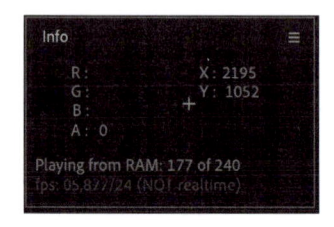

Invertendo a direção da animação

Antes de continuar, para evitar que a cada vez que você for assistir ao que estiver fazendo o After Effects demore a processar por causa do efeito Motion Blur, desligue o botão azul do Motion Blur, na parte superior da timeline.

Digamos que você queira testar a animação do foguete em sentido contrário, mas sem ter de gravar keyframes novamente com ele voando em outra direção. Em vez disso, você quer apenas inverter a direção do percurso.

1. Para não substituir a animação feita até agora, selecione a camada *Rocket.ai* e duplique-a na timeline pressionando Cmd+D (macOS) ou Ctrl+D (Windows).

2. Para evitar ver a camada original e não correr o risco de modificá-la por engano, você pode desligar o olho de visibilidade e ativar o cadeado. As duas opções ficam bem próximas uma da outra, na primeira coluna da timeline, chamada *A/V Features*.

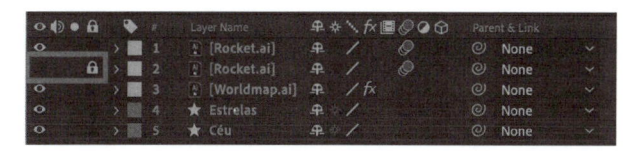

3. Com a camada 1 selecionada e a cópia do foguete desbloqueada, pressione a tecla P para revelar seu parâmetro *Position*.

4. Clique com o botão direito sobre o nome *Position* e selecione *Keyframe Assistant > Time-Reverse Keyframes*. Como o objetivo aqui é inverter toda a animação de posição, proceder assim é a maneira mais indicada. Mas você também pode inverter a animação de apenas alguns keyframes, quando precisar. Basta, para isso, selecionar os keyframes desejados diretamente na timeline e executar o mesmo comando, depois de clicar com o botão direito do mouse sobre eles.

5. Pressione a barra de espaço e assista à animação. O foguete agora voará no sentido contrário. E repare que não foi necessário corrigir sua direção, pois o comando *Orient Along Path* executado anteriormente continua atuando sobre a camada e corrigindo a direção da imagem automaticamente.

Graph Editor: ajuste da animação por meio de gráficos

Vamos voltar a trabalhar na animação a partir da primeira composição criada neste capítulo, aquela do foguete girando ao redor do planeta Terra com aceleração constante, decorrente da interpolação linear dos keyframes de rotação que criamos. Para isso, duplique a composição *OuterSpace-01-Linear* e renomeie essa composição para *OuterSpace-07-GraphEditor*.

Além de poder alterar a aceleração das animações por meio da interpolação dos keyframes de forma automatizada, mudando-se o método de interpolação de Linear para Ease In, Ease Out ou Ease, é possível fazer isso (e muito mais) utilizando o gráfico da animação. A timeline tradicional do After Effects pode ser trocada pela timeline gráfica, e por meio dela é possível mudar tanto os valores gravados nos keyframes de cada parâmetro como sua variação de aceleração usando o gráfico de velocidade.

O processo de manipulação de todas essas variáveis via gráfico pode parecer complicado à primeira vista, mas, à medida que você utiliza esse método e se familiariza com ele, percebe que as possibilidades vão muito além do que a simples seleção de métodos de interpolação predefinidos.

Para abrir a visualização gráfica da timeline, primeiro é preciso decidir qual parâmetro você quer manipular. Dessa forma, você tem uma visão mais limpa, e tudo fica muito mais simples.

1. Dê um duplo clique na composição *OuterSpace-07-GraphEditor*, no painel *Project*, para abrir sua timeline e sua visualização no painel *Composition*.

2. Selecione a camada *Rocket.ai* e pressione a tecla R, para revelar seu parâmetro *Rotation*. Aproveite e clique sobre o nome *Rotation*, para selecioná-lo. O *Graph Editor* mostra apenas os gráficos dos parâmetros selecionados.

3. Pressione o botão *Graph Editor* ▧, na barra superior da timeline, à esquerda do início da régua de tempo. A timeline passará a mostrar o gráfico do valor do parâmetro selecionado – neste caso, o *Rotation*.

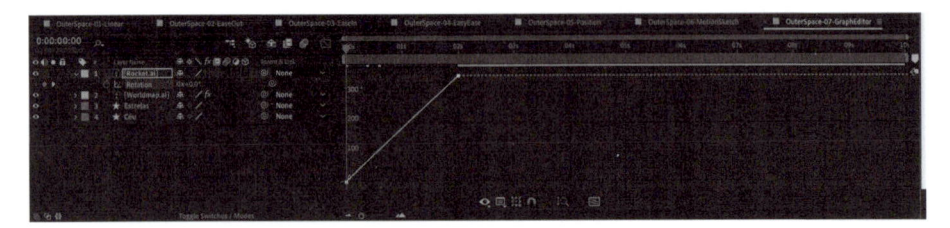

Você pode clicar e modificar os keyframes de qualquer parâmetro por meio do editor gráfico. No caso desse nosso primeiro parâmetro, a mudança na posição dos keyframes alterará a velocidade da animação, se você simplesmente arrastá-los para a direita ou para a esquerda, ou seu valor de fato, se você os arrastar para cima ou para baixo. Caso queira fazer experimentos, fique à vontade, mas volte depois usando o comando *Undo* (Cmd+Z, no macOS, ou Ctrl+Z, no Windows) antes de prosseguir. Nós trabalharemos no gráfico de aceleração.

4. Na barra inferior da timeline, clique no segundo botão, ao lado do olho, e selecione a opção *Speed Graph*, em vez da *Value Graph* inicialmente ativada.

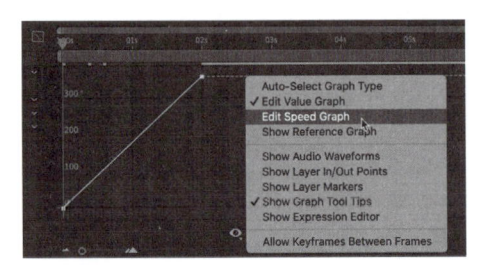

Você ainda verá, nesse caso, os dois keyframes representados por pontos distintos na linha do gráfico. Como nossa animação de base utilizava a interpolação linear, que representa aceleração constante, o gráfico é uma linha reta. A coluna da esquerda mostra valores que vão de *0*, no canto inferior esquerdo, até *300°/sec*, no topo. Esses valores mudam de acordo com o parâmetro selecionado, mas sempre indicam a velocidade, representada por uma certa quantidade do valor do parâmetro por segundo.

Por exemplo, quando vemos o gráfico de velocidade da posição, os valores se dão em pixels por segundo. Já para a rotação os valores, ocorrem em graus por segundo. Em outros casos, você verá que tais valores estarão em unidades por segundo. Esse padrão se repete, e você deve atentar ao fato de que, quanto mais baixa a linha, menor a velocidade; quanto mais alta, maior a velocidade.

5. Clique no primeiro keyframe na linha do gráfico para selecioná-lo. Os keyframes serão destacados em amarelo e hastes sairão deles, permitindo a manipulação de suas curvas da mesma forma como fizemos com o path de posição do foguete, no painel *Composition*.

6. Coloque o mouse sobre a extremidade da haste do primeiro keyframe e arraste-a para baixo, até chegar em *0°/sec*. A linha do seu gráfico passará a ser uma curva, como a mostrada na imagem abaixo.

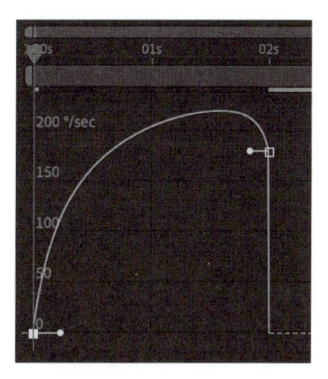

Ao assistir à animação, você perceberá que isso é bem parecido com a opção Ease Out, pois justamente você acabou de configurar o início da animação para ter aceleração zero e ir ganhando aceleração aos poucos, até atingir um pico e parar no último keyframe.

7. Ainda com o mouse na haste desse mesmo keyframe, empurre-a agora para a direita, forçando a curva a permanecer baixa por mais um período, próxima de *0°*, antes de começar a subir.

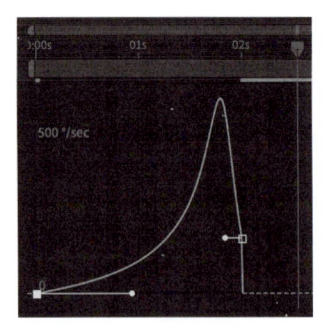

8. Assista novamente à animação. Dessa vez, você perceberá que o foguete terá uma maior resistência em seu ponto de partida antes de iniciar seu movimento. Isso porque a curva baixa o mantém em uma aceleração baixa por mais tempo, antes de ela começar a aumentar, atingir seu pico e, então, cair até cessar. Essa mudança já é extremamente personalizada e vai muito além da simples seleção da opção Ease Out.

9. Com o mouse sobre a haste do segundo keyframe, arraste-a para a esquerda e para baixo, também colocando-a em *0°/sec*.

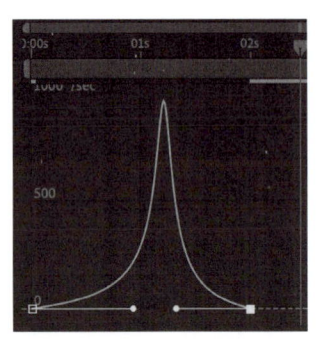

Com a curva assim, você verá que a animação se assemelha a ter Ease Out no primeiro keyframe e Ease In no último. No entanto, o tempo durante o qual o foguete fica preso no início, o quanto ele demora para ganhar aceleração, perdê-la e, então, parar seu movimento é completamente diferente. Assista à animação mais uma vez, para entender.

Isso é apenas um exemplo de como trabalhar com o editor gráfico na timeline permite a manipulação de forma livre das acelerações de qualquer animação, de qualquer parâmetro, abrindo possibilidades diversas no controle da maneira como as animações ocorrem ao longo do tempo e como elas se relacionam.

Continue explorando essa possibilidade aos poucos, a cada animação que você fizer. Lembre-se de sempre clicar no nome do parâmetro no qual deseja mexer antes de pressionar o botão *Graph Editor*. E, depois de ativá-lo, lembre-se também de mudar o gráfico mostrado para *Speed Graph*, no segundo botão ao lado do olho na barra inferior da timeline.

10. Desligue o botão *Graph Editor* para voltar à visualização tradicional da timeline.

11. Salve seu projeto e, se quiser, renderize suas animações, uma a uma, timeline por timeline, da mesma maneira como fez no capítulo anterior.

12. Após renderizar suas animações, faça o backup de seu projeto usando o comando *File > Dependencies > Collect All*, como fez no capítulo anterior também.

Anotações

4

Animação de cenários e personagens

OBJETIVOS

» Aprender a colocar um cenário em movimento

» Aprender a animar um elemento específico no cenário

» Criar animações nos outros elementos do cenário

Uma das tarefas mais comuns no After Effects é a animação de cenários e personagens. Por animação de cenário entende-se a construção de diversas camadas sobrepostas que, juntas, compõem uma cena animada, com elementos distintos muitas vezes agindo uns em relação aos outros. E, sobre o cenário, geralmente estão os personagens, criados no Illustrator e com as partes do corpo separadas em camadas que permitem sua animação isolada, possibilitando os movimentos necessários de pernas, braços e cabeça, por exemplo.

Definindo as configurações da composição

Para começar a criar uma animação de cenário, é preciso antes definir as dimensões da sua composição. Você vai começar importando o cenário (arquivo .psd desenhado no Illustrator e montado no Photoshop), para com ele criar uma nova composição, e só depois ajustar suas configurações.

 ## Exercícios

1. Em um novo projeto, clique em *File > Import > File* (Cmd + I, no macOS, ou Ctrl + I, no Windows).

2. Navegue até a pasta *C04 - Cenário e personagens* e selecione o arquivo *Night Scene.psd*.

Ao clicar em *Abrir*, o After Effects parará na janela de configurações da importação. Isso sempre ocorrerá quando você importar arquivos do Photoshop ou do Illustrator que tenham camadas, para que você possa decidir como utilizá-las.

3. Em *Import Kind*, selecione a opção *Composition - Retain Layer Sizes*. Essa opção garante que o After Effects preservará todas as camadas do arquivo do Photoshop, convertendo-o para uma composição e criando, automaticamente, sua timeline. Além disso, cada camada terá seu próprio eixo, pivô (seu centro de transformação).

Quando você utiliza a opção *Retain Layer Sizes* (ao importar arquivos do Photoshop) ou *Layer Size* (ao importar arquivos do Illustrator), você pode realizar animações de escala, rotação e posição que assumem que cada camada tem seu próprio ponto central, em vez de o centro de todas elas ser o centro comum da dimensão da composição.

Na imagem acima, a camada *Fundo* está selecionada, e no centro do painel *Composition* você nota uma mira. Essa mira é o eixo dessa camada, seu centro de transformação. Nesse caso, o eixo também representa o centro da composição, já que o fundo tem as mesmas dimensões da composição criada.

Nessa outra imagem da mesma composição, a camada *Sol* está selecionada, e você nota que a mira está no centro do próprio sol. Isso permitirá que ele possa ter animações de transformação (por exemplo, escala) que partirão desse centro, e não do centro da composição.

Com o arquivo de cenário do Photoshop devidamente importado, você notará que no painel *Project* haverá dois itens: uma composição chamada *Night Scene* (nome igual ao do arquivo que você importou) e uma pasta chamada *Night Scene Layers* (dentro da qual estarão todas as camadas do arquivo importado).

4. Dê um duplo clique sobre a composição *Night Scene*. Se estiver em dúvida, basta atentar à coluna *Type* para identificar qual dos itens é uma composition. Isso abrirá a timeline e o painel *Composition*.

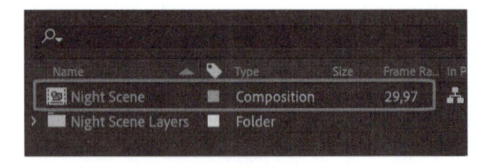

A timeline terá onze camadas, uma vez que ela traz automaticamente toda a estrutura de camadas do Photoshop. Perceba também que algumas camadas, como a camada *Carro* e as três camadas *Montanhas*, têm ícones diferentes. Elas são, na verdade, os grupos de camadas que existiam no arquivo de Photoshop e que, no processo de importação e conversão para composição pelo After Effects, são transformadas em pre-comps. Esse é o termo que o After Effects utiliza para camadas agrupadas. Um duplo clique sobre qualquer uma delas abrirá uma timeline separada, em que será possível realizar animações independentes. Nós faremos isso adiante.

Os demais parâmetros da composição foram definidos também automaticamente, com base tanto no arquivo do Photoshop quanto nos ajustes previamente utilizados no próprio After Effects. Por exemplo, a dimensão da tela em pixel (largura × altura) é resultante dessas dimensões no próprio arquivo do Photoshop. No entanto, a duração da composição é herdada da última configuração de duração de composição que você criou no After Effects. O padrão é esse tempo ser de 30s – e deve ser o tempo que sua composição tem agora. Vamos fazer alguns ajustes.

5. Para fazer alterações à composição, clique sobre o nome dela no painel *Project*, depois, no menu *Composition*, e escolha *Composition Settings*. A janela de configurações será aberta, e nela você alterará a largura e a duração da composição. Porém é preciso primeiro decidir o ponto de referência chamado *Anchor*, que fica na aba *Advanced* (clique nela para acessá-la). Definir o ponto de referência é essencial, pois o redimensionamento ocorrerá ao redor dele. Assim, se o que queremos é manter a lateral esquerda do cenário inicialmente na tela, o ponto âncora deverá estar à esquerda.

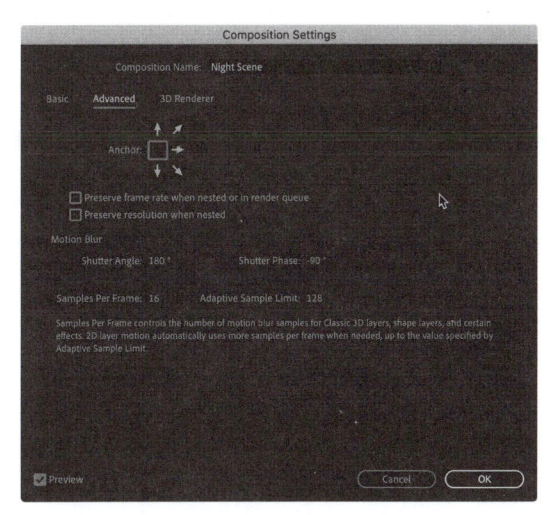

A imagem acima mostra o ponto âncora selecionado à esquerda.

6. Volte à aba *Basic* e altere o valor *Width* para *1080 px* (verifique se opção *Lock Aspect Ratio* está desmarcada, pois, se ela estiver ativada, a altura da composição acabará mudando proporcionalmente à largura).

7. Altere a duração da composição para *0;00;15;00* e clique em *OK*.

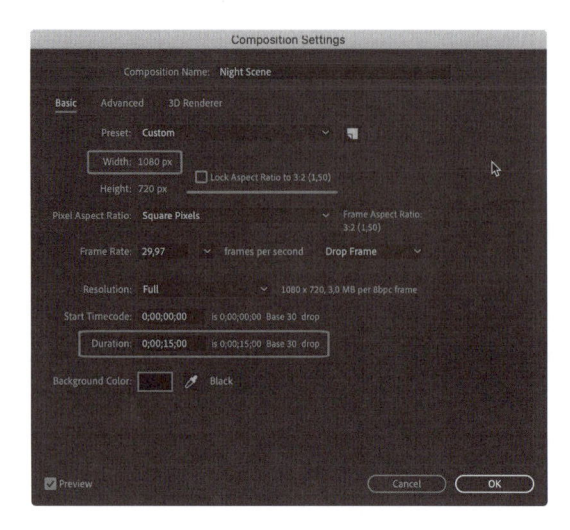

Colocando o cenário em movimento

Para fazer a animação do carro andando pela estrada, você fará o contrário, ou seja, movimentará o cenário. Entretanto, diversas camadas desse arquivo compõem o cenário, e todas elas deverão se mover juntas. Esse processo é conhecido por parenting e significa definir a hierarquia entre as camadas estabelecendo camadas pais e camadas filhas. Para isso, o After Effects possui o recurso Parent & Link, que permite a conexão de uma camada a outra apenas arrastando a espiral da camada filha até ficar em cima do nome da camada pai.

1. Conecte a camada *Estrelas* à camada *Fundo*. Isso garantirá que, ao mover a camada *Fundo*, a camada *Estrelas* se moverá da mesma forma. O objetivo aqui é que todas as camadas do cenário sigam a camada *Fundo*. Por isso, conecte as camadas *Texto*, *Sol*, *Montanhas* (grupos 1, 2 e 3), *Rua*, *Vegetação* e *Nuvens* a ela.

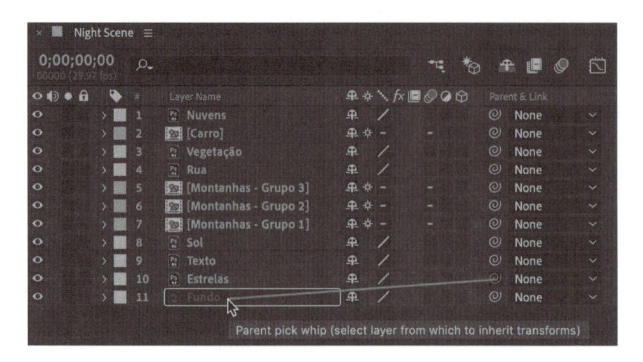

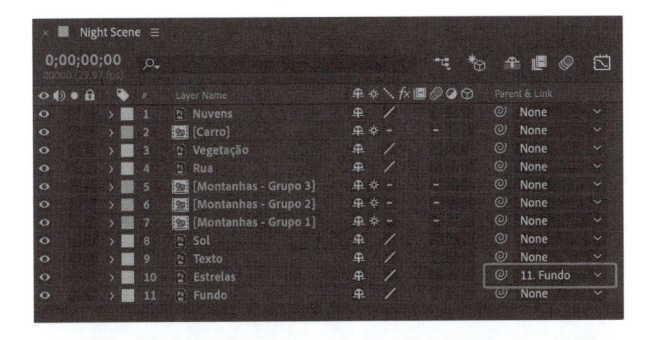

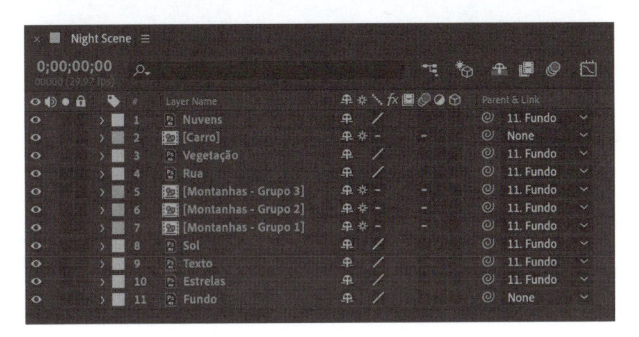

2. Clique na seta à esquerda da camada *Fundo* para visualizar o parâmetro *Transform*. Abra-o também clicando na seta à sua esquerda.

3. Para colocar o cenário em movimento, você gravará keyframes no parâmetro *Position*. Certifique-se de que a agulha esteja no início da timeline e clique no cronômetro de *Position* (esse é o primeiro quadro-chave animação de posição).

4. Arraste a agulha para o final da timeline e diminua o primeiro valor do parâmetro *Position* (eixo X) até que você veja, na janela *Composition*, o final do cenário. Opcionalmente, você pode digitar *-840* nesse campo. Aperte a barra de espaço, e você verá que tudo já se movimenta, embora o carro ainda não gire as rodas nem chacoalhe.

Animando o carro

Para criar a animação do carro é preciso entrar em sua composição. O arquivo de origem que foi importado do Photoshop tinha as partes do carro separadas dentro de um grupo de camadas chamado *Carro*. Por pedir para o After Effects criar uma composição com esse arquivo durante a importação, esse grupo (*Carro*) foi convertido automaticamente para uma pré-composição, que é como o After Effects chama os grupos de camadas.

1. Para abrir a pré-composição, basta dar um duplo clique sobre o nome dela na timeline. Ao fazer isso, uma nova aba, chamada *Carro*, aparecerá na timeline, e nela estarão as camadas separadas do carro. Além disso, você verá que a janela *Composition* também passará a mostrar as imagens dessa pré-composição.

2. Ajuste o nível de zoom da janela *Composition* para que você consiga ver o carro. Você pode fazer isso apertando Cmd+ (macOS) ou Ctrl+ (Windows), ou rodando o scroll do mouse.

3. Para mover a tela até que o carro esteja no centro dela, segure a barra de espaço, clique com o mouse e arraste para o lado desejado. Use a imagem a seguir como referência.

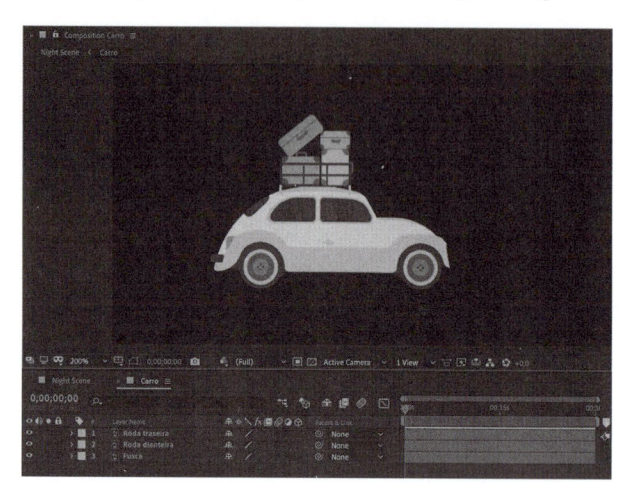

Para dar a impressão de movimento do carro, você fará as rodas dele girarem, para depois fazê-lo chacoalhar.

4. Selecione a camada 1 (roda traseira) e aperte a tecla R para abrir apenas seu parâmetro *Rotation*.

5. Com a agulha no início da timeline, clique no cronômetro de *Rotation* para registrar o primeiro keyframe.

6. Arraste a agulha para *0;00;01;00* e mude o valor de *Rotation* para *1x+0,0°*, que representa uma volta completa de 360°.

Se você assistir à animação agora, verá que a roda traseira do carro gira apenas durante o primeiro segundo, ficando parada em todos os demais. Em vez de criar esse segundo keyframe no final da timeline e ficar calculando quantas voltas a roda deveria dar para parecer natural, você usará um comando em JavaScript para colocar a rotação já animada em loop. A isso o After Effects dá o nome de expression (ver página 211).

Há duas formas de ativar uma expression em um parâmetro: clicando sobre o nome do parâmetro na timeline, indo ao menu *Animation* e selecionando o comando *Add Expression*, ou simplesmente segurando a tecla Opt (macOS) ou a Alt (Windows) e clicando sobre o cronômetro do parâmetro.

7. Adicione uma expressão ao parâmetro *Rotation* da roda do carro que você já animou. Isso abrirá uma linha para a digitação do código desejado – neste caso, a expressão de loop.

Nessa mesma linha, o texto *transform.rotation* já estará digitado e deverá ser substituído.

8. Com o texto selecionado, clique no botão de seta ao lado da espiral na linha *Expression: Rotation* e selecione *Property > loopOut(type = "cycle", numKeyframes = 0)*.

9. Em seguida, clique em um espaço vazio da timeline e aperte a barra de espaço para assistir à animação feita. Agora, a roda traseira do carro deverá estar girando por toda a duração da animação.

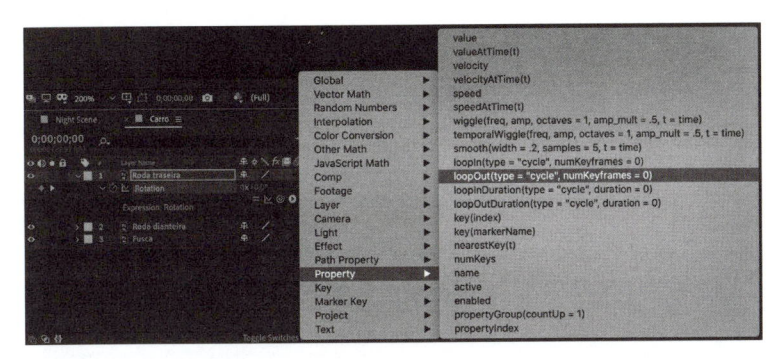

10. Faça o mesmo na camada 2 (roda dianteira).

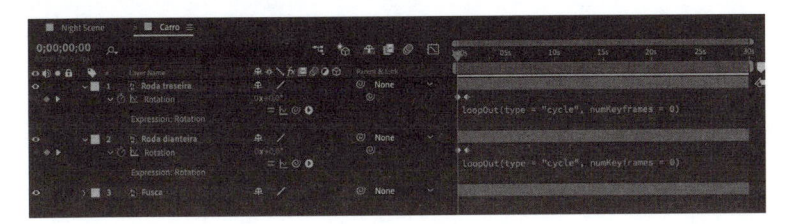

Agora que as rodas estão girando, vamos fazer um pequeno movimento no carro para cima e para baixo criando keyframes no parâmetro *Position* da camada 3 (Fusca).

11. Selecione a camada e aperte a tecla P para revelar seu parâmetro *Position*.

Antes de ligar o cronômetro de posição dessa camada, é preciso conectar as camadas 1 e 2 a ela, por meio do recurso Parent & Link. Assim, as rodas do carro se moverão junto de sua carroceria. Você pode, em vez de arrastar a espiral de cada uma delas para ficar em cima do nome da camada 3, apenas selecionar a camada 3 no menu *None* das camadas 1 e 2. Com isso, você estará pronto para criar os keyframes da animação de posição do carro.

12. Com a agulha no início da timeline, clique no cronômetro do parâmetro *Position* da camada 3.

13. Arraste a agulha apenas 5 frames para a frente (*0;00;00;05*) e aperte cinco vezes a tecla de seta para cima, o que moverá o carro 5 pixels para cima.

14. Avance mais 5 frames com a agulha na timeline *(0;00;00;10)* e aperte cinco vezes a tecla de seta para baixo, o que moverá o carro 5 pixels para baixo, fazendo-o retornar à sua posição inicial.

Essa animação precisará entrar em loop para que o movimento se repita infinitamente por toda a duração da composição. Basta repetir o processo de loop feito na rotação das rodas.

15. Clique segurando a tecla Opt (macOS) ou Alt (Windows) sobre o cronômetro do parâmetro *Position* para ativar a linha de expressão.

16. Desta vez, diferentemente de procurar pelo comando no menu *Expressions*, você apenas digitará *loopOut("cycle", 0)*. Clique em um espaço vazio da timeline para assistir à animação.

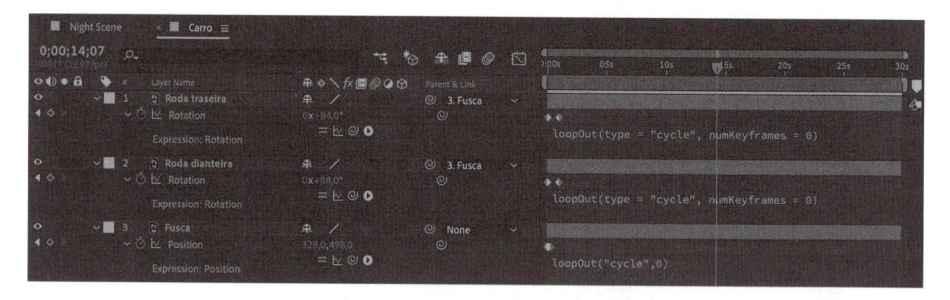

Criando animações nos outros elementos do cenário

Se você clicar na aba *Night Scene*, da timeline, você voltará à composição principal e já poderá assistir à animação para ver que tanto o cenário quanto o carro se movem por toda a sua duração. Mas tudo ficará mais dinâmico se houver animações também no sol, nas montanhas, nas estrelas e no texto.

Sol

Arrastando a agulha pela timeline, é possível determinar o momento exato em que o sol passa pela tela. Durante esse tempo, você o fará diminuir de tamanho e desaparecer atrás das montanhas.

1. Clique na camada *Sol* e aperte a tecla P, para ver o parâmetro *Position*. Depois, aperte Shift+S para também ver o parâmetro *Scale*.

2. Com a agulha no início da timeline, clique no cronômetro dos dois parâmetros. Arraste a agulha para 4 segundos *(0;00;04;00)*, diminua a escala de *100%* para *20%* e arraste o sol pela própria janela *Composition* para trás de uma das montanhas.

Agora, ao levar a agulha de volta para o início da timeline e rodar a animação, você verá o sol poente.

MONTANHAS

1. Selecione agora a camada 7 (*Montanhas - Grupo 1*) e dê um duplo clique sobre seu nome. Isso a abrirá no painel *Composition*. Você precisará ajustar o zoom e a posição da visualização para ver as montanhas.

2. Selecione na timeline a montanha 1 e aperte a tecla P para ver seu parâmetro *Position*. Dessa vez, as montanhas já estarão na posição em que deverão ficar no final de suas animações, mas queremos mudar suas posições iniciais. Ou seja, você programará os keyframes de trás para a frente, um processo muito comum na animação.

3. Leve a agulha para a 1 segundo e ligue o cronômetro do parâmetro *Position*.

4. Puxe a agulha para o início da timeline e, usando a ferramenta de seleção (V), clique na primeira montanha da janela *Composition*, segure a tecla Shift e arraste-a para cima até que ela esteja totalmente fora da área da composição.

Se você assistir ao que acabou de fazer, perceberá que 1 segundo é tempo demais para esse movimento. Você poderá modificar a posição dos keyframes na timeline sempre que quiser, arrastando-os para a frente ou para trás. É muito comum que você só defina a duração exata de uma animação depois de assistir várias vezes, até encontrar o tempo ideal.

5. Aproxime o primeiro keyframe do segundo, para que a montanha caia mais rápido. Além disso, clique com o botão direito sobre esse primeiro keyframe e selecione *Keyframe Assistant > Easy Ease Out*.

6. Repita o processo nas montanhas 2 e 3, para que elas caiam uma após a outra. Sua timeline deverá ficar como a imagem abaixo.

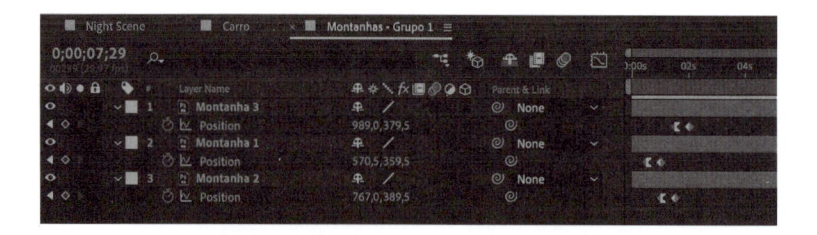

7. Voltando à composição *Night Scene*, faça o mesmo nas camadas *Montanhas - Grupo 2* e *Montanhas - Grupo 3*. Ou seja, dê um duplo clique sobre cada uma delas para ver sua timeline, anime cada montanha para que elas caiam na tela e, ao final, volte para a composição *Night Scene* e assista ao resultado até agora.

ESTRELAS

Para fazer o brilho das estrelas oscilar, selecione a camada correspondente a elas e aperte a tecla T para ver sua opacidade. Para não ter o trabalho de ficar criando keyframes e criando o valor de opacidade ao longo do tempo, você usará uma outra expression. Ela fará com que a opacidade dessa camada mude continuamente, de acordo com a frequência e a intensidade que você definir.

1. Clique sobre o cronômetro de opacidade, segurando a tecla Opt (macOS) ou a Alt (Windows).

2. Na linha de código que aparecer, digite *wiggle(2,30)*.

3. Clique em uma área vazia da timeline e aperte a barra de espaço para assistir.

Você notará que, ao longo da animação, as estrelas variam de opacidade aleatoriamente – é isso que a expression *Wiggle* faz. Os números digitados entre parênteses representam, respectivamente, a frequência (número de alterações por segundo) e a amplitude (intensidade de variação).

TEXTO

Para concluir a animação, falta apenas chamar atenção para o título *Night Adventure*. Como esse texto é uma imagem vinda do Photoshop e lá ela não foi preservada como texto de fato, você fará apenas uma animação simples, tratando-o como a imagem que ele é.

1. Leve a agulha para 1 segundo (*0;00;01;00*).

2. Selecione a ferramenta *Selection* (V) na barra de ferramentas.

3. Clique sobre o título *Nigth Adventure*, no painel *Composition*, segure a tecla Shift e arraste-o até que ele esteja em cima do sol.

4. Ligue o cronômetro do parâmetro *Position*.

5. Leve a agulha de volta para 15 frames (*0;00;00;15*).

6. Usando a ferramenta de seleção, clique sobre o título *Night Adventure*, na janela *Composition*, e arraste-o para a esquerda, segurando a tecla *Shift*, até que ele esteja fora da tela.

7. Clique com o botão direito sobre o segundo keyframe dessa animação e selecione *Keyframe Assistant > Easy Ease In*.

Com isso, a animação está completa. Basta apertar a barra de espaço para assistir e ver como cada movimento ocorre no momento exato, enquanto o cenário e o carro se movem.

Anotações

5
Animação de texto

OBJETIVOS

» Aprender a criar camadas de texto

» Criar animações letra por letra, palavra por palavra ou linha por linha

» Salvar animações de texto como predefinições para usar em outros projetos

» Aprender a importar arquivos do Photoshop com camadas de texto

O processo de animação de texto no After Effects evoluiu muito nos últimos anos, passando por diversas transformações. Com isso, hoje se tornou muito mais fácil alcançar resultados bem mais complexos de forma razoavelmente simples, utilizando apenas recursos nativos para isso.

Neste capítulo, você aprenderá a digitar e fazer animação de texto utilizando algumas opções de animação para criar efeitos diversos, como os vistos em vinhetas de propagandas e aberturas de filmes e séries. As animações de texto também são muito utilizadas em GCs, aquelas barras de informações que geralmente vemos nos programas e jornais televisivos. Esses efeitos de texto, também chamados de lettering, exploram não só os aspectos tradicionais de qualquer animação, como posição, escala, rotação, etc., como também aqueles específicos de texto, como cor de preenchimento ou contorno e espaço entre caracteres ou linhas, entre outros.

Vamos começar criando um novo projeto e, nele, uma nova composição. Para isso, entre no menu *File* e escolha *New > New Project*. Depois, no menu *Composition*, selecione *New Composition*. Dê a ela o nome *Título de Abertura*. Quanto aos parâmetros dessa composição, utilize o preset HDTV 1080 29.97 e ajuste a duração para apenas 15 segundos (*00;00;15;00*).

Como criar camadas de texto no After Effects

Criar camadas de texto no After Effects é como fazê-lo no Photoshop ou no Illustrator.

1. Utilizando a ferramenta *Horizontal Type* (Cmd+T, no macOS, ou Ctrl+T, no Windows), clique em qualquer área dentro do painel *Composition* e digite *Últimas Notícias* (ou quaisquer outras duas palavras). Nosso objetivo aqui é explorar métodos diferentes de animação e modificação dessas palavras ao longo do tempo.

Ao selecionar a ferramenta de texto, você deve ter notado que o After Effects abriu, à direita da interface, o painel *Character*. É nele que você configurará a fonte, seu estilo, o tamanho, a cor, o espaço entre letras e as demais opções. No painel abaixo desse, chamado *Paragraph*, você poderá fazer os ajustes ao parágrafo, definindo, entre outras opções, seu alinhamento. Use a imagem a seguir como referência para formatar seu texto. Repare que, na seleção de cor, há duas caixas (uma, cheia; a outra, vazada). A caixa cheia representa a cor de preenchimento, enquanto a vazada se refere à cor de contorno do texto. Neste exercício, você trabalhará apenas com a cor de preenchimento.

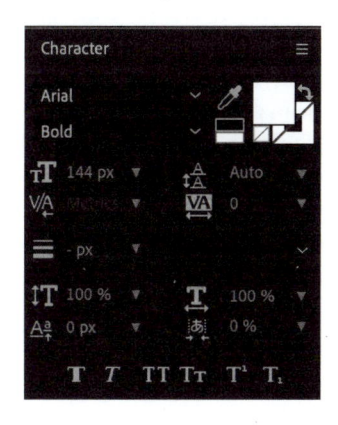

2. Depois de digitar e formatar o texto, volte para a ferramenta de seleção (V). Com ela você pode clicar e arrastar o texto pela área da composição, para determinar sua posição, seja ela fixa ou inicial. No entanto, nosso objetivo é manter o texto centralizado, e para isso será necessário antes centralizar o texto por meio das configurações de parágrafo. Basta clicar no painel *Paragraph*, à direita da interface (ou abri-lo pelo menu *Window*), e escolher o alinhamento centralizado para o texto.

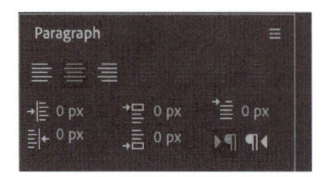 

Ao fazer isso, o texto sairá do centro da tela, justamente porque agora o parágrafo está centralizado, mas ele, não.

3. Para centralizá-lo na composição, acesse o painel *Align*, também à direita na interface ou pelo menu *Window*, verifique se a opção *Align Layers to* está configurada para *Composition* e aperte o botão *Align Horizontally* (o segundo da esquerda para a direita).

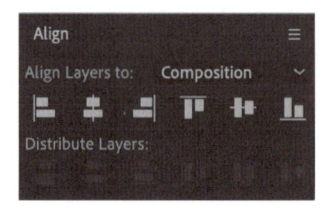

Perceba que o painel *Align* possui opções tanto para alinhamento como para distribuição do espaço entre as camadas selecionadas. Isso quer dizer que, se você tiver três ou mais camadas selecionadas e precisar que o espaço entre elas na composição seja distribuído uniformemente, basta escolher a direção da distribuição. Nesse caso, a opção *Align Layer to* deverá estar configurada para *Selection*.

OS PARÂMETROS DE TRANSFORMAÇÃO FIXOS

Assim como qualquer outra camada no After Effects, as de texto possuem os parâmetros de transformação fixos, como *Anchor Point*, *Position*, *Scale*, *Rotation* e *Opacity*. Se você clicar na seta da timeline ao lado no número da sua camada de texto, verá que, além da opção *Transform* (na qual estão os parâmetros fixos), ela possui uma outra opção, chamada *Text*. É ali que moram todos os controles para animação de texto avançada, que permitem a criação de animações não só do bloco de texto como um todo mas, também, caractere por caractere, palavra por palavra ou linha por linha. Pode-se dizer que as combinações são infinitas, pois é possível adicionar e modificar todos os parâmetros da opção *Text* da maneira como quisermos.

Como você já aprendeu a fazer animações com os parâmetros fixos nos capítulos anteriores, vamos fazer algo simples aqui, apenas para fixar que tais recursos também são aplicáveis a camadas de texto.

1. Com a agulha em 2 segundos (*00;00;02;00*), abra a opção *Transform* da camada de texto e clique no cronômetro do parâmetro *Position*. Isso criará um keyframe em 2 segundos, registrando essa posição do texto nesse exato momento.

2. Leve a agulha de volta ao início da timeline e, com a ferramenta de seleção, primeiro clique sobre o texto no painel *Composition* e mantenha o botão do mouse pressionado. Em seguida, segure a tecla Shift e só então comece a arrastá-lo para a esquerda. Assim, você conseguirá movê-lo em linha reta.

3. Arraste o texto para a esquerda até que ele esteja completamente fora da tela. Sua composição e sua timeline devem estar como a imagem abaixo agora. Aperte a barra de espaço para reproduzir e veja que o que você tem nesse momento é o seu texto entrando na tela, da esquerda para a direita.

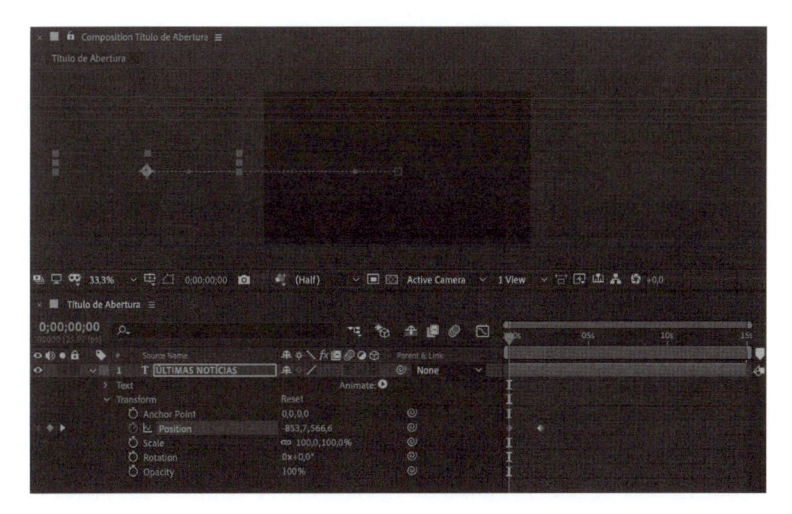

Mas tratar o texto dessa forma é como se ele fosse uma simples imagem, uma vez que não estamos explorando as características dele como base para a animação. É isso que vamos começar a fazer a seguir.

Usando efeitos predefinidos para animação de texto

O painel *Effects* traz, além dos efeitos nativos do After Effects, diversas configurações prontas para tais efeitos, na seção *Animation Presets*. Ali, você vai encontrar uma categoria específica para animação de texto, chamada *Text*, e, dentro dela, diversas pastas organizadas por tipo de animação predefinida.

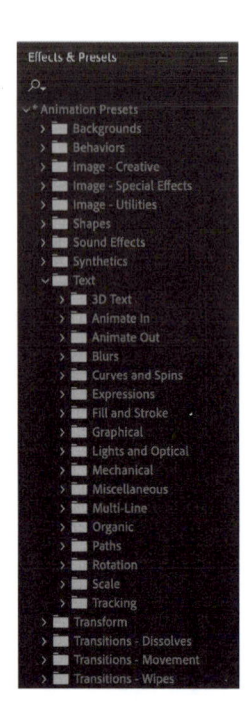

Embora seja tentador começar a clicar em todas elas para saber o que fazem, é preciso saber antes como aplicá-las, para não criar uma sequência de animações sobrepostas e acabar com um resultado longe do ideal.

Sempre que você for aplicar uma animação predefinida, tenha em mente que qualquer animação é baseada em keyframes, logo elas têm início e fim. Isso quer dizer que, ao aplicar um preset, a posição da agulha na sua timeline será tomada como posição para o seu primeiro keyframe, e a partir dali a tal animação começará.

Nós já fizemos a animação do texto entrando na tela. Vamos deixá-lo parado por um tempo até que ele saia da tela. E, pensando dessa forma, ao utilizar um preset para tirar o texto da tela, teremos de colocar a agulha no momento em que quisermos que essa animação de saída comece.

1. Coloque a agulha em 10 segundos (*00;00;10;00*).

2. No painel *Effects & Presets*, abra a pasta *Animation Presets* e a subpasta *Text*.

3. Dentro dela, acesse a pasta *Animate Out* e arraste o preset Fade Out By Character até ficar sobre a camada de texto na timeline (ou em cima do texto no painel *Composition*).

4. Pressione a barra de espaço ou aperte o botão *Play* no painel *Preview* para assistir à animação.

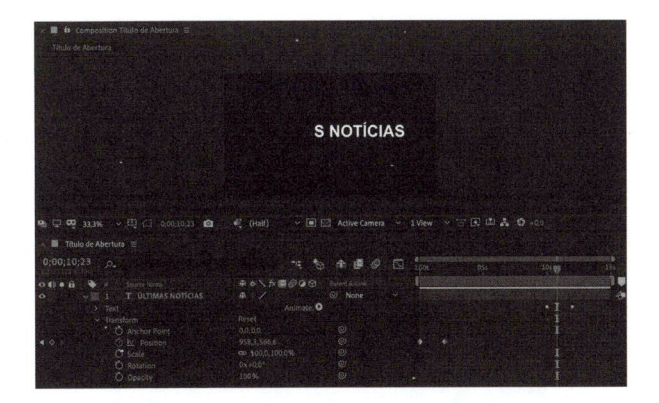

A imagem acima mostra como os caracteres do texto vão desaparecendo, um a um, à medida que a animação roda. Além disso, repare que apareceram outros pontos na timeline, menores, na linha da opção *Text*. Esses pontos são os keyframes que controlam a animação aplicados pelo preset e aparecem dessa forma porque a linha *Text* está fechada. Se você clicar na seta para abrir e ver seus parâmetros (que são muitos), notará que os keyframes são lineares e estão aplicados, neste caso, no parâmetro *Start* dentro de *Animator 1*, dentro de *Range Selector*. Logo você entenderá o que tudo isso significa.

Como testar diferentes presets

Ao aplicar presets de animação, perceba que o que acontece é que diversas configurações são feitas na timeline e também, em determinados casos, diversos efeitos são aplicados à camada na qual o preset foi aplicado.

Se você começar a testar diferentes presets e for simplesmente arrastando-os para cima da sua camada de texto, é certo que o resultado será inesperado, pois os efeitos e configurações vão começar a se sobrepor. Nesse caso, o recomendado é desfazer cada adição de preset logo depois de assistir, antes de realizar qualquer outra alteração à animação, por meio de Cmd+Z (macOS) ou de Ctrl+Z (Windows).

Como remover presets de animação de texto a qualquer momento

Toda animação de texto segue o mesmo padrão. Ao aplicar um preset na camada de texto, o After Effects cria uma estrutura dentro dela chamada animator. Esse título (*Animator*) pode estar renomeado, dependendo do preset utilizado, mas ainda assim ele estará em seu local padrão. E pode haver mais de um animator também. Então, é importante investigar com cautela antes de remover a animação criada pelo preset.

1. Para acessar o animator em qualquer camada de texto, clique na seta da opção *Text* dentro dela, na timeline.

2. Selecione *Animator 1* (ou qualquer outro número que haja, porque isso depende de quantos animadores o preset criou).

3. Pressione a tecla Delete.

Ainda é possível que o preset tenha aplicado efeitos além das animações de texto. Nesse caso, na mesma camada também haverá uma opção *Effects* na timeline, que poderá ser aberta. E, dentro dela, estarão todos os efeitos aplicados.

4. Abra a seta da opção *Effects* na timeline.

5. Clique sobre o nome do(s) efeito(s) que deseja apagar.

6. Aperte a tecla Delete.

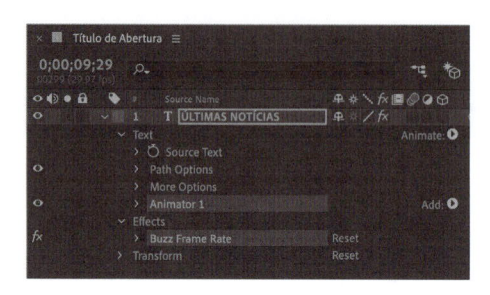

Usando o source text para alterar o texto

É muito comum o texto ficar mudando na tela. Pode ser que você queira criar um jogo de palavras ou, simplesmente, mostrar diversas palavras ao longo do tempo, de forma compassada.

Em vez de criar uma camada de texto para cada palavra e ficar ajustando sua duração na timeline, é possível trabalhar com o parâmetro *Source Text* e animá-lo ao longo do tempo. Com ele ligado (cronômetro ativado), cada momento diferente da timeline em que você fizer uma alteração no texto ficará registrado com um keyframe. E esse keyframe também terá um formato diferente. Vamos entender por quê.

1. Na timeline, clique na seta ao lado da camada de texto que você animar, para revelar seus parâmetros.

2. Em seguida, abra a opção *Text*.

3. Dentro dela, o primeiro parâmetro chama-se *Source Text*. É ele que permite o mapeamento de alterações do texto ao longo do tempo.

4. Com a agulha em 2 segundos (*00;00;02;00*), clique no cronômetro do parâmetro *Source Text*, para ativá-lo e registrar seu primeiro keyframe nesse momento da animação.

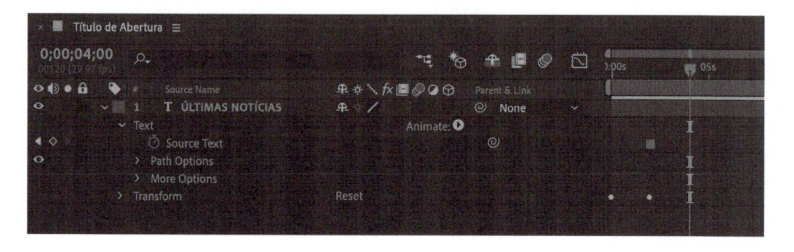

Note que o keyframe criado tem formato quadrado, em vez de ser um losango. Isso indica que é um tipo de keyframe que não interpola os valores, ou seja, não cria uma animação fluida de um keyframe para outro. Ele é conhecido como hold, já que a animação fica congelada, parada, até o próximo keyframe na timeline.

Apenas a animação do parâmetro com o keyframe hold ficará congelada no decorrer do tempo, até seu próximo keyframe. Qualquer outro parâmetro animado na camada continuará respeitando as características de seu próprio keyframe.

5. Leve a agulha para 4 segundos (*00;00;04;00*).

6. Com a ferramenta *Horizontal Type* (Cmd+T, no macOS, ou Ctrl+T, no Windows), dê um duplo clique sobre o texto no painel *Composition*, para editá-lo.

7. Mude a palavra *Notícias* para *Cenas*.

8. Volte para a ferramenta *Selection* (V).

Na timeline, um novo keyframe hold será criado na posição em que você deixou a agulha, indicando que nesse momento exato o texto deverá mudar de *Últimas Notícias* para *Últimas Cenas*. E essa mudança será repentina, abrupta, uma vez que esse tipo de keyframe não interpola a animação, como explicado anteriormente.

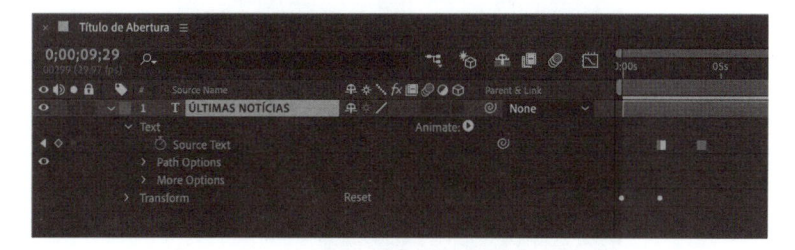

9. Repetindo os passos anteriores, leve a agulha até 6 segundos (*00;00;06;00*) e altere a palavra *ÚLTIMAS* para *PRIMEIRAS*. E depois, com a agulha em *00;00;08;00*, altere a palavra *CENAS* para *NOTÍCIAS*.

10. Leve a agulha para o início da timeline e pressione a barra de espaço para assistir.

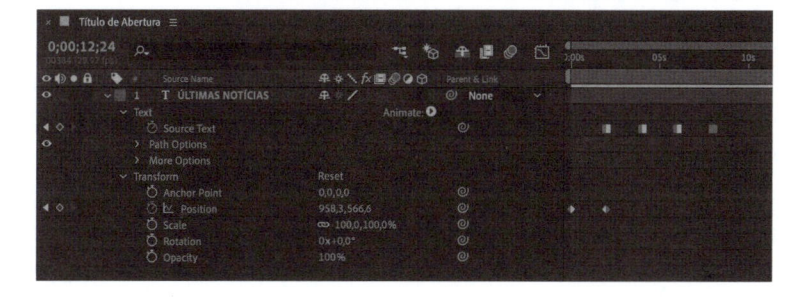

A imagem acima mostra como sua timeline deverá estar agora. Além da animação geral de posição feita no parâmetro *Position*, que traz o texto para a tela lentamente durante os 2 primeiros segundos, temos keyframes a cada 2 segundos no parâmetro *Source Text*, fazendo com que o texto na tela mude nesse intervalo de tempo de forma abrupta, repentina.

Como criar animações letra por letra, palavra por palavra ou linha por linha

Com o intuito de ir além e começar a criar animações elaboradas de texto, para entrada e saída, ou simplesmente para criar aleatoriedade ou destaque ao texto na tela, é preciso entender os processos de animação chamados animate.

Quando você abre uma camada de texto na timeline clicando na seta à esquerda de seu número e seu rótulo de cor, há mais coisas que aparecem além das opções *Text* e *Transform*. Na verdade, à direita da opção *Text*, na mesma linha, você encontrará o comando *Animate*, com um botão de seta que revela um menu repleto de opções de animação. É aí que começa o trabalho de configuração da estrutura que possibilitará que tais controles letra por letra, palavra por palavra ou linha por linha sejam usados como base para essas animações. Esses controles se chamam *Animator* e *Selector* (*Range*, *Wiggly* ou *Expression*).

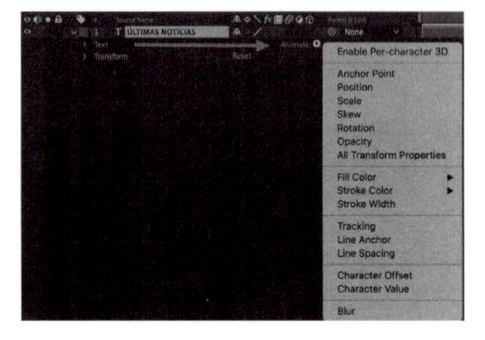

Vamos começar primeiro ativando uma animação de posição. Nosso objetivo será fazer o texto sair da tela a partir de 10 segundos.

1. Coloque a agulha na posição 10 segundos (*00;00;10;00*).

2. Com a camada de texto aberta pela seta na timeline, clique no menu *Animate* (à direita da linha *Text*) e escolha *Position*.

3. A camada será expandida, e você passará a ver três linhas novas na timeline: *Animator 1* e, dentro dela, *Range Selector* e *Position*.

Esse novo parâmetro, *Position*, é que vai determinar a posição de cada caractere do seu texto, seja ela inicial ou final (isto definiremos depois). No entanto, é importante notar que *Position* continua existindo dentro da opção *Transform*, mas esse se refere apenas à posição do bloco de texto como um todo, como se ele fosse uma imagem.

4. Altere o valor Y do parâmetro *Position* que está dentro do *Animator 1* para *680*. Ou seja, esse valor deverá ser *0,0,680,0*. Isso fará o texto descer e ficar fora da tela.

Pode parecer que nada de diferente ocorre quando você compara com o que aconteceria ao mudar o mesmo valor Y no parâmetro *Position* de *Transform*, mas esse é apenas o primeiro passo para a animação, que se baseia na seleção que existe dentro do *Animator 1*, o *Range Selector*.

O QUE É O *RANGE SELECTOR* E COMO ELE CONTROLA OS PARÂMETROS DE ANIMAÇÃO DE TEXTO

Toda animação de texto no After Effects é controlada por uma seleção, que define os caracteres selecionados e, sobre eles, aplica o efeito resultante do parâmetro configurado. Nesse caso, estamos querendo fazer uma animação de posição para que o texto saia da tela, para baixo, letra por letra. Essa seleção é chamada de *Range Selector*, ou seja, seletor de área (vou chamá-lo apenas de seleção).

Se você, por um breve momento, desfizer a alteração do valor Y do parâmetro *Position* que acabou de fazer no passo anterior e clicar sobre o nome *Animator 1* na timeline, perceberá que antes e depois do texto no painel *Composition* aparecerão duas linhas com setas apontando para dentro. Essas linhas com setas representam o início (*Start*) e o final (*End*) da seleção e mostram que, por ora, todos os caracteres estão selecionados. É por isso que, quando você alterou a posição dentro desse *Animator 1*, todo o texto foi para baixo, até sair da tela.

Antes de continuar, volte a digitar *680* no valor Y de *Position* do *Animator 1*. Se for preciso, diminua o zoom do painel *Composition* para conseguir ver a mancha do texto fora da tela.

1. Clique na seta ao lado de *Range Selector*, na timeline, para revelar os parâmetros da seleção. Ali estão as opções *Start* e *End*, ou seja, o início e o final da caixa de seleção.

2. Com a agulha ainda em 10 segundos, clique no cronômetro do parâmetro *End* e altere seu valor para *0%*. Dessa forma, a seleção estará fechada, uma vez que ambos os valores (*Start* e *End*) estarão em *0%*, o que significa que nenhuma letra estará selecionada e, por consequência, nenhum caractere receberá a configuração feita no parâmetro *Position* do *Animator 1*. Em resumo, o texto voltará para sua posição original e continuará no meio da tela.

3. Leve a agulha para *00;00;12;00* e altere o valor do parâmetro *End* para *100%*, reabrindo a seleção e fazendo todos os caracteres (ou toda a palavra) serem selecionados.

Isso é suficiente para criar uma animação simples, na qual cada letra da palavra sairá da posição inicial (no centro da tela) e irá para a posição final (embaixo, fora da tela).

Mas por que isso acontece?

Você poderá ver o que está ocorrendo de forma controlada se arrastar manualmente a agulha pela timeline. Preste atenção em como a seleção se movimenta e, aos poucos, vai se abrindo. Conforme ela se abre, os caracteres selecionados começam a sair da posição inicial em direção à posição final, a configurada no parâmetro *Position* do *Animator 1*. Essa é a base de qualquer animação com isolamento de letras, palavras ou linhas inteiras.

Nesse processo, o parâmetro *Position* que você escolheu a partir do menu *Animate* se refere à posição de todo o texto selecionado. Uma vez fora da seleção, ele deixa de ser modificado pelo parâmetro escolhido e permanece da forma como estava.

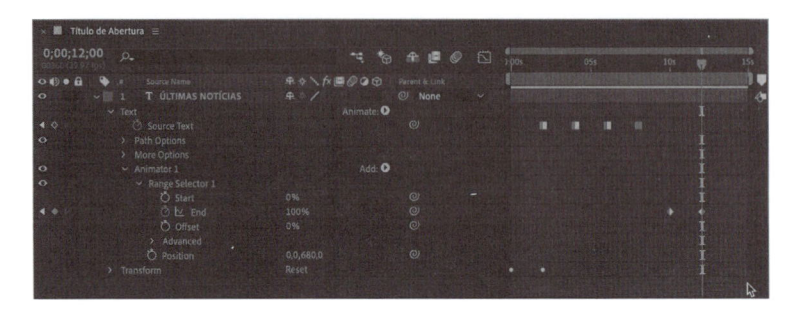

ADICIONANDO OUTROS PARÂMETROS À MESMA ANIMAÇÃO LETRA POR LETRA

Agora que você já tem uma animação básica que controla a saída do texto da tela letra por letra, é hora de acrescentar alguns outros parâmetros e fazer essa animação ficar não só mais interessante como também mais sutil e elaborada.

Volto a ressaltar aqui a importância de você entender que a animação se deu apenas com a criação de keyframes no parâmetro *End*, dentro da seleção (*Range Selector*) do *Animator 1*. Com eles, você conseguiu determinar que em 10 segundos nenhum caractere estivesse selecionado, fazendo-os assim ignorar a posição Y de 680 pixels configurada. À medida que o final da seleção foi saindo de *0%* até *100%*, os caracteres da palavra passaram a ser selecionados e, progressivamente, começaram a sair da posição Y inicial 0 pixel e desceram até a posição Y final de 680 pixels.

Ora, se a animação da seleção já está feita e o que queremos aqui é apenas adicionar parâmetros a ela, o processo se torna bastante simples.

1. Na linha do *Animator 1* na timeline, você notará, à direita, um botão de menu ao lado do título *Add*. Clique nele e escolha *Property > Scale*.

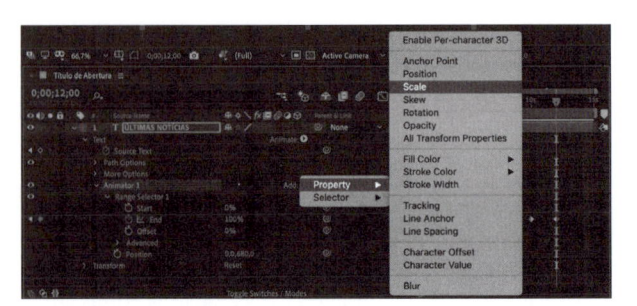

2. O parâmetro *Scale* será adicionado à animação, logo abaixo de *Position*, e, da mesma forma, representa a escala de cada caractere selecionado dentro da área do *Range Selector*.

3. Mantendo o botão de corrente ligado, para manter a proporção do redimensionamento, altere o valor de *Scale* para *0%*.

4. Pressione a barra de espaço para assistir à sua animação.

Você verá que agora, além de o texto ir da posição inicial à final no intervalo de tempo de 10 segundos a 12 segundos, ele também diminuirá de tamanho letra por letra. Isso porque o que você fez foi adicionar um parâmetro à animação já feita, em que a seleção já determinava o percurso do efeito decorrente dos caracteres dentro ou fora da seleção.

Adicione outro parâmetro, para fazer com que os caracteres também desapareçam à medida que forem descendo e diminuindo de tamanho.

5. Clique no botão *Add* do *Animator 1* e selecione *Property > Opacity*.

6. No parâmetro *Opacity* adicionado à timeline, altere o valor de *100%* para *0%*.

7. Assista à animação novamente.

Isso demonstra que, após fazer a animação da seleção do texto (*Range Selector*) e determinar seu tempo e sua dinâmica, qualquer parâmetro adicionado a ela passará a respeitar tal seleção, deixando a animação letra por letra cada vez mais complexa visualmente, ainda que extremamente simples na construção.

A DIREÇÃO DA ANIMAÇÃO E OS PARÂMETROS *START, END* E *OFFSET*

Eu vejo que há muita confusão em entender o que *Start, End* e *Offset* no *Range Selector* fazem de diferente na animação do texto. Mas entendê-los não é algo tão complicado de fato, embora a questão da direção da animação e os termos possam mesmo dificultar o entendimento.

Em primeiro lugar, não pense em start e end como início e final da animação. Não é disso que se trata. Tenha sempre em mente que você está configurando, com eles, o início e o final da seleção do texto. Vou tentar simplificar essa ideia e, com o auxílio da imagem abaixo, estou certo de que você compreenderá perfeitamente tudo isso.

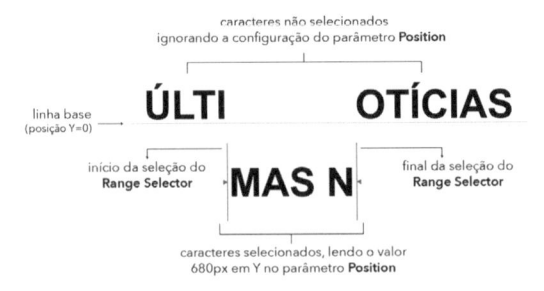

Ao digitar um texto no After Effects, ele é sempre inserido em uma caixa ou uma linha de texto, ficando compreendido por seus limites esquerdo e direito. Quando você cria uma animação por meio de qualquer opção do menu *Animate*, à direita da linha *Text* diretamente na timeline, uma seleção é criada respeitando os limites dessa caixa de texto. Por isso, o *Range Selector* é representado pelas linhas vermelhas antes e depois do texto.

Inicialmente, todo o texto está selecionado, já que a seleção está completamente aberta. Isso pode ser identificado pelos valores *Start* em *0%* e *End* em *100%*. Ao mudar essas porcentagens, você diminui a seleção e faz com que menos caracteres fiquem selecionados. Somente os caracteres ainda dentro dos limites do *Range Selector* refletirão os valores que você digitar nos parâmetros que escolher animar dentro do *Animator 1* (esse número 1, aliás, serve apenas para diferenciar diversos animadores que são possíveis em um mesmo texto, o que eleva as possibilidades de interação entre parâmetros a patamares absurdamente complexos).

No exercício anterior, ao mudar o valor *End* do *Range Selector* para *0%*, ativar o cronômetro para registrar esse valor em um ponto do tempo e, depois, modificá-lo de volta para *100%* em outro tempo, você fez com que o limite final da seleção se movesse e, consequentemente, abarcasse cada vez mais caracteres dentro dela. Não à toa as letras das palavras digitadas começaram a cair, diminuir de tamanho e perder opacidade, parâmetros configurados dentro do *Animator 1*. E isso fez a animação acontecer da esquerda para a direita, ou seja, na direção da leitura.

Mas como fazer o mesmo em sentido inverso? Simples: basta iniciar a animação com ambos os valores, *Start* e *End*, em *100%*. Dessa forma, a seleção começa fechada logo após o texto. Depois, no segundo momento, você deve modificar apenas o valor *Start*, configurando-o para *0%* e fazendo, assim, a seleção ir se abrindo da direita para a esquerda.

E para que serve o parâmetro *Offset*? Como o nome pressupõe, ele serve para deslocar a seleção de lugar, sem modificar os valores *Start* e *End* no decorrer do tempo. Imagine que você queira que a seleção de apenas um caractere passe por cima de todo o texto. Para isso, você deverá configurar os valores *Start* e *End* para uma diferença baixa entre eles, algo como *0%* em *Start* e *5%* em *End*. Essa pequena porcentagem manterá apenas um ou alguns caracteres selecionados, que refletirão os valores configurados nos parâmetros da animação, como *Position*, *Scale*, *Opacity* ou qualquer outro. Então, criando keyframes apenas no parâmetro *Offset* e mudando seu valor no decorrer do tempo, você conseguirá deslocar essa seleção e fazer com que, em cada momento, um caractere (ou um conjunto de caracteres) fique selecionado. É como passar uma lupa sobre um texto e somente aquela área afetada pela lupa ser ampliada. Ao animar o parâmetro *Offset*, é exatamente isso que acontece: apenas a área selecionada é afetada pelos parâmetros de animação configurados previamente.

Configurações adicionais da seleção (*Range Selector*)

Quando você faz animações de texto usando todos esses recursos aprendidos até aqui, é perceptível que algumas coisas são definidas automaticamente, como a suavização do efeito. Essa e outras configurações fazem parte dos ajustes da seleção e ficam dentro da opção *Advanced* do *Range Selector*.

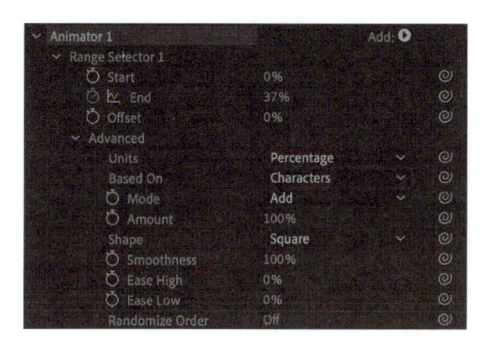

Veja a seguir a descrição dos principais parâmetros avançados da seleção de texto do After Effects.

- **Units:** Alterne entre porcentagem e índice. A opção *Índice* permite que você trabalhe com número de caracteres selecionados em vez da porcentagem da seleção. Essa mudança refletirá a maneira de lidar com os valores em *Start* e *End*.

- **Based On:** É aqui que você poderá definir se quer controlar a animação da seleção com base em caracteres, caracteres sem espaço, palavras ou linhas.

- **Smoothness:** Quando em *100%*, você notará uma sombra, ou suavização, dos caracteres em movimento. Algo como um eco, ou uma progressão sutil dos efeitos configurados. Coloque em *0%* para eliminar toda essa suavização e deixar as animações duras.

- **Randomize Order:** Alterne entre *On* e *Off* para ligar e desligar o processamento aleatório da animação. Com essa opção ativada, a animação ficará embaralhada, em vez de rodar da esquerda para a direita, ou vice-versa.

Salvando animações de texto como presets para usar em outros projetos

Assim como você começou este capítulo buscando por animações pré-configuradas (presets) no painel *Effects*, dentro de *Animation Presets*, é possível salvar sua própria animação como um preset. Fazendo isso, você poderá usá-la em qualquer projeto e até compartilhar o arquivo de preset com outros colegas de equipe, se precisar.

O processo de salvar presets de animação não é útil apenas para animações de texto. Na verdade, qualquer animação criada no After Effects pode ser salva, incluindo todos os tempos e keyframes criados, bem como todos os efeitos aplicados e suas configurações.

Para salvar a animação de texto que você acabou de fazer como um preset, execute as etapas descritas a seguir.

1. Na timeline, selecione todos os parâmetros que deseja salvar em seu preset. Basta clicar sobre cada nome segurando a tecla Cmd (macOS) ou a Ctrl (Windows). Aqui, você selecionará *Source Text*, *Animator 1* e *Position* (dentro de *Transform*).

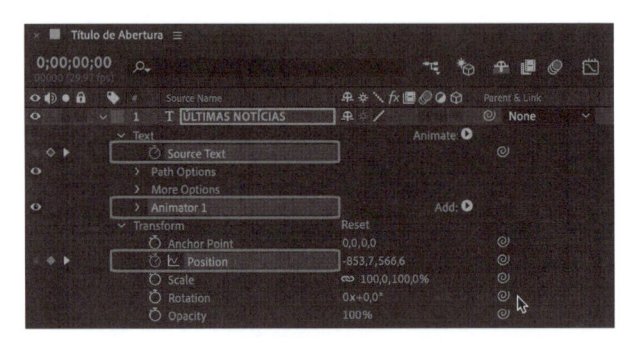

2. Clique no menu *Animation* e selecione a opção *Save Animation Preset*.

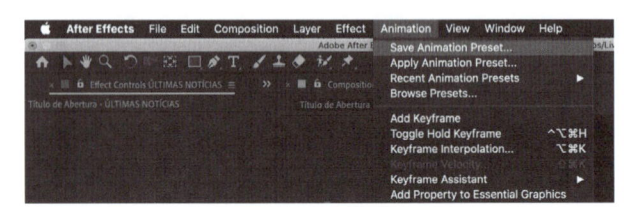

3. Na janela do Finder (macOS) ou do Explorer (Windows) que se abrir, dê o nome de *Troca de palavras e saída para baixo* e clique em *Salvar*. Essa predefinição será salva na pasta *User Presets*, que o After Effects carrega sempre que você abre o software para trabalhar.

Para verificar se seu preset está disponível para uso, basta procurar por ele no painel *Effects & Presets*.

4. Clique no painel *Effects & Presets*, abra a pasta *Animation Presets* e, dentro dela, a pasta *User Presets*. O preset que você acabou de salvar estará dentro dela.

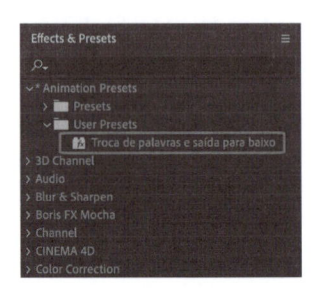

A partir de agora, você poderá arrastar esse preset para qualquer camada de texto, em qualquer projeto em que estiver trabalhando. O resultado será essa animação que você acabou de fazer sendo aplicada sempre que você precisar. Vale ressaltar que é sempre importante atentar para o tempo de tudo. Essa animação, em particular, precisa de no mínimo 12 segundos para rodar inteira. Então, ao aplicar o preset, essa duração será contada a partir do ponto no qual você deixar a agulha em sua timeline.

MAS COMO USAR PRESETS EM OUTROS COMPUTADORES?

Para utilizar os presets que você cria em outros computadores, será preciso primeiro copiar esse arquivo que foi salvo para algum dispositivo USB, ou para algum serviço de nuvem que você possa acessar em ambos os computadores.

No macOS, a pasta padrão *User Presets* fica em Documentos\Adobe\After Effects (versão)\ User Presets.

No Windows, essa mesma pasta fica em Meus Documentos\Adobe\After Effects (versão)\ User Prests.

Acesse a pasta de presets do usuário, seguindo o caminho especificado acima, e copie os arquivos que quiser transferir para outro computador.

Você pode carregar esse arquivo no After Effects diretamente para a camada na qual deseja aplicá-lo.

1. No computador de destino, abra o After Effects.

2. Abra o projeto em que deseja aplicar o preset.

3. Selecione a camada de destino na timeline.

4. Posicione a agulha no momento em que quer que a animação comece.

5. Entre no menu *Animation* e selecione *Apply Animation Preset*.

6. Navegue até o dispositivo no qual você copiou o arquivo do outro computador, selecione-o e clique em *Abrir*. Pronto! Sua animação será aplicada à camada selecionada.

Mas você também pode copiar esse arquivo de presets para a pasta *User Presets* no computador novo, caso o queira sempre disponível no painel *Effects & Presets*.

1. No computador de destino, entre no dispositivo ou disco de nuvem em que copiou o preset, selecione-o e pressione Cmd+C (masOS) ou Ctrl+C (Windows).

2. Vá até a pasta *After Effects* (versão) dentro da pasta *Documentos* do seu usuário e entre em *User Presets*.

3. Cole o arquivo previamente copiado dentro dessa pasta, pressionando Cmd+V (macOS) ou Ctrl+V (Windows).

4. Abra o After Effects.

5. Abra o projeto no qual deseja aplicar a predefinição.

6. Selecione a camada de texto para o efeito e posicione a agulha no momento em que
quer que a animação comece.

7. Acesse o painel *Effects & Presets* e abra a pasta *Animation Presets*.

8. Abra a subpasta *User Presets* e, de dentro dela, arraste o efeito salvo para a camada
desejada.

9. Seu preset será aplicado. Assista, apertando a barra de espaço para conferir o
resultado.

Como importar arquivos do Photoshop com camadas de texto

É muito comum que a arte para determinadas animações seja criada previamente no
Photoshop. Como já visto anteriormente, o After Effects preserva as camadas do Photoshop quando você importa seus arquivos e mantém a opção *Import Kind* em *Composition - Retain Layer Sizes*.

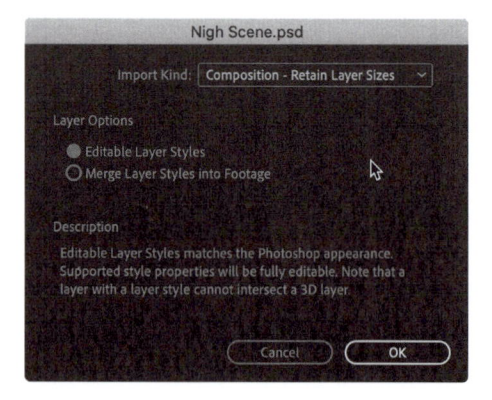

Entretanto, após importado, o arquivo de Photoshop é convertido para a estrutura de
composições do After Effects, e todas as camadas de texto passam a ser interpretadas,
incialmente, como imagem pixel – que, ao ser ampliada, perde qualidade.

 # Exercício

1. A partir do menu *File*, clique em *Import > Import File*.

2. Navegue até a pasta dos arquivos de exercício do capítulo 5, selecione o arquivo *Cena com texto.psd* e clique em *Abrir*.

3. Escolha *Composition - Retain Layer Sizes*, na janela de importação, e clique em *OK*.

4. Dê um duplo clique sobre a composição *Cena com texto*, no painel *Project*, para abri-la na timeline.

Essa é a mesma cena que você animou no capítulo anterior. Aqui, não passaremos pelos processos de animação da cena novamente, mas a usaremos apenas como base para entender como converter camadas de texto do Photoshop em camadas de texto do After Effects.

5. Na timeline, clique na camada 1, *NIGHT ADVENTURE*, para selecioná-la. Essa é a camada de texto original do Photoshop, que aqui ainda está interpretada como imagem.

6. Clique no menu *Layer*, no topo da interface, entre na opção *Create* e selecione o comando *Convert to Editable Text*.

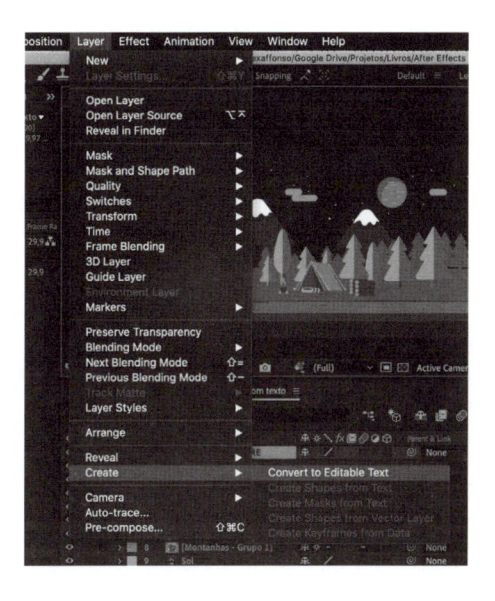

A camada será convertida para texto, e, nesse momento, é possível que você veja a tipografia mudar. Isso acontece sempre que o texto utiliza uma fonte que você não tenha instalada em seu computador. Para resolver o problema, você deverá fechar o After Effects, instalar a fonte usada no arquivo e, só depois, abrir o After Effects e esse projeto novamente.

No caso desse exemplo, a fonte usada no texto é a Junegull Regular, que está disponível no serviço Adobe Fonts. Como assinante da Adobe Creative Cloud, você pode acessar o site https://fonts.adobe.com,[1] procurar pela fonte e ativá-la. A ativação acontece imediatamente, desde que você esteja com o aplicativo Creative Cloud rodando e conectado com sua Adobe ID. E, uma vez ativada a fonte, o After Effects passa a reconhecê-la, e a tipografia do texto volta a ser o que era no arquivo original.

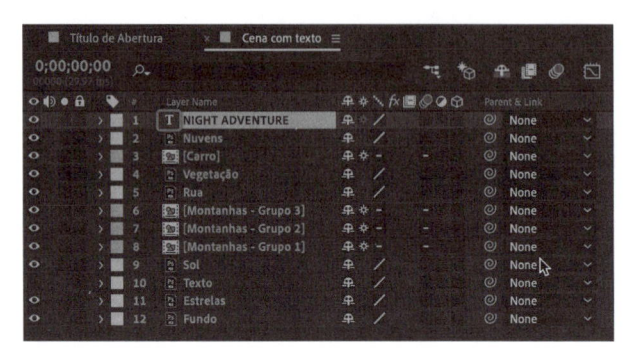

O ícone *T* antes do nome da respectiva camada na timeline indica que ela foi convertida para texto e que tem, agora, a opção *Text* dentro dela, possibilitando que todos os recursos de animação de texto nativos do After Effects sejam usados.

Como usar animações de texto do After Effects no Premiere Pro via Adobe Dynamic Link

Um procedimento bastante comum é criar animações de texto no After Effects para utilizá-las em projetos de edição no Premiere Pro. Muita gente acaba renderizando animações de texto como vídeo com canal alfa (transparência), sem necessidade. O fluxo de trabalho mais produtivo é utilizar a integração entre os softwares da Adobe para agilizar todos os processos criativos.

Há, entre o Premiere Pro e o After Effects, um motor de integração chamado Dynamic Link. Por meio dele, é possível importar animações do After Effects para o Premiere Pro, e qualquer alteração feita ao projeto no After Effects é automaticamente sincronizada no Premiere Pro.

Vamos utilizar esse projeto com a animação do texto *ÚLTIMAS NOTÍCIAS* como base para explorer a integração.

1. Comece salvando seu projeto do After Effects. Se você já o salvou, basta selecionar *File > Save*. Caso não, selecione *File > Save As*, defina um nome para seu projeto e escolha uma pasta na qual o salvará.

2. Se preferir, feche o After Effects. Ele não precisa estar aberto para utilizar suas animações no Premiere Pro.

---

1   Acesso em: 5 ago. 2021.

3. Abra o Premiere Pro.

4. Na tela inicial, selecione o comando *New Project*, dê a ele o nome *AE+PP*, escolha a pasta na qual o salvará clicando na opção Browse e clique em *OK*.

Suponha que esse seja um projeto de uma vinheta ou um programa no qual você tenha de adicionar a animação de abertura feita no After Effects. Para isso, você deverá executar as etapas a seguir.

1. Acesse o menu *File > Adobe Dynamic Link > Import After Effects Composition*.

2. Navegue até a pasta na qual salvou seu projeto do After Effects e selecione-o na coluna da esquerda. Aguarde até que a coluna da direita carregue as composições desse projeto.

3. Na coluna da direita, selecione a composição que tenha a animação que você quer importar para o Premiere Pro. Neste exemplo, usaremos a composição *Título de Abertura*.

4. Clique em *OK*. Essa composição será importada para o Premiere Pro e ficará no painel *Project*.

5. Arraste a animação importada do After Effects do painel *Project* para a timeline do Premiere Pro. Mesmo que você não tenha nenhuma timeline (ou sequência) previamente criada, o Premiere Pro criará uma nova para colocar sua animação de texto.

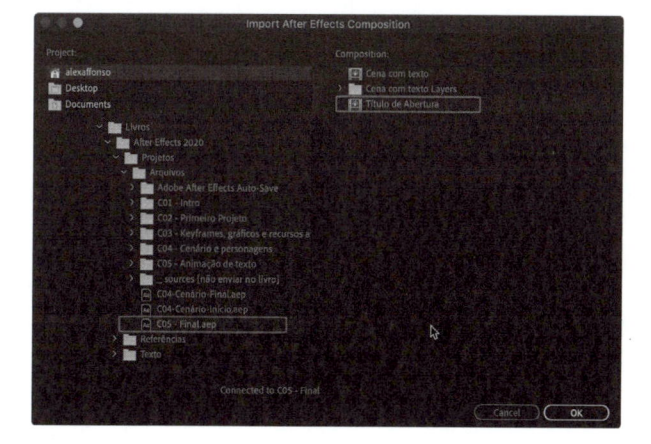

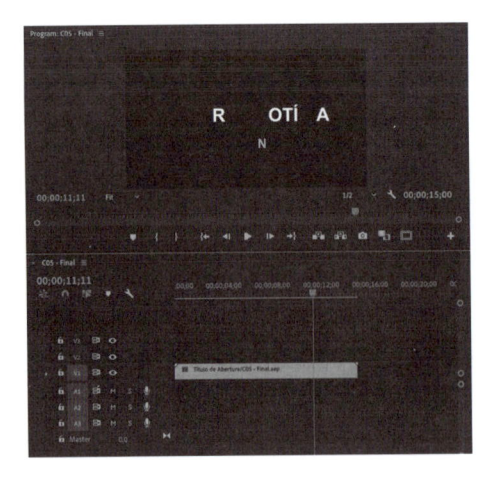

Aqui, vale ressaltar que você provavelmente usará esse fluxo para importar uma animação para um projeto de edição já iniciado no Premiere Pro. Por isso, nesse momento, você provavelmente estaria arrastando essa animação para uma trilha de vídeo da timeline do Premiere Pro de um projeto com vídeos já editados, o que faz muito mais sentido quando se pensa nessa animação rodando ao mesmo tempo que outras coisas na tela, como vídeos passando por trás.

6. Aperte a barra de espaço para assistir à edição da timeline do Premiere Pro. Você verá que a animação roda da mesma forma como rodava no After Effects.

 Esse é o processo básico de importação de animações do After Effects para o Premiere Pro. Mas as opções de integração não se encerram por aí, pois é possível alterar a animação original e ela ser atualizada automaticamente, tudo isso sem a necessidade da renderização das animações a todo momento.

7. Abra o After Effects e abra o projeto com essa animação.

8. Selecione a camada de texto na timeline e altere a cor do texto clicando na caixa de cor de preenchimento do texto.

9. Escolha uma cor de sua preferência e clique em *OK*.

10. Salve o projeto no menu *File > Save* (ou pressionando Cmd+S, no macOS, ou Ctrl+S, no Windows).

11. Volte para o Premiere Pro e veja que a animação já estará atualizada, com a nova cor configurada.

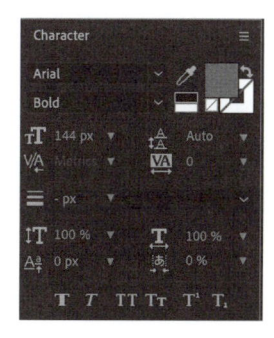

Além disso, caso você queira avançar ainda mais nas possibilidades de integração entre o After Effects e o Premiere Pro, a partir da versão 2018 ambos passaram a contar com um recurso chamado Essential Graphics. E, a cada versão, esse recurso está melhor e mais fácil de usar. Você pode pesquisar e aprender mais sobre ele acessando a página oficial da Adobe.

Renderização da animação com canal alfa para uso em outros softwares de edição

Nem sempre você usará as animações que você faz no After Effects apenas no Premiere Pro. É bem possível que você precise delas em projetos de edição no Avid Media Composer, no Blackmagic DaVinci Resolve ou mesmo no Final Cut Pro X. Como esses softwares não são da Adobe, você precisará exportar sua animação do After Effects em formato de vídeo para importá-la nesses softwares. Mais do que isso, essa exportação precisará manter a transparência de sua composição, para que o texto possa ser sobreposto às imagens de sua animação.

O processo de exportação, também chamado de renderização, hoje é extremamente simples. A Adobe sugere que direcionemos todos os trabalhos de renderização para o Adobe Media Encoder, software que é instalado por padrão sempre que instalamos o Premiere Pro ou o After Effects. Ele é um software extremamente útil e poderoso para todos os processos de renderização.

Com o projeto de animação de texto que você completou nesse exercício aberto no After Effects, execute as etapas descritas a seguir.

1. Clique na timeline para deixá-la ativa. O After Effects entenderá que essa é animação que deverá ser exportada.

2. Acesse o menu *File* e escolha a opção *Export > Add to Adobe Media Encoder Queue*. Aguarde até que o Adobe Media Encoder seja aberto e sua composição apareça carregada na fila de renderização (isso pode demorar consideravelmente, dependendo da velocidade do seu sistema).

3. Depois de aberto, configure a coluna *Formato* para *QuickTime* e escolha na coluna *Predefinição* a opção *Apple ProRes 4444 com alpha*.

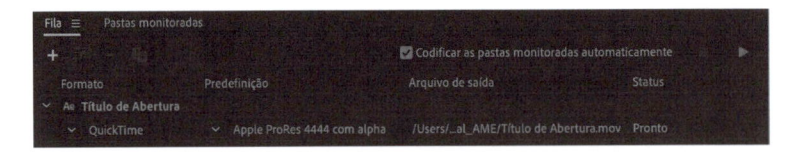

Há diversas opções de formato e predefinição que suportam transparência. Isso é extremamente importante porque queremos preservar tal transparência, visto que a ideia é usar essa animação sobre vídeos em software não lineares de edição. O formato QuickTime com o codec Apple ProRes 4444 é um formato de alta definição e muito indicado quando precisamos exportar animações para usar em outros projetos, preservando o máximo de qualidade possível.

4. Na coluna *Arquivo de saída*, clique sobre o nome do arquivo e escolha o local para salvar o vídeo em seu computador.

5. Clique no botão *Play* verde, no canto superior direito do Adobe Media Encoder, para iniciar a renderização.

Pronto! Com isso, você tem sua animação do After Effects exportada em um formato de alta qualidade, preservando a transparência do fundo, para usar em qualquer outro projeto de qualquer outro software.

Embora o fundo padrão das composições no After Effects seja preto, ele não é, na verdade, sólido. Sempre que você exportar sua animação em um formato de arquivo que preserve transparência, esse fundo preto será ignorado e não aparecerá no vídeo final. Note que você só perceberá isso se importar o vídeo exportado para algum software de edição não linear, por exemplo, e colocá-lo sobre outra imagem.

Anotações

6

Transparência, máscara e Chroma Key

OBJETIVOS

» Aprender a sobrepor imagens para composição por recorte

» Entender a função das máscaras e como desenhá-las, configurá-las e atualizá-las

» Aprender a utilizar o efeito Keylight para recorte de Chroma Key

» Conhecer os modos de transparência (Blend Modes) e como usá-los

O After Effects sempre foi utilizado na indústria do cinema em razão de seu grande poder no trabalho de pós-produção. Seus incontáveis efeitos, tanto os nativos como os desenvolvidos por outras empresas, fazem dele o padrão do mercado cinematográfico quando se fala em manipulação de imagem. E isso não é diferente no âmbito da televisão, o que chamamos de broadcast. É grande o número de produções que contam com o After Effects para a realização de tratamento de cor, recorte/máscara e composição por sobreposição e transparência, sem contar a criação de efeitos dos mais diversos.

Entre essas tarefas, uma das mais comuns é a remoção de fundo, em grande parte das produções filmadas com fundo verde ou azul. É o chamado Chroma Key, fundo de cor específica iluminado de forma homogênea para que tenha o mínimo de sombras e sua remoção seja facilitada. Nessas produções, a escolha (e padrão) pelas cores verde ou azul não é à toa. Se você observar o disco cromático, notará que os tons de verde e azul estão em oposição aos tons vermelhos e laranjas. É justamente por isso que remover esses fundos se torna fácil, com a segurança de que a pele das pessoas não ficará transparente ao deixarmos o verde ou o azul transparente. E é claro que, nesse caso, os atores e/ou apresentadores filmados contra esse fundo não podem ter nada verde ou azul em suas roupas. Caso tenham, um trabalho extra com máscara se faz necessário para preservar essas áreas na imagem, e isso muitas vezes pode ser a cor do olho do ator ou do apresentador.

Neste capítulo, você aprenderá a utilizar o famoso efeito Keylight, para recortar qualquer vídeo e deixar a cor desejada transparente. É ele que usamos para remover fundos verde ou azul de filmagens desse tipo.

⎙ Exercícios

Importação de mídia e o canal alfa

Comece criando um novo projeto no After Effects. Se preferir, você pode abrir o projeto *C06 - Inicio.aep*, na pasta *C06 - Transparência e Chroma Key*.

É muito comum a criação de elementos gráficos, geralmente 3D, que serão posteriormente utilizados em projetos do After Effects. Ao renderizar animações 3D, o artista muitas vezes o faz com fundo verde ou com canal alfa salvo junto do vídeo. Por exemplo, ao exportar qualquer animação (ou até vídeo recortado no próprio After Effects) e utilizar o formato QuickTime com o codec Animation, o canal alfa é preservado. Canal alfa é o nome dado à transparência preservada na imagem ou no vídeo gerados.

Em outros casos, ao importar arquivos que o próprio After Effects já reconheça, a sua integração com diversos softwares e formatos de arquivo fará com que a transparência seja automaticamente preservada, ou seja, o After Effects reconhecerá o canal alfa da imagem ou do vídeo, e, ao colocar esse material na timeline e sobrepor outros elementos, você terá apenas a imagem em si, sem o fundo. Você já deve ter percebido isso quando importou arquivos do Illustrator e do Photoshop nos projetos anteriores. Cada camada desses arquivos foi preservada, e a sobreposição delas ocorreu da mesma forma como em seus softwares de origem, cada qual com sua transparência, cada qual com seu canal alfa.

Agora, você verá que isso também se aplica a modelos 3D feitos no Cinema 4D, software muito usado por editores e designers gráficos para criar elementos 3D para seus projetos de animação.

 O Cinema 4D Lite faz parte do After Effects e é instalado automaticamente junto dele. Ou seja, você pode a qualquer momento criar um novo arquivo no Cinema 4D Lite, a partir do menu *File > New > MAXON CINEMA 4D File*. Ao executar esse comando pela primeira vez, será necessário registar sua conta na Maxon e ativar a licença gratuita do Cinema.

Caso você tenha optado por criar o projeto do zero, em vez de abrir o projeto inicial deste capítulo, você deve importar todos os arquivos da pasta *C06 - Transparência e Chroma Key*, pelo comando *File > Import > File*. Entre os arquivos, há um modelo 3D bem simples de um cubo feito no Cinema 4D Lite, cuja extensão é .c4d.

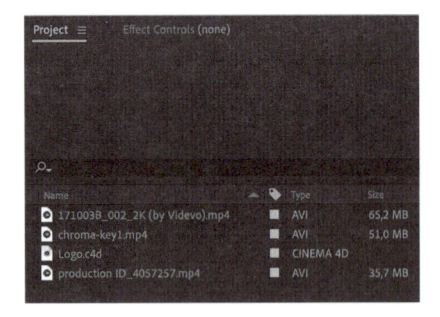

Sobrepondo imagens para composição por recorte

1. Crie uma composição em formato HDV/HDTV 720 29.97, com 17 segundos (17s) de duração, e dê a ela o nome *Programa*.

2. Arraste o vídeo *chroma-key1.mp4* para a timeline, inserindo-o nessa nova composição, e altere sua escala para *33,3%*. Com isso, você terá o vídeo de uma apresentadora filmada contra o fundo verde, que será removido com o uso do efeito Keylight (1.2).

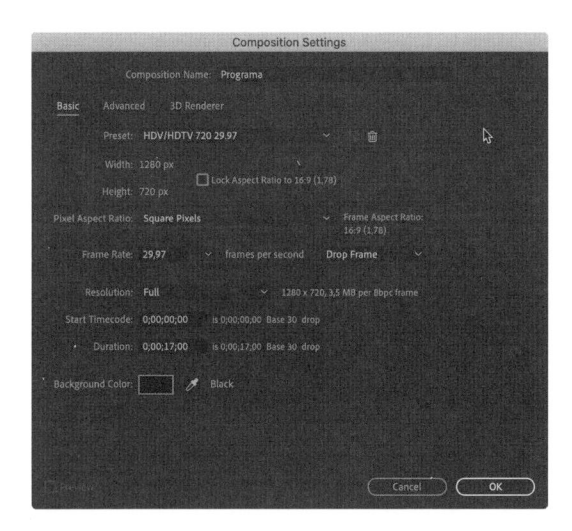

3. Arraste o arquivo *Logo.c4d* da janela *Project* até ficar em cima da imagem na janela *Composition*, o que o inserirá na timeline automaticamente, por cima do vídeo da apresentadora. Nesse momento, você verá que um cubo vermelho aparecerá no centro da tela, cubo esse que foi desenhado e animado no Cinema 4D Lite. Ainda serão necessários alguns ajustes para que ele fique como queremos, como um logotipo animado no canto inferior esquerdo da tela.

Além do cubo no centro da tela, você notará que uma grade tridimensional também aparecerá, além de o painel *Effect Controls* se abrir automaticamente e mostrar os controles do efeito Cineware. É por meio dele que controlamos a maneira como a imagem/animação feita no Cinema 4D será interpretada e renderizada no After Effects.

Antes de mais nada, apesar desses elementos extras, perceba como a imagem já veio do Cinema 4D com o fundo transparente. Isso se deveu à interpretação automática do After Effects de seu canal alfa, graças à sua integração nativa. Nem sempre isso ocorre dessa forma, e em muitos casos é preciso entrar nas configurações do footage para definir o tipo de canal alfa. Nós acessaremos essas configurações em breve, mas para outro propósito.

Por ora, devemos mudar apenas um parâmetro do efeito Cineware.

4. Na opção *Renderer*, altere para *Current*. Dessa forma, você passará a ter sobre o vídeo da apresentadora apenas o cubo vermelho. Depois, por se tratar de um arquivo do Cinema 4D, para poder redimensionar e reposicionar a imagem é preciso aplicar o efeito Transform – você notará que não adianta alterar os valores da seção *Transform* diretamente na timeline. A partir do painel *Effects*, clique no campo de pesquisa e digite *Transform* para localizar o efeito (ele estará dentro da categoria *Distort*). Arraste o efeito até que fique em cima do cubo e veja que ele aparecerá no painel *Effect Controls*, logo abaixo do efeito Cineware. Altere o valor de *Scale* para *50* e os valores do parâmetro *Position* para *160,0,600,0*.

Pressione a barra de espaço e deixe o After Effects renderizar a pré-visualização, até que toda a timeline esteja processada e você veja a linha verde logo abaixo da régua de tempo. Note duas coisas:

- a animação do cubo roda apenas por alguns segundos e logo desaparece, pois sua duração é menor que a do vídeo – que pode ser notada pela largura da barra de duração, que chega apenas a 3 segundos;

- os movimentos da apresentadora no vídeo não são muito expansivos, e ela não invade toda a área de verde. Isso é bastante importante, pois podemos nos concentrar em remover o fundo verde com perfeição apenas ao redor dela, ignorando como os cantos ficarão após esse processo.

Vamos seguir ajustando o tempo da animação do cubo. Há um processo chamado Interpret Footage, o qual nos permite fazer o material bruto ser interpretado de outra forma, adaptando-o às nossas necessidades no que diz respeito ao canal alfa, à taxa de quadros por segundo e à repetição em loop, entre outras coisas.

5. No painel *Project*, clique com o botão direito do mouse sobre o arquivo *Logo.c4d* e acesse o comando *Interpret Footage > Main*. Isso abrirá uma janela com diversas opções. Você encontrará a opção *Loop* na parte inferior dessa janela, na seção *Other Options*. Altere a quantidade de loop para 6 e clique em *OK*.

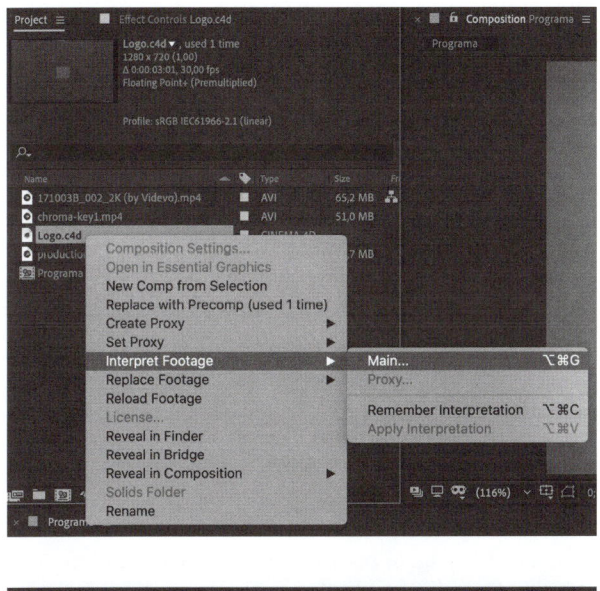

Na timeline, perceba que a barra de duração da camada do logo mudou e ocupa todo o tempo com um tom de verde mais escuro, como se estivesse apagado. Isso quer dizer que a duração dessa camada agora se estende por todo o tempo, mas a imagem, não, já que ela continua cortada nos 3 segundos originais de seu tempo (*Out Point*). Porém agora, ao colocar o mouse na borda desse limite de 3 segundos da duração original, um ícone de seta dupla aparecerá, indicando que a barra pode ser esticada. Na verdade, a função que você vê ao colocar o mouse nessa posição é a Edit, que permite editar o corte final dessa camada e deixá-lo no tempo desejado da timeline. Se você tiver familiaridade com softwares de edição não linear, como o Adobe Premiere Pro, perceberá algo conhecido ao fazer isso.

6. Arraste essa borda da barra de duração da camada *Logo.c4d* até o final da timeline. Como você colocou a animação em loop por seis vezes e ela foi feita para que o loop

fosse imperceptível, ao pressionar a barra de espaço você notará, agora, que a animação do cubo continua por todo o tempo, sem interrupção e sem desaparecer.

Agora que a animação do cubo está resolvida, é hora de se concentrar no vídeo de fundo verde e aprender a usar máscaras e o efeito Keylight (1.2), tudo para removê-lo da melhor maneira possível.

Máscaras: o que são e para que servem

Um dos recursos mais utilizados no Photoshop, no Illustrator e no InDesign é o de máscaras. Para o designer gráfico, ter e usar um recurso que lhe permite definir a área através da qual suas imagens ou seus textos devem ser vistos é essencial. E o mesmo se aplica ao After Effects, adicionando, a isso, o movimento.

O conceito de máscara pode parecer estranho à primeira vista, ao primeiro contato, mas, tão logo você entenda o que é a máscara e como ela funciona, novos horizontes se abrirão e você passará a explorar novas possibilidades na composição por sobreposição de imagens e texto.

Pense na máscara de carnaval por um instante. Tradicionalmente, o que a máscara permite fazer é esconder o rosto, deixando apenas os olhos à mostra, para que possamos enxergar. Nos softwares, o que ocorre é exatamente a mesma coisa. Nós usamos máscaras para esconder áreas da imagem ou texto, enquanto deixamos outras à mostra. Mas como definir isso?

A MÁSCARA NOS SOFTWARES: UMA IMAGEM EM PRETO E BRANCO (E TONS DE CINZA)

Vamos usar a imagem a seguir como exemplo. À esquerda, temos uma máscara de carnaval e, à direita, uma interpretação dela apenas em cores sólidas, preto e branco. Mais à direita, uma imagem colocada por trás da máscara, visível apenas pela única área possível da máscara.

Na linguagem dos softwares, a máscara é sempre uma imagem em preto e branco, na qual preto representa 0% de opacidade e branco representa 100% de opacidade. Isso quer dizer que qualquer imagem processada por uma máscara ficará invisível em sua porção preta e totalmente visível em sua porção branca. E, se houver variação entre o preto e o branco, um dégradé de tons de cinza. Esse dégradé deixará a imagem parcialmente invisível. Quanto mais preto for o tom de cinza, mas invisível a imagem ficará; quanto mais branco for o cinza, mais opaca e visível a imagem ficará.

Nós podemos usar imagens em preto e branco no After Effects junto do recurso Track Matte na timeline para associar uma camada de imagem a uma camada de máscara logo acima dela. Porém, quando o que queremos é apenas definir um recorte de uma forma mais livre, o mais indicado é desenhar a máscara diretamente na camada que deve ser recortada. É quase como recortar imagem no Photoshop, usando ferramentas para definir um path e usá-lo junto da possibilidade de animação do After Effects. Isso quer dizer que, se desenharmos um path sobre uma camada no After Effects, esse path poderá ser animado e se atualizar ao longo do tempo, seguindo a imagem a ser recortada da maneira necessária. E isso também nos aproxima do conceito de rotoscopia, uma técnica muito comum de uso de máscara e/ou pintura quadro a quadro para recortar ou desenhar sobre vídeo.

A ferramenta *Pen* e as máscaras no After Effects

Uma das maneiras mais tradicionais de desenhar paths, no After Effects ou em qualquer outro software, como o Illustrator e o Photoshop, é utilizando a ferramenta *Pen*. Embora ela seja complicada de início, dominar seu uso ajuda na criação de recortes perfeitos. Entretanto, neste exemplo, não estamos buscando um corte perfeito através da máscara que desenharemos. Aliás, conseguir isso seria uma tarefa extremamente complexa, pois, com a pessoa em movimento, precisaríamos criar uma máscara (ou variação da primeira) a cada quadro – mais uma vez, isso já seria rotoscopia.

O que buscamos aqui é fazer um recorte mais grosseiro ao redor da apresentadora, com o único intuito de isolar a área verde desnecessária para a cena, aquela que a atriz não invade e não precisa ser analisada nem corrigida pelo efeito de remoção do fundo verde.

Na barra de ferramentas do After Effects, há um conjunto de ferramentas, além da *Pen*, que podem ser utilizadas para desenho tanto de máscara quanto de Shape Layers, como mostra a figura a seguir. Em relação aos Shape Layers, eles serão abordados mais adiante, em um capítulo dedicado a essa possibilidade extremamente versátil de desenho e animação nativos do After Effects.

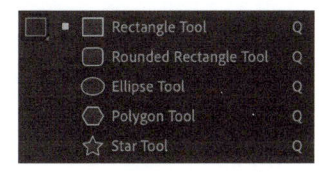

Desenhando máscara em camadas de vídeo

1. Com a camada do vídeo da apresentadora selecionada na timeline, selecione a ferramenta *Pen* (G). Ao lado direito, na própria barra de ferramentas, um botão aparentemente desativado, chamado *Tool Creates Mask*, ficará apertado, e ao lado dele você verá uma opção desmarcada chamada *RotoBezier*.

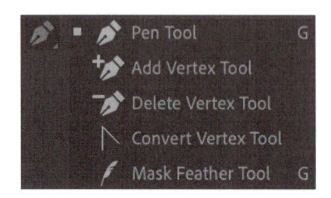

Ver essas opções lhe dá a certeza de que, ao clicar com a ferramenta sobre o vídeo no painel *Composition*, o resultado será a criação de uma máscara.

Ao longo do vídeo, a apresentadora se movimenta pouco, e seu corpo permanece quase o tempo todo na mesma posição. Entretanto, seus braços se movimentam muito e apontam para algo enquanto ela explica. Por isso, e para você entender a dinâmica do uso de máscaras de uma maneira mais elaborada, nós criaremos duas máscaras: uma para o corpo, e outra, para os braços.

2. Clique com a ferramenta *Pen* ao redor do corpo da apresentadora consecutivamente, deixando um pequeno espaço entre ela e o fundo verde. Não busque a precisão do contorno aqui; não é isso que queremos. É preciso apenas envolver seu corpo com um path que servirá como máscara e esconderá tudo o que estiver ao redor dela. Também não se preocupe em criar curvas; vértices e segmentos retos serão suficientes. Use a imagem a seguir como referência.

É importante que o último clique seja dado sobre o mesmo ponto que o primeiro, para que o path seja fechado, e a máscara, criada. Ao mesmo tempo, na timeline, será criada uma nova opção, chamada *Masks*, dentro da camada do nosso vídeo (*chroma-key1. mp4*). Você precisará fechar e abrir a seta dessa camada para revelar essa nova opção, caso ela não apareça automaticamente.

As configurações da máscara na timeline

Essa é a máscara que usaremos apenas para acompanhar o corpo da apresentadora.

1. Clique sobre o nome *Mask 1* na timeline, pressione a tecla Return (macOS) ou a Enter (Windows) e mude o nome dela para *M Corpo*.

2. Clique sobre o quadradinho de cor ao lado do nome e escolha uma cor mais vibrante (por exemplo, o vermelho). E, no menu ao lado direito do nome da máscara, em que agora você lê *Add*, selecione a opção *None*. Isso fará com que a máscara, por ora, não recorte o vídeo, o que é necessário enquanto continuamos trabalhando.

Dentro dessa máscara há outras opções que podem ser alteradas diretamente na timeline. Essas opções permitem a criação de uma suavização de borda (Mask Feather), a redução de sua opacidade, para que ela não oculte totalmente a imagem que ficar para fora dela (Mask Opacity), e o ajuste de seu tamanho por meio de sua expansão ou retração (Mask Expansion). Nós não usaremos nenhum desses ajustes neste exercício.

3. Ainda com o vídeo selecionado e usando a ferramenta *Pen* (G), desenhe uma nova máscara ao redor do braço direito da mulher. Essa máscara será usada para acompanhar o movimento de ambos os braços. Porém, desta vez, antes de desenhar a máscara, ative a opção *RotoBezier* na barra de ferramentas. Isso permitirá que você crie uma máscara com cantos arredondados e curvas contínuas, em vez de segmentos retos como da última vez.

Na imagem acima, a cor dessa segunda máscara foi alterada para azul, seu nome, para *M Braços*, e o modo de composição, para *None*, por enquanto.

Como atualizar a máscara ao longo do tempo

1. Volte para a ferramenta *Selection* (V), deixe a agulha no início da timeline e, com a camada do vídeo ainda selecionada, pressione a tecla M. Dessa forma, você conseguirá filtrar a timeline para que ela mostre apenas o parâmetro *Mask Path* de ambas as máscaras dessa camada, que precisaremos para conseguir gravar sua variação ao longo do tempo, acompanhando o movimento da apresentadora.

2. Se você arrastar a agulha, notará que ela começa a se mover aproximadamente em 00;00;01;10. Justamente nesse tempo, clique sobre o cronômetro (stop watch) do parâmetro *Mask Path* das duas máscaras.

Com os keyframes criados, o After Effects entenderá que, desse ponto em diante, qualquer modificação feita ao path da máscara deverá ser registrada na timeline. É assim que animamos máscaras e as fazemos acompanhar os movimentos que queremos.

3. Continue arrastando a agulha aos poucos e, à medida que a apresentadora movimenta os braços, clique sobre os pontos da máscara e arraste-os, garantindo que o corpo dela esteja sempre dentro das máscaras e que ainda haja uma borda verde ao redor dela.

Veja as imagens a seguir e as tome como referência. De tempos em tempos, as máscaras tiveram seus pontos reposicionados, e isso criou, automaticamente, novos keyframes em seus parâmetros *Mask Path* previamente ativados.

Você pode precisar clicar primeiro fora da linha da máscara, para depois conseguir clicar e arrastar cada ponto isoladamente. E sempre atente para manter o corpo e os braços dela envolvidos pela máscara, pois qualquer parte fora dela será escondida pela máscara assim que você voltar a colocar o modo *Add* no menu de operação dela. Faça isso quando tiver ajustado a máscara por todo o tempo da timeline. Ao final, sua imagem e a timeline deverão estar como mostra a imagem abaixo.

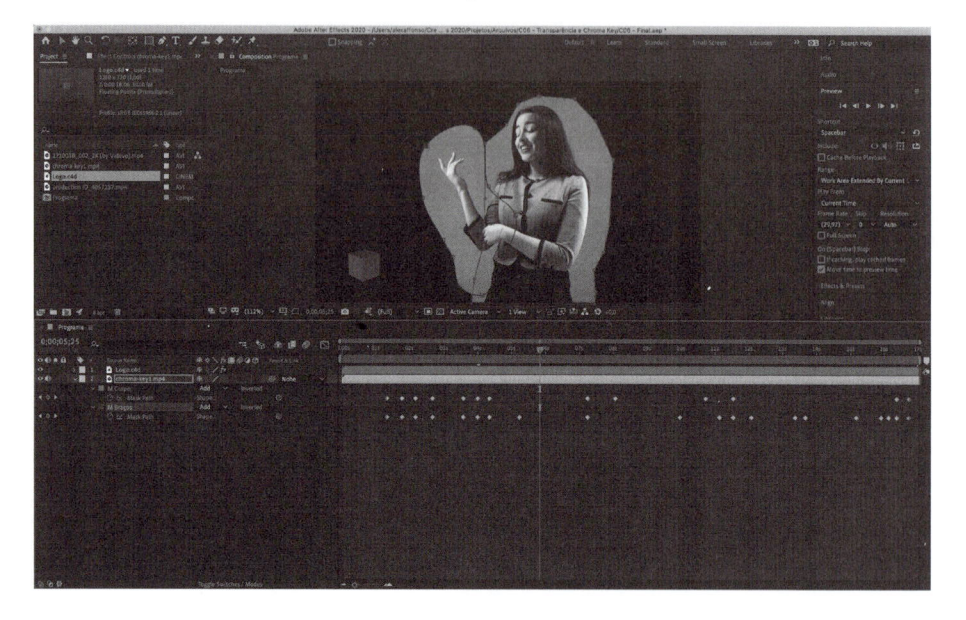

O efeito Keylight para recorte de Chroma Key

Desde que eu uso o After Effects – e já se vão duas décadas –, ele é conhecido por ser o melhor software para a realização do recorte de Chroma Key. Há muito tempo, ainda que o Premiere Pro tivesse efeitos para essa finalidade, era difícil alcançar nele um resultado profissional de fato. Hoje em dia, as coisas mudaram: o Premiere Pro conta com um efeito chamado Ultra Key que é impressionante, e posso dizer que ele é tão bom quanto seu irmão mais velho, o Keylight (1.2) do After Effects, plug-in nativo desenvolvido pela The Foundry. Esse movimento é bastante comum no desenvolvimento dos softwares da Adobe, e muitas vezes vemos os recursos de um software serem portados para outro, tornando o processo criativo mais dinâmico, rápido e simples.

Mesmo assim, é muito comum usarmos o After Effects para essa finalidade, tanto por sua grande facilidade no trabalho com máscaras para isolamento de áreas, como você acabou de aprender, quanto por sua versatilidade em relação ao efeitos e suas combinações possíveis e infinitas.

Mas como usar o efeito Keylight para remover o fundo colorido, seja ele verde, azul, magenta ou laranja (tudo depende do contraste em relação ao primeiro plano)?

APLICANDO E CONFIGURANDO O EFEITO KEYLIGHT (1.2)

Você aplicará o efeito Keylight (1.2) ao vídeo da apresentadora, arrastando diretamente para essa camada específica na timeline a partir do painel *Effects*.

1. Abra o painel *Effects* clicando nele em meio aos painéis à direita da interface ou por meio do menu *Window*.

2. Abra a categoria *Keying*. Dentro dessa categoria, você notará diversos efeitos, todos com o objetivo de recortar o fundo por meio de algum modo específico de análise da imagem.

3. Localize e arraste o efeito Keylight (1.2) até ficar em cima da camada *chroma-key1. mp4* na timeline.

O painel *Effect Controls* será aberto automaticamente, à esquerda, revelando os ajustes do efeito. A essa altura, você já deve ter se acostumado com essa dinâmica do After Effects. Seu grande potencial está na imensa quantidade de controles possíveis, tanto nos efeitos fixos, como o Transform nativo de qualquer camada de imagem ou vídeo, quanto nos efeitos aplicados. E é essa também a maior dificuldade a ser transposta. Dominar a liberdade de criação é o que fará você se destacar como um Motion Graphics designer.

O próximo passo é ajustar apenas alguns parâmetros – os principais, eu diria. Também é preciso entender o que eles representam e como permitem aprimorar o resultado obtido.

4. Ao lado da opção *Screen Colour* haverá uma caixa de cor preta. Ao lado dela, um conta-gotas. Clique no conta-gotas e, depois, clique sobre uma área verde ao redor da apresentadora.É sempre importante mapear um tom de verde que esteja próximo ao da borda daquilo que será recortado, para que o resultado de imediato seja o melhor possível e exija o mínimo de ajustes.

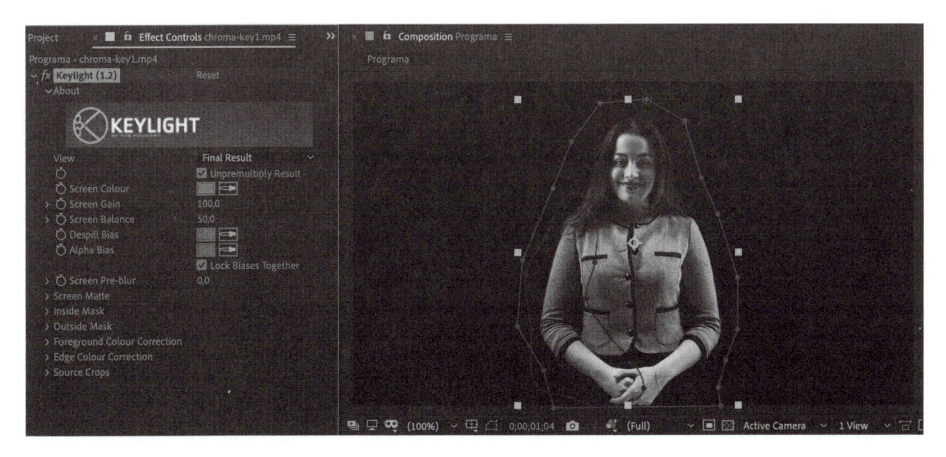

Ao fazer isso, todo o verde automaticamente sumirá, como mágica! Mas não se engane, pois o resultado ainda não está perfeito nem profissional. É preciso verificar e ajustar mais algumas coisas antes de dizer que a remoção do fundo foi concluída com sucesso.

5. Na opção *View*, logo acima da *Screen Colour*, altere de *Final Result* para *Screen Matte* no menu suspenso. Repare como a imagem ficará em preto e branco (esta é a máscara que foi automaticamente gerada), embora haja áreas ainda cinza-claras em meio ao branco, ou cinza-escuras em meio ao preto (arraste a agulha para verificar a cena em tempos diferentes).

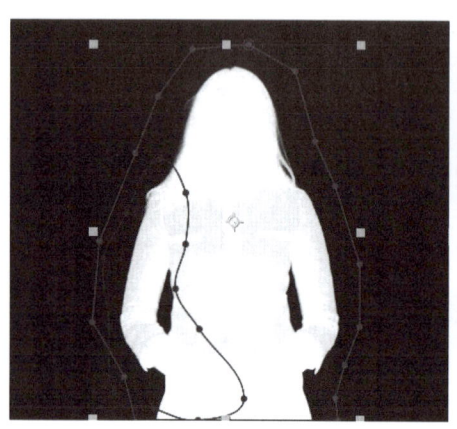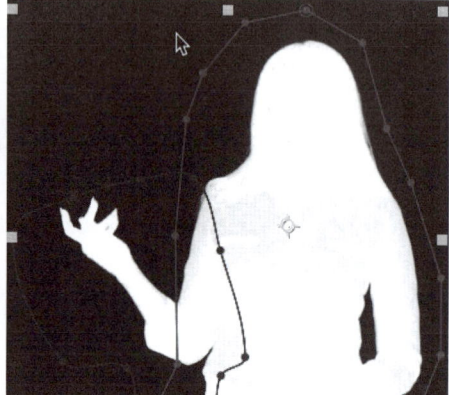

6. Mais abaixo, na lista de configurações do efeito Keylight, você encontrará uma seção também chamada *Screen Mate*. Clique na seta ao lado dela para abri-la.

7. As opções *Clip Black* e *Clip White* servem para escurecer o cinza-escuro e clarear o cinza-claro, respectivamente. Aumente o valor de *Clip Black* para *10*, e o de Clip White, para *90*. Esses valores devem sempre ser testados e não são um padrão. Cada imagem vai exigir uma configuração diferente, e estar atento à máscara que está sendo gerada é que vai determinar quanto se devem modificá-los. Se exagerar, você poderá criar problemas nas bordas da imagem e o recorte poderá ficar ruim.

8. Em seguida, apenas para suavizar minimamente a borda do recorte, altere o valor da opção *Screen Softness* para *1*. Esse valor é como o Feather no Photoshop, que suaviza a borda e a mistura com os pixels adjacentes.

9. Pronto, o fundo foi removido, e já é possível fazer a imagem voltar ao normal, para ver o resultado. Basta levar a opção *View* de volta para *Final Result*. Aproveite para assistir ao vídeo apertando a barra de espaço.

Nós poderíamos parar por aqui e nos dar por satisfeitos, mas há outra etapa no processo de remoção de fundo Chroma Key que é indispensável: a correção de cor. Você deve notar que a apresentadora parece esverdeada, mesmo que o verde tenha sido removido do vídeo. Isso se deve à iluminação. Um bom fundo verde é aquele cuja cor está o mais homogênea possível, livre de sombras. E, para alcançar isso, é preciso uma grande carga de luz no estúdio, não só as chamadas key lights (luzes principais) mas também as fill lights (luzes de preenchimento) e as rim lights (luzes de recorte). Todas elas juntas fazem com que o verde do fundo seja refletido em toda a cena, deixando tudo esverdeado (o mesmo ocorreria com qualquer outra cor de fundo, obviamente).

COMO CORRIGIR COR APÓS REMOÇÃO DE FUNDO COLORIDO (CHROMA KEY)

O próprio efeito Keylight pode ser utilizado no processo de correção de cor. Eu mesmo já o usei muito para isso, conseguindo eliminar essa invasão de cor de forma rápida e simples. Mas seu controle pequeno e um tanto impreciso, muitas vezes, deixa a desejar. Dê uma olhada! É só abrir a opção *Foreground Colour Correction* e analisar as opções contidas ali. São muitas, mas ainda assim difíceis de manipular.

Depois de adquirir o software SpeedGrade, em 2013, específico para o trabalho do colorista em produções cinematográficas, a Adobe passou a desenvolver seu próprio efeito para essa finalidade, lançado em 2015 com o nome de Lumetri Color, tanto no Premiere Pro (com interface dedicada para correção de cor) quanto no After Effects. E não há dúvidas de que fazer correção de cor utilizando esse efeito é muito mais preciso e avançado. É o que você fará agora.

1. No painel *Effects*, navegue e abra a categoria *Color Correction*. Localize dentro dela o efeito Lumetri Color.

2. Arraste o efeito Lumetri Color do painel *Effects* até ficar em cima da camada na qual estamos trabalhando, na timeline. Isso aplicará o efeito em cadência, ou seja, logo após o Keylight. Vale ressaltar que a ordem de aplicação dos efeitos reflete a ordem de sobreposição deles no painel *Effect Controls* e, por consequência, a ordem em que eles são processados sobre a imagem.

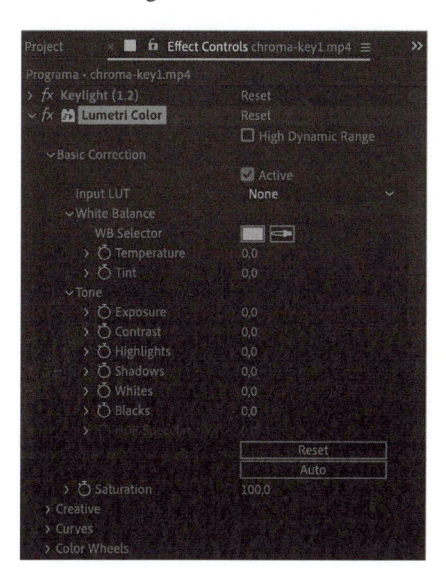

O efeito Lumietri Color se assemelha muito ao método de correção de cor em fotografia que encontramos no Lightroom, ou no plug-in Camera Raw, do Photoshop. Isso porque ele se baseia na estrutura básica da imagem para proporcionar ao colorista a maneira mais fluida e natural de correção de cor.

3. Abra a opção *Basic Correction*.

4. Altere o valor *Temperature* para *5*, o que deixará a imagem mais quente, e o valor *Tint* para *10*, o que deixará a imagem mais magenta, menos verde.

5. Ative e desative o botão *fx* ao lado do nome do efeito Lumetri Color, no próprio painel *Effect Controls*, para desligá-lo e religá-lo. Dessa forma, você consegue comparar o antes e o depois do efeito e ver quanto a imagem deixou de estar esverdeada.

6. Mais abaixo, na lista de categorias do efeito, localize e abra a opção *Color Wheels*. Ela dá acesso à coloração da imagem de forma isolada nas áreas de sombras, meio-tom e brilho. Nós queremos ainda remover um pouco de verde nas áreas de brilho, mais iluminadas da cena.

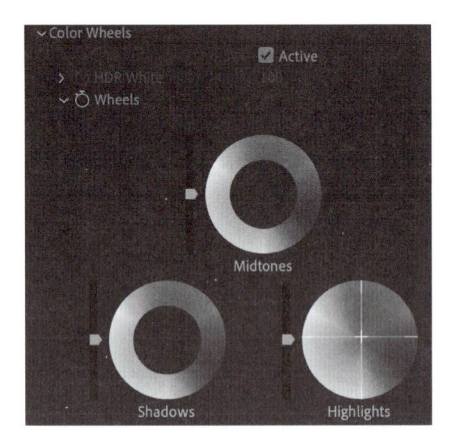

7. Coloque o mouse no centro do disco cromático, chamado Highlights, e arraste a mira que aparecerá para o lado oposto ao dos tons de verde, ou seja, para o lado dos tons avermelhados. A correção de cor é sempre um jogo de equilíbrio entre as tonalidades presentes na imagem. Compare novamente o antes e o depois ligando e desligando o botão *fx* ao lado do nome do efeito.

A essa altura, para poder avaliar o resultado do trabalho feito, é preciso ter algo por trás da apresentadora. Uma animação, outro vídeo, qualquer imagem que sirva de fundo para o que ela esteja explicando.

8. Importe o arquivo *dog-wind.mp4* e arraste-o para a timeline, colocando-o logo abaixo do vídeo recortado. Ele será a camada 3.

9. Abra a opção *Transform* dessa nova camada na timeline, altere o valor de *Scale* para *75%* e o valor X de *Position* para *560*.

Ao apertar a barra de espaço para assistir à composição, você notará que a apresentadora está sobreposta ao vídeo, e o fundo verde, completamente transparente, exatamente como queríamos. No entanto, a apresentadora está muito no centro da tela e cobrindo a imagem do cachorro. Pelo fato de termos eliminado o fundo verde e recortado a imagem dela com máscara, podemos deslocá-la um pouco para a direita.

10. Selecione a camada com o vídeo da apresentadora na timeline e, depois, clique com a ferramenta *Selection* (V) sobre a imagem da apresentadora no painel *Composition* e comece a arrastá-la para a direita. Tão logo comece a fazer isso, segure a tecla Shift para garantir que a imagem seja arrastada em linha reta. Leve-a o suficiente à direita, sem a cortar para fora da tela.

Os modos de transparência (Blend Modes) e como usá-los

Há muitas formas de combinar diferentes imagens e uni-las por meio de suas transparências. Essas formas, existentes em todos os softwares da Adobe, são conhecidas por Blend Modes. Cada modo selecionado fará com que a imagem de cima interaja com a de baixo pelo processamento de alguma de suas características, como sobra, brilho, meio-tom, cor, etc.

Neste exercício, temos poucos elementos para trabalhar com Blend Modes e voltaremos a falar disso mais adiante, mas o cubo que aqui representa o logotipo é um bom candidato ao uso de um Blend Mode específico, o *Soft Light*.

1. Na timeline, clique com o botão direito do mouse sobre a camada 1, do cubo, e acesse o menu *Blend Modes*.

2. Selecione a opção *Soft Light*. Isso fará o cubo se fundir com o fundo por meio do processamento de suas tonalidades, tanto nas áreas de sombra quanto nas áreas de brilho, pelo escurecimento e/ou clareamento de suas áreas em decorrência da luminosidade da imagem logo abaixo dele.

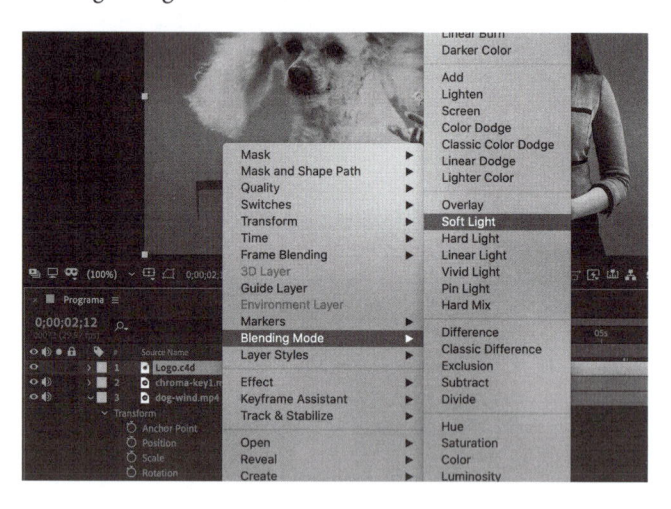

Todos os processos de Blend Modes podem parecer complexos no início, e leva tempo até você compreendê-los e se acostumar com os resultados obtidos a cada Blend Mode selecionado. Faça teste com todos eles e veja o que muda. Trabalhe com imagens diversas sobrepostas (você pode fazer isso no Photoshop também, se preferir) e veja como cores e luminosidades diferentes se comportam de maneiras extremamente distintas nessas sobreposições.

No caso da nossa animação, como o cubo é vermelho e o fundo roda, ele ficará levemente mais fraco, mais apagado. E isso é geralmente o que acontece na sobreposição de logotipos sobre filmes e programas de TV. Normalmente, os logotipos são criados com tons de cinza para que possam ser sobrepostos com o Blend Mode *Soft Light* e ficar transparentes, sem prejudicar nem cobrir a imagem atrás deles e, ainda assim, ser perfeitamente visíveis.

Camadas de ajustes, transparências e efeitos gerais

Para podermos concluir este exercício e fazer uma correção de cor, luz e sombra geral, precisaremos manipular todas as imagens que estão sobrepostas ao mesmo tempo. Essa técnica é muito comum para que, ao realizar uma correção geral, os pixels de todas as imagens se unam e respondam em conjunto a um mesmo processo, a uma mesma definição de ajuste, seja ela de cor, seja de contraste, por exemplo.

Tanto o Photoshop quanto o After Effects e até o Premiere Pro possuem um recurso chamado Adjustment Layer (camada de ajuste). Esse recurso nada mais é do que uma camada transparente que pode ser colocada sobre outras. Ao aplicarmos efeitos sobre ela, o resultado é visto em todas as camadas que estão abaixo dela.

No caso da nossa composição, temos três camadas sobrepostas com imagem visível graças à transparência de cada uma delas. Ou seja, podemos ver tanto o cubo quanto a apresentadora e o cachorro ao mesmo tempo, cada qual em sua camada, mas todos compondo o mesmo quadro, a mesma cena.

Vamos imaginar que queremos fazer um ajuste de contraste em toda a imagem, ou até de coloração (sem exageros). Em vez de aplicar efeitos em cada uma das camadas, é muito mais rápido e eficiente criar uma camada de ajuste a aplicar os efeitos desejados apenas nela. É isso que você vai fazer agora.

CRIANDO CAMADAS DE AJUSTE

Para criar uma camada de ajuste e definir onde colocá-la, execute as etapas a seguir.

1. Clique na timeline para deixá-la ativa.

2. Vá ao menu *Layer*, no topo da interface, e selecione a opção *New > Adjustment Layer*.

3. A nova camada será criada e automaticamente colocada no topo da timeline, sobre as outras camadas. Neste caso, você a manterá ali mesmo, pois queremos que as correções ocorram em todas as demais camadas, que já estão abaixo da nova camada de ajuste.

4. Acesse o painel *Effects*, procure pelo efeito Lumetri Color, selecione-o e arraste-o para a camada de ajuste na timeline.

5. O painel *Effects Controls* será automaticamente atualizado e passará a mostrar as opções do efeito Lumetri Color. Localize e abra a seção *Curves*.

6. Clique sobre a linha do gráfico, na parte superior direita, e arraste a linha um pouco para cima. Faça o mesmo na parte inferior esquerda, mas arraste um pouco para baixo. Isso aumentará o contraste da imagem, uma vez que você intensificará os brilhos e escurecerá as sombras. O mais importante aqui é notar como essa alteração afeta toda a composição, e não apenas uma ou outra imagem especificamente. Isso acontece porque o efeito está na camada de ajuste.

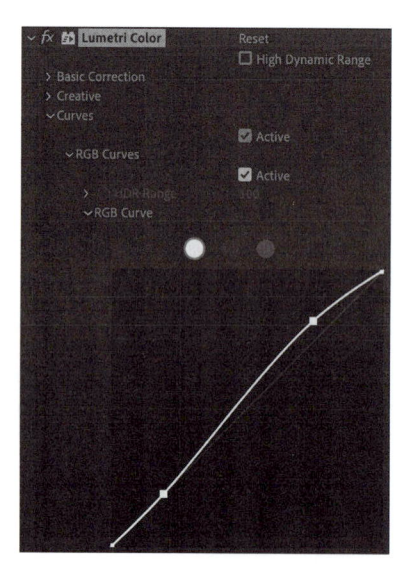

7. Volte para a seção *Basic Correction*, no topo, e altere os valores *Temperature* para *10*; *Highlights*, para *-30*, e *Saturation*, para *95*.

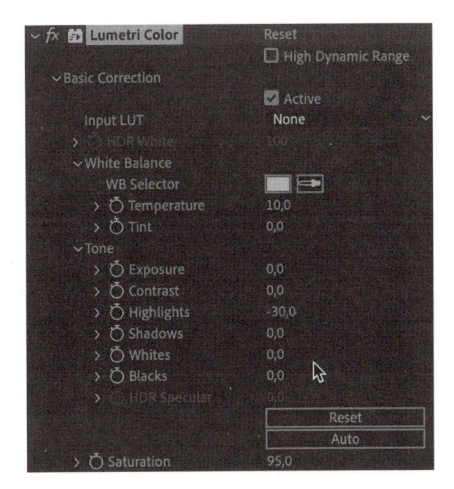

8. Acesse a seção *Creative* e altere os valores *Look* para *CineSpace*; *Intensity*, para *15*, e *Sharpen*, para *10*.

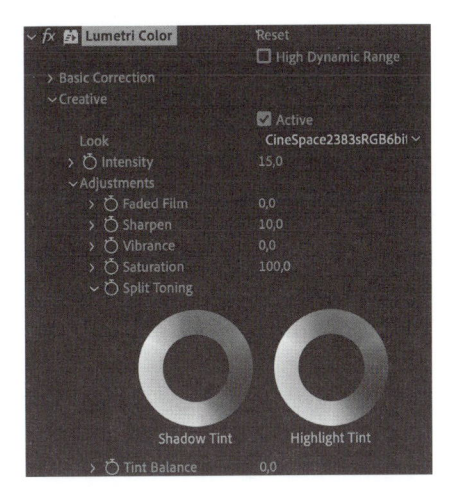

Independentemente de você realizar cada ajuste com os valores indicados anteriormente, o mais importante é você notar como todas essas alterações afetam todas as imagens que estão abaixo da camada de ajuste. Pense nela como uma das maneiras de corrigir diversos clipes ao mesmo tempo. Esse é o poder das camadas de ajuste: possibilitar correções ou alterações conjuntas.

⊡ Exercício

Experimente todas essas possibilidades criativas que você aprendeu neste capítulo. Na pasta *C06 - Transparência e Chroma Key*, você encontrará outro vídeo com fundo verde para praticar. Importe esse vídeo para um novo projeto, carregue outra imagem e coloque atrás, para servir como fundo, e refaça o passo a passo de criação de máscara e aplicação do efeito Keylight. Quanto mais você praticar e aprender a interpretar a máscara em preto e branco, melhor será o resultado de seus recortes, seja no After Effects em vídeo, seja no Photoshop em fotografia. Os conceitos são os mesmos, e somente a prática fará você dominar máscaras e recortes.

Anotações

7

Cenas 3D e o espaço tridimensional

OBJETIVOS

» Configurar as camadas de uma cena 3D

» Mover imagens e construir uma cena com profundidade de campo

» Aprender a trabalhar com a câmera do After Effects

» Trabalhar com luzes e sombras na ambientação 3D

Nem tudo o que a gente pode criar em 3D se resume a imagens renderizadas tridimensionalmente, como as modelagens que se costumam fazer em softwares como o Cinema 4D, o Maya ou o 3ds Max. No universo de Motion Graphics, é muito comum que precisemos criar animações que se beneficiem do espaço tridimensional, mesmo que as imagens (fotos ou desenhos) da animação sejam 100% bidimensionais. É por isso que um fluxo de animação muito comum seja a ilustração feita no Adobe Illustrator ganhar vida no After Effects.

Se você olhar atentamente para a timeline do After Effects, notará que cada camada possui, entre as opções de switches (caixas para ligar e desligar recursos), uma opção chamada *3D Layer*. Ela é usada justamente para fazer o After Effects ativar a possibilidade de uso da referida camada no espaço tridimensional da composição. Na prática, o que ocorrerá é que, com essa opção ativada, a camada passará a ter um terceiro eixo, o eixo Z. Por meio dele, você poderá definir a posição de qualquer camada em relação à profundidade (da frente para o fundo e vice-versa), além de poder alterar tanto a rotação quanto a orientação das camadas ao redor dos eixos X, Y e Z (em vez de usar apenas um ângulo de rotação). Neste capítulo, vamos explorar as possibilidades 3D do After Effects.

Exercícios

Começando a trabalhar com três dimensões

Você trabalhará no *Projeto 7 - Inicio.aep*, dentro da pasta *C07 - Cenas 3D*. Abra-o com um duplo clique no Finder (macOS) ou no Windows Explorer (Windows), ou por meio do comando *File > Open* no After Effects. Caso seja necessário, relink o arquivo *Hello-Summer.ai* a ele. Esse arquivo é uma ilustração que foi preparada previamente no Adobe Illustrator e organizada em camadas de acordo com a separação desejada entre todos os elementos da cena, para que fosse possível animá-los de forma independente. Esse é um processo bastante similar ao da animação de cenário, que já vimos anteriormente.

Se quiser investigar melhor o arquivo *HelloSummer.ai*, fique à vontade para abri-lo no Illustrator. Porém, para este exercício, ele já estará importado, com a composição configurada, no arquivo do projeto mencionado acima.

Antes de prosseguir, note que a opção *Continuously Rasterize* já está ativa para todas as camadas dessa composição. Isso faz com que a arte vetorial do Adobe Illustrator se mantenha atualizada o tempo todo, para que todo o desenho tenha a alta qualidade esperada do vetor, mesmo que você altere a escala das camadas. Essa opção se torna extremamente importante em projetos de espaço 3D no After Effects, pois, mesmo que você não altere a escala das camadas, mas crie câmeras e faça movimentos de aproximação com elas, a qualidade dos desenhos não será prejudicada. Mas atenção, porque esse comando só funciona dessa maneira em camadas de arquivos vetoriais importados do Adobe Illustrator.

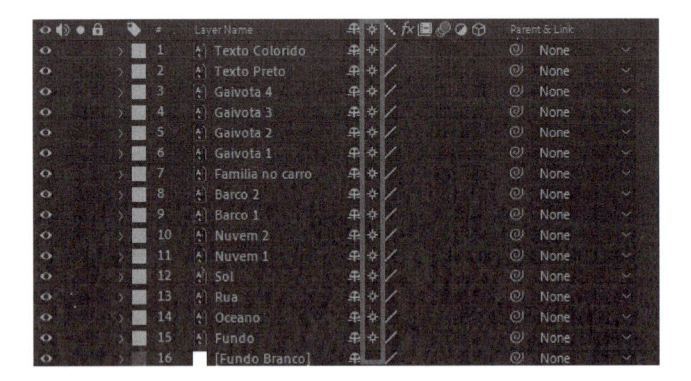

Como configurar as camadas para criar uma cena 3D

O processo de configuração das camadas para estruturar a cena 3D é relativamente simples. E, uma vez configuradas, diversas opções passam a ficar disponíveis e/ou visíveis, tanto na timeline como na janela da composição.

1. Comece dando um duplo clique na composição *HelloSummer* (na janela do projeto) caso ainda não tenha feito isso, para abrir tanto a timeline como a visualização dessa composição.

2. Na região *Switches* da timeline, ative a caixa *Layer 3D* de todas as camadas, inclusive a da camada *Fundo Branco*.

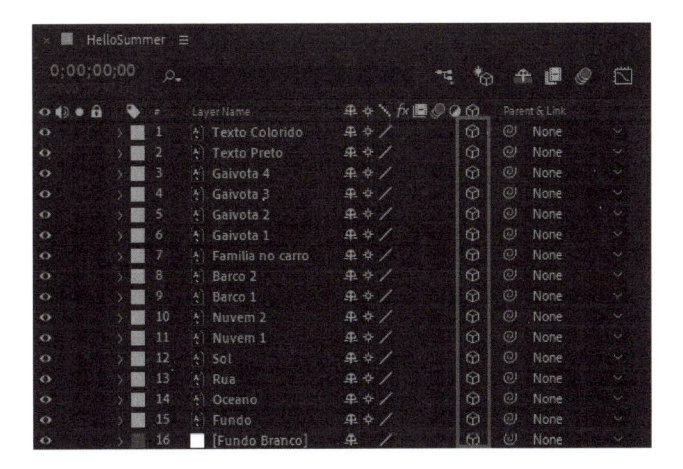

Se você não tiver camada alguma selecionada, pode parecer que, por enquanto, nada mudou. Mas basta selecionar uma das camadas – por exemplo, a *Sol*, de número 12 – para perceber que, sobre a imagem do sol na janela da composição, aparecerá um gizmo de transformação 3D (aprimorado na versão 17.5 do After Effects, lançada em outubro de 2020).

Ainda com a camada do sol selecionada, aproveite para abri-la na timeline, clicando na seta ao lado esquerdo do seu número. Isso revelará os parâmetros de configuração, e a partir de agora, além de *Transform*, haverá as opções *Geometry Options* e *Material Options*, cada qual repleta de configurações específicas para as camadas 3D e seu comportamento no espaço tridimensional.

Os parâmetros da terceira dimensão

Quando começamos a trabalhar com qualquer software 3D, logo temos de nos acostumar a lidar com mais do que apenas duas dimensões, que se resumem a esquerda/direita (eixo X) e para cima/para baixo (eixo Y). No After Effects, não é diferente. Ao ativar a chave 3D para as camadas na timeline, automaticamente passamos a poder configurar sua profundidade (eixo Z), o que nos permite navegar com os elementos para a frente e para trás.

Ao investigar os parâmetros na timeline, você notará algumas diferenças em alguns deles:

- o parâmetro *Anchor Point* passará a mostrar três opções numéricas, e não apenas duas. Essas opções representam, respectivamente, os valores para os eixos X, Y e Z;

- o parâmetro *Position*, assim como o *Anchor Point*, passará a ter três valores configuráveis para os eixos X, Y e Z, sempre nessa ordem;

- o parâmetro *Scale* passará a permitir o redimensionamento em qualquer um dos mesmos três eixos: X (horizontal), Y (vertical) e Z (profundidade);

- o parâmetro *Rotation* deixará de ter apenas dois valores em linha, originalmente número de revoluções (voltas completas) e ângulo (orientação), e passará a ter uma linha dedicada, *Orientation*, para ajuste da orientação da imagem da camada em qualquer eixo (X, Y ou Z), e outras três linhas, dedicadas à rotação da imagem da camada: *Rotation X*, *Rotation Y* e *Rotation Z*, respectivamente.

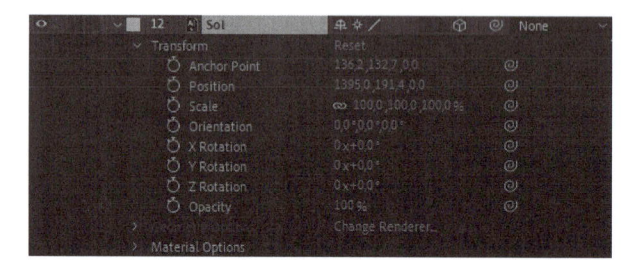

Visualizando diversos ângulos da cena pelo painel da composição

É também comum que, ao trabalhar em três dimensões, precisemos entender a cena que está sendo construída por diversos ângulos. Na verdade, poder acessar visualizações por pontos de vista distintos nos possibilita entender melhor os movimentos pretendidos e construir uma animação com mais segurança, explorando o espaço de maneira consciente e segura.

Na barra inferior do painel *Composition*, há duas opções voltadas especificamente para essa finalidade: *3D View Popup* e *Select View layout*. Elas ficam uma ao lado da outra e, na maioria das vezes, são utlizadas em combinação. Vamos entender como elas funcionam, adicionando a essa opção as ferramentas específicas de câmera, uma vez que a possibilidade de múltiplas visualizações nada mais é do que a simulação do ponto de vista de uma câmera padrão, como se a cena estivesse sendo filmada.

Primeiro, vamos apenas selecionar opções diferentes sem mexer em nenhum parâmetro nem usar as ferramentas mencionadas. É importante você entender a diferença entre cada visualização e como se beneficiar dela.

Na base do painel *Composition*, no menu *3D View Popup*, em que agora é possível ler *Active Camera*, você deve clicar e alternar para as opções *Custom View 1*, *Custom View 2* e *Custom View 3*.

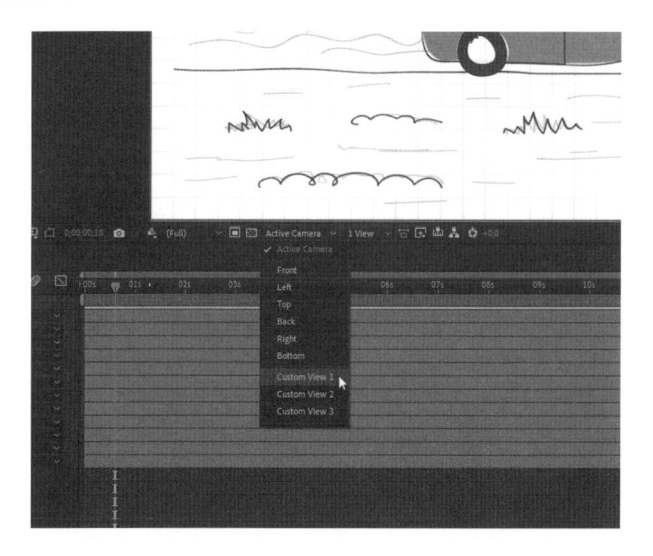

Observe, a seguir, *Custom View 1*, *Custom View 2* e *Custom View 3*.

Perceba que em cada visualização é possível entender a cena por ângulos distintos, e isso será de fundamental importância para a construção desse espaço tridimensional.

Você deve ter percebido que esse menu traz ainda estas outras opções: *Front* (de frente), *Left* (pela esquerda), *Top* (por cima), *Back* (por trás), *Right* (pela direita) e *Bottom* (por baixo). Aqui, veja que optei por mais do que apenas a tradução literal dos comandos, para você entender que cada uma das opções lhe permite visualizar sua cena por um ângulo diferente. Nós usaremos desse artifício para conseguirmos construir a cena e definir a distância entre cada uma das camadas (profundidade), antes de a animarmos de fato.

As ferramentas de câmera do After Effects, além de poderem ser usadas para de fato mover a câmera selecionada (quando criada na timeline), são extremamente úteis para analisar a cena de qualquer ângulo. É a opção que temos para ir além das três únicas opções de visualização personalizadas.

Como ainda não alteramos nada na cena, vale a pena você usar cada uma dessas ferramentas para entender seu funcionamento e se acostumar com o espaço tridimensional. Para isso, volte para a visualização tradicional, *Active Camera*, e execute as etapas a seguir.

1. Selecione a ferramenta *Orbit Around Cursor* clique com ela em qualquer lugar dentro da janela da composição (sobre a cena) e, segurando o botão do mouse, movimente-o. Essa ferramenta fará a cena girar ao redor do cursor do mouse, e por isso o ponto de clique é relevante neste caso.

No mesmo grupo de ferramentas, você também encontrará a *Orbit Around Scene*, para orbitar a cena como um todo, e *Orbit Around Camera POI*, para orbitar o ponto de interesse da câmera, que é seu foco principal.

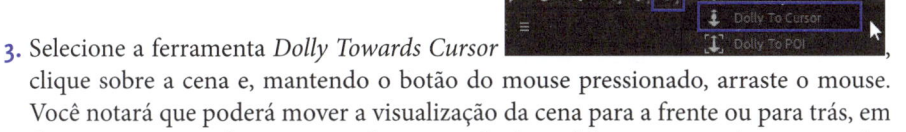

2. Selecione a ferramenta *Pan Under Cursor* clique sobre a cena e, com o botão do mouse pressionado, arraste a cena para qualquer lado. Aqui, novamente, o ponto de clique define o ponto a partir do qual você moverá a visualização da cena. No mesmo grupo, há também a ferramenta *Pan Center of Screen*, que sempre arrastará a cena a partir do centro da tela.

3. Selecione a ferramenta *Dolly Towards Cursor*, clique sobre a cena e, mantendo o botão do mouse pressionado, arraste o mouse. Você notará que poderá mover a visualização da cena para a frente ou para trás, em direção ao cursor do mouse. A direção poderá ser diferente se você usar uma das outras ferramentas do mesmo grupo: *Dolly To Cursor* ou *Dolly To POI*.

Veja, na imagem, um exemplo da visualização da cena alterada após o uso das três ferramentas indicadas na sequência acima.

A respeito das ferramentas *Orbit Around Cursor*, *Pan Under Cursor* e *Dolly Towards Cursor*, citadas anteriormente, vale ressaltar que as ferramentas de câmera do After Effects foram atualizadas e ganharam novos recursos na versão 17.5, lançada em outubro de 2020. Nas versões anteriores, haverá apenas três ferramentas de câmera, todas dentro do mesmo grupo, a saber: *Orbit Camera*, *Track XY* e *Track Z*.

Após explorar essas diferentes ferramentas, você pode retornar ao padrão da *Active Camera* redefinindo a visualização por meio do comando *View > Reset 3D View*. Faça isso para continuar daqui em diante e começarmos a configurar a cena e a posição de todos os seus elementos, antes de fazermos a animação baseada na câmera.

Entretanto, ainda antes de começarmos a reposicionar as camadas e construir a cena, vamos dar uma olhada na segunda opção no painel *Composition* para visualização, enquanto trabalhamos com o espaço tridimensional.

1. Ao lado do menu *3D View Popup*, no qual agora deve estar selecionada *Active Camera*, há o menu *Select View layout*. Clique nele e você verá diversas opções, como *1 View*, *2 Views* e *4 Views*, com diversas variações para cada uma delas. É aqui que a visualização da cena pode ser alterada, a fim de que seja possível entender o que está sendo construído a partir de diversos ângulos ao mesmo tempo.

2. No menu *Select View Layout*, selecione a opção *4 Views*.

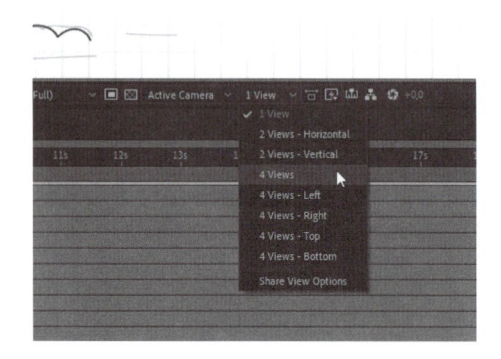

Isso fará com que o painel *Composition* seja dividido em quatro. Em cada quadrante, será possível configurar um ângulo de visualização diferente.

A imagem abaixo mostra a distribuição padrão das visualizações no painel *Composition* quando a opção *4 Views* está habilitada.

No topo superior esquerdo de cada quadrante haverá um título, indicando qual visualização está selecionada para ele. Da esquerda para a direita, por padrão, temos as visualizações *Top*, *Active Camera*, *Front* e *Right*.

Note que, em um dos quadrantes, há setas em cada canto que servem para indicar o quadrante ativo, selecionado. Isso quer dizer que é nesse quadrante que a pré-visualização da sua animação rodará quando você apertar a barra de espaço. Mas também indica o quadrante a ser configurado, para que seja possível mudar o ângulo de visualização selecionado.

Vamos alterar o ângulo de visualização do último quadrante, do canto inferior direito. Para isso, execute as etapas a seguir.

1. Clique sobre o último quadrante, que agora mostra o ângulo de visualização *Right*. Os cantos azuis passarão a aparecer nele.

2. Clique com o botão direito do mouse sobre ele. No menu de contexto que aparecer, selecione *Switch 3D View* e escolha a opção *Custom View 3*. Caso você tenha alterado essa visualização utilizando as ferramentas de câmera previamente, retorne-a para o padrão executando o comando *Reset 3D View*, a partir do menu superior *View*. Note que, na barra inferior do painel *Composition*, a opção mostrada no menu *3D View Popup* refere-se ao quadrante ativo.

Como mover as imagens no plano tridimensional e construir uma cena com profundidade

Agora que você já tem o painel *Composition* preparado, podemos começar a estruturar a cena. A ideia principal é não apenas distanciar os elementos, reposicionando-os em relação ao eixo de profundidade (Z), como também criar um pouco de movimento para alguns deles no eixo horizontal (X) e no vertical (Y), além da rotação onde possível.

Seguiremos trabalhando camada por camada, e por esse motivo a estrutura do arquivo de Adobe Illustrator é importantíssima, pois é ela que nos permite ter cada elemento da cena separado para animação independente.

1. Selecione a camada *Fundo Branco* na timeline. Isso ativará, no painel *Composition*, em todos os quadrantes, a visualização do gizmo 3D, recurso utilizado em qualquer software 3D para posicionar ou rotacionar as imagens no espaço.

A imagem abaixo mostra o gizmo 3D aparente nos quatro quadrantes de visualização da composição.

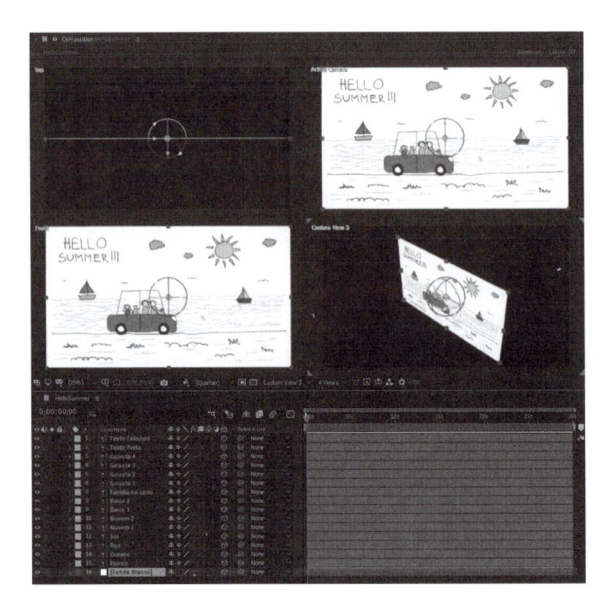

2. Na barra de ferramentas, certifique-se de estar com a ferramenta de seleção ativa (V) e, à direita, confirme que é a opção *Position* (ou *Universal*) que está ativada.

 A barra de ferramentas apresenta essas opções para a ferramenta de seleção apenas na versão 17.5 do After Effects ou superior. Nas versões anteriores, basta ativar a ferramenta de seleção para poder mover a imagem conforme explicado a seguir, pois antes da versão 17.5 não existia esse gizmo avançado para elementos 3D.

A imagem abaixo apresenta a ferramenta de seleção e sua opção *Position* ativadas na barra de ferramentas.

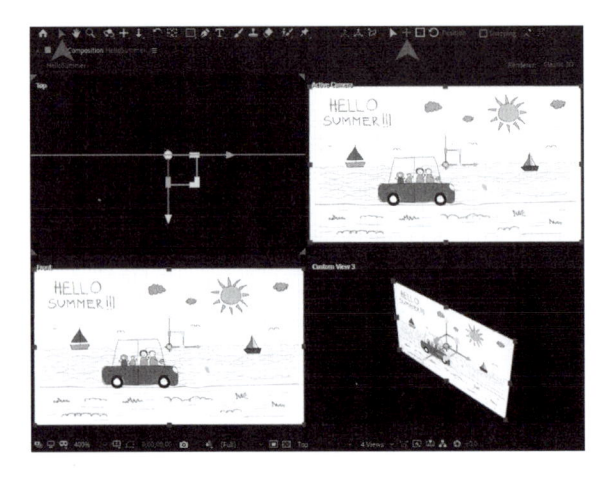

3. Com o mouse sobre a visualização *Top* no painel *Composition*, role o botão do meio para distanciar a visualização e ter mais espaço vazio ao redor para trabalhar.

4. Usando a ferramenta de seleção, coloque o mouse sobre o gizmo na visualização *Top* e procure posicioná-lo sobre a seta azul, até que apareça ao lado do cursor do mouse a letra Z, indicando que, ao mover, você estará redefinindo o valor do parâmetro de posição Z. Clique e arraste para cima.

O fundo branco foi levado para trás, distanciando-se dos demais elementos da cena.

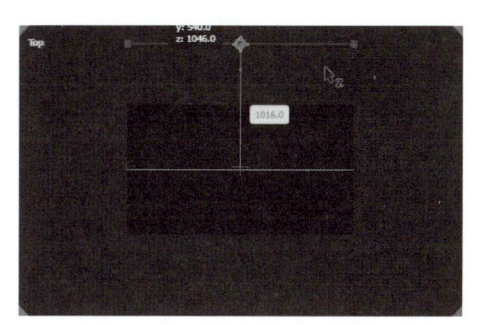

É possível ver a alteração acontecendo em todos os ângulos de visualização ao mesmo tempo, daí a vantagem de trabalhar com o modo *4 Views* no painel *Composition*.

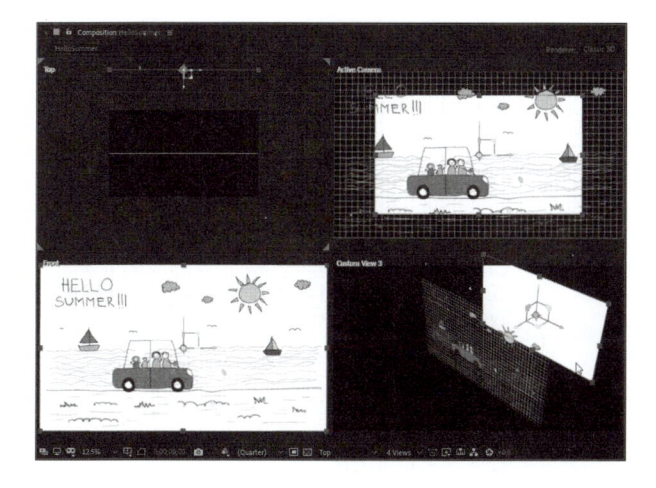

5. Continue fazendo o mesmo com as demais camadas, posicionando cada uma em uma profundidade diferente e tentando estabelecer uma distância razoável entre cada elemento. O foco é fazer com que o sol, as nuvens, as gaivotas, o mar e os barcos estejam mais para o fundo, e a rua com o carro da família esteja mais à frente, mais perto de quem assiste à animação. Você também pode posicionar o mouse sobre a seta vermelha (eixo X), caso queira colocar os elementos do cenário mais para a direita ou para a esquerda.

A imagem abaixo é um exemplo de como a cena ficou depois que a distância entre os elementos foi alterada conforme as instruções.

Repare na imagem: na visualização *Active Camera*, que representa o resultado final, nem todos os elementos estão visíveis, tampouco o fundo cobre de fato todo o fundo. Vamos corrigir o fundo, bem como algumas outras camadas, alterando sua escala diretamente na timeline.

1. Selecione as duas camadas do fundo na timeline, pressione a tecla S (para revelar o parâmetro *Scale*) e aumente o valor de escala até o fundo cobrir toda a área na visualização *Active Camera*.

2. Selecione a camada *Oceano*, pressione a tecla S e aumente sua escala até que as ondas encostem nas laterais, tomando como base a visualização *Active Camera*.

3. Faça o mesmo nas camadas dos barcos e procure trabalhar com valores de escalas diferentes, para não perder a percepção de profundidade. O importante aqui é que os barcos, por causa de seu tamanho inclusive, pareçam estar mais distantes do que o carro com a família.

Aproveite para explorar as possibilidades mexendo nas demais camadas, inclusive do sol, das nuvens e das gaivotas. Você pode, ainda, usar a ferramenta *Position* com a opção *Universal* ativada. Isso permite não só mover as imagens pelo gizmo 3D como também redimensionar ou rotacionar diretamente no painel *Composition*.

A imagem abaixo mostra a ferramenta *Position* com a opção *Universal* ativada.

Lembre-se de que você pode usar, na visualização *Custom View 3*, as ferramentas de câmera para rotacionar a visualização, por exemplo, e observar a cena por outros ângulos enquanto a compõe.

Veja, na imagem, a *Custom View 3* modificada com as ferramentas *Orbit*, *Pan* e *Dolly*.

No exemplo mostrado a seguir, o parâmetro *Scale* de diversas camadas foi alterado para ajustar o tamanho das imagens, sem alterar seu distanciamento estabelecido pelo eixo Z no espaço tridimensional.

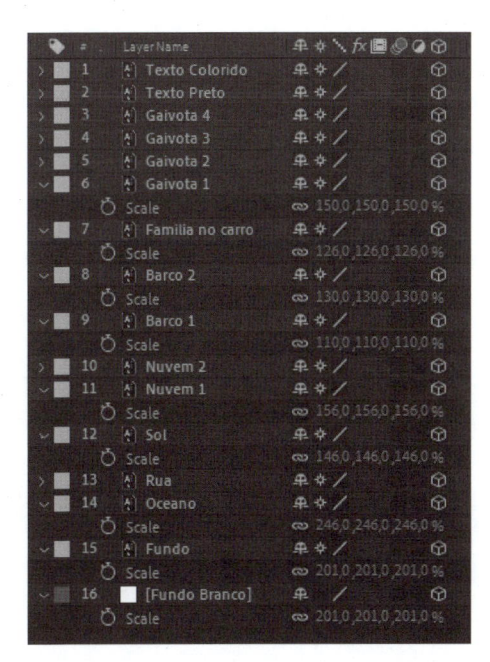

A câmera e seu papel nas cenas tridimensionais

A câmera nas cenas com espaço tridimensional desempenha um papel fundamental na animação, pois é ela que determina a percepção natural da distância entre os objetos, cria o campo de profundidade e gera o efeito paralaxe.

Por padrão, o que vemos como resultado das animações que criamos no After Effects é resultado de uma câmera padrão. É como se houvesse uma câmera filmando nossa cena o tempo todo, frontalmente. Para explorar ao máximo as possibilidades da câmera, é preciso destravar esse padrão adicionando suas próprias câmeras à timeline. Entretanto, as câmeras só agem sobre as camadas que estão com a opção *3D Layer* ativada. Qualquer camada com essa opção desativada não será filmada pelas câmeras que você adicionar à timeline e permanecerão ao fundo, sem responder aos movimentos que você criar.

COMO CRIAR E CONFIGURAR UMA CÂMERA?

Podemos afirmar que as câmeras no After Effects consistem em mais um tipo de camada. É possível criá-las a partir do menu *Layer*, pela opção *New > Camera*.

A janela de configuração da câmera traz diversas opções de personalização, mas um menu com predefinições auxilia na seleção de câmeras de acordo com sua lente. Estão no menu opções como *15 mm*, *35 mm*, *50 mm* e *135 mm*, entre outras. Se você já trabalha com filme ou fotografia, já deve entender a diferença entre as milimetragens. Se não, basta saber que, quanto menor a milimetragem, maior a abertura angular da lente. Isso faz uma lente de 15 mm ser grande-angular (captura uma área horizontal ampla) e uma lente de 200 mm ser teleobjetiva (captura uma área horizontal estreita). Em fotografia, é muito comum o uso de lentes teleobjetivas para, mesmo de longe, capturar imagens próximas do motivo fotografado. São consideradas lentes de aproximação (zoom). Já as lentes grande-angulares costumam ser utilizadas em ambientes fechados, por sua capacidade de ampla captura mesmo estando muito próximas do motivo.

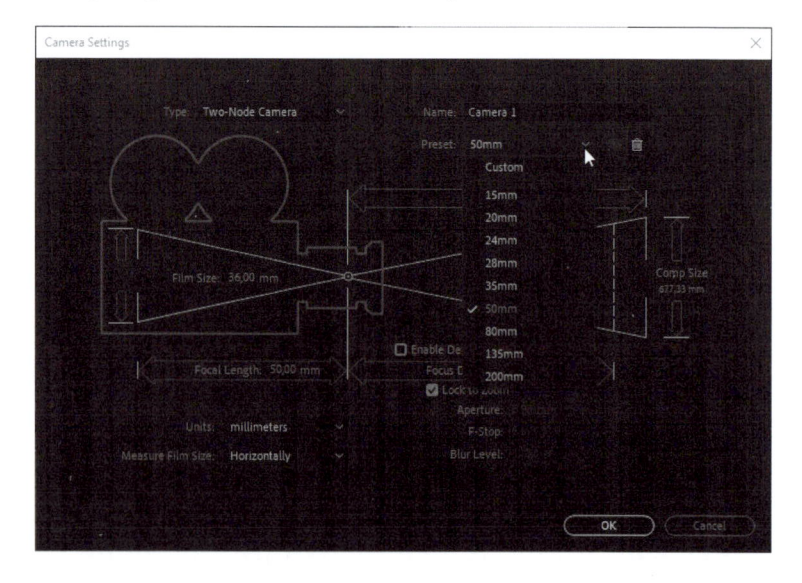

Para seguir adiante, você deverá selecionar a lente de 35 mm e ativar a opção *Enable Depth of Field*. Essa opção permitirá que o After Effects simule o campo de profundidade e deixe o que estiver distante da lente da câmera mais desfocado, e o que estiver mais próximo, mais nítido.

Com a câmera criada, ela será adicionada à timeline e ficará por cima de todas as demais camadas. Note que a aproximação da cena na visualização *Active Camera* muda, pois essa lente de 35 mm difere da padrão do After Effects. Talvez seja necessário aumentar mais a escala do fundo para que ele preencha toda a tela. Aproveite para aumentar bastante, pois qualquer distanciamento que façamos com a câmera vai voltar a revelar a falta de imagem do fundo, caso ela não seja suficiente para cobri-lo todo.

No painel *Composition*, modifique a opção de layout de visualização para *2 Views - Horizontal*. Isso manterá a visualização *Top* à esquerda, e *Active Camera*, à direita, suficientes para fazermos a animação principal da câmera. Note que a câmera, na visualização *Top*, é representada por um cone com um retângulo em sua base. E é pela base que normalmente podemos movimentar a câmera, caso não queiramos utilizar as ferramentas de câmera para essa finalidade.

 Exercícios

Como fazer a animação da câmera

Agora você vai animar a câmera, para que ela se mova paralelamente à cena, da direita para a esquerda. Caso prefira trabalhar com o projeto estruturado, com o intuito de se concentrar na animação da câmera, você pode abrir o *Projeto 7 - Câmera.aep*, da pasta de arquivos do livro. Nele, você notará que o fundo foi duplicado e colocado ao lado do original, para ser mais amplo e possibilitar um movimento mais longínquo da câmera.

Para animar a câmera, execute os passos a seguir.

1. Selecione a camada *Camera 1* na timeline.

2. Na barra de ferramentas, selecione a ferramenta *Pan Under Cursor*.

3. Sobre a cena na visualização *Active Camera*, clique e segure o botão esquerdo do mouse, pressione a tecla Shift e arraste para a esquerda, até que a cena esteja quase toda no final. Você notará na visualização *Top*, ao lado, que o que se move é a câmera, não os elementos da cena.

O exemplo abaixo mostra novo enquadramento da cena, após movimento da câmera com a ferramenta *Pan Under Cursor*.

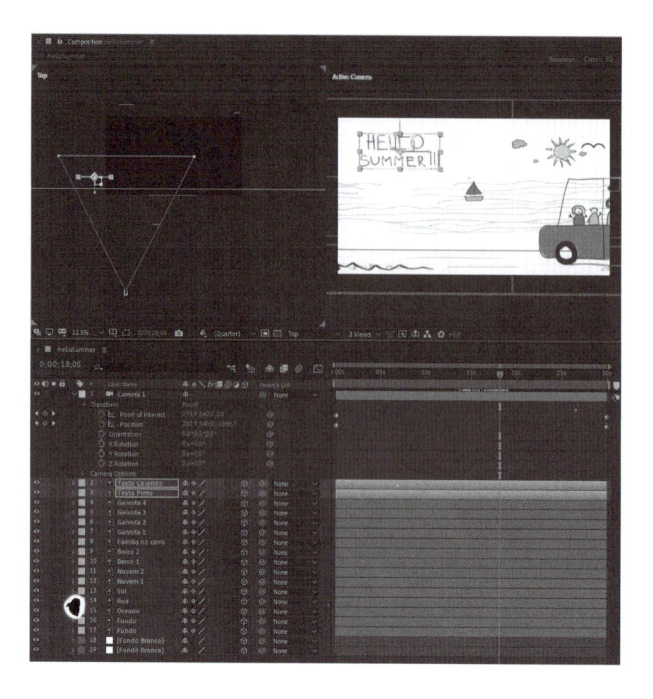

4. Na timeline, abra a camada da câmera, expanda a opção *Transform* e, com a agulha em 0 segundo (*0;00;00;00*), ative o cronômetro dos parâmetros *Point of Interest* e *Position*. Esses parâmetros são responsáveis pelo foco e pelo posicionamento da câmera, respectivamente. E, quando andam juntos, simulam o movimento conhecido como *travelling* do cinema.

5. Leve a agulha até o final da timeline.

6. Com a ferramenta *Pan Under Cursor*, arraste novamente a cena pela visualização *Active Camera*, mas agora para o lado oposto, até chegar ao final do cenário, na outra extremidade. Você notará que todos os elementos do cenários passarão pela tela.

7. Agora que a câmera já está em movimento, arraste a agulha e localize o momento em que o título da cena aparece. Caso ele esteja fora do enquadramento, utilize a ferramenta de seleção (V) com a opção *Position* ativada e reposicione-o através dos eixos X, Y e Z, conforme necessário.

8. Aperte a barra de espaço para assitir à animação. Perceba o efeito paralaxe que acontece automaticamente e compare com o cenário que você havia animado antes. Naquele caso, esse efeito natural não existia porque tínhamos animado a posição de cada camada separadamente para simular o movimento, mas não havíamos nos preocupado com a percepção natural que temos em decorrência da profundidade da cena e da distância entre seus elementos. Agora, mesmo sem ter se preocupado com isso, o resultado é perfeito porque a câmera do After Effects reconhece esse distanciamento e interpola a animação das imagens de acordo, fazendo aquelas mais próximas à câmera passarem mais rapidamente, enquanto as mais distantes passam de modo mais devagar.

As luzes e o jogo de sombras para ambientação 3D

Além da câmera, o After Effects nos permite criar luzes para iluminar os cenários de maneira mais realista, com sombras e transparências naturais e automáticas.

O processo de adição e animação de luz é bastante semelhante. Vamos ver como adicionar algumas luzes e determinar parâmetros como sombra, difusão e reflexão. E, para facilitar o entendimento, vamos criar uma composição nova e trabalhar com poucos elementos extraídos desse mesmo arquivo de Illustrator que usamos até agora.

1. Comece criando uma nova composição indo ao menu *Composition* e selecionando *New Composition*.

2. Nomeie a nova composição como *Luz e Sombra*.

3. Escolha a predefinição *HDTV 1080 24* e configure a duração para 10 segundos.

4. Clique em *OK*.

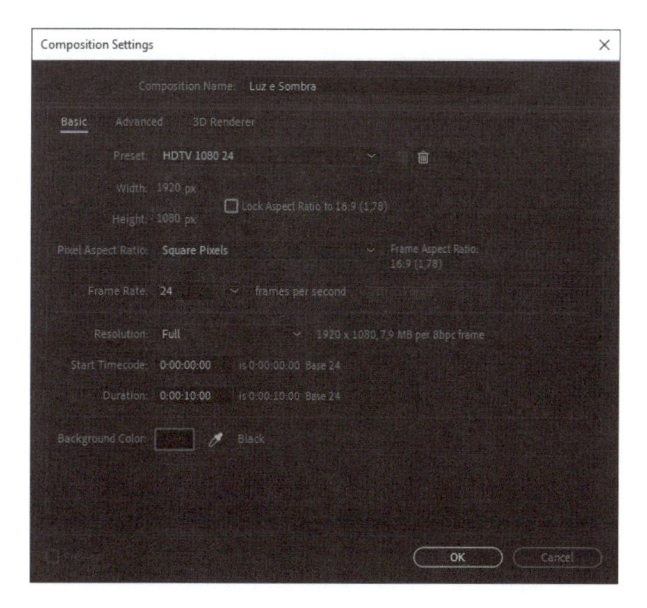

5. A partir do painel *Project*, abra a pasta *HelloSummer Layers* e arraste a imagem *TextoColorido* para a timeline.

6. Na timeline, ative as opções *Continuously Rasterize* e *3D Layer* para essa única camada.

7. Arraste a camada *Fundo Branco* do painel *Project* para a timeline, colocando-a abaixo da camada *TextoColorido*. Também ative a opção *3D Layer* para ela.

8. Clique na camada *TextoColorido*, pressione a tecla S para revelar o parâmetro *Scale* e altere a escala para *200%*.

9. Retorne o painel *Composition* para a opção *1 View*, no menu *Select View Layout*, e certifique-se de estar com a visualização *Active Camera* selecionada.

10. Para que a luz possa, além de iluminar a cena, criar sombra do texto no fundo, é preciso distanciar um do outro.

11. Selecione a camada *TextoColorido* e pressione a tecla P para visualizar o parâmetro *Position*.

12. Clique sobre o terceiro valor de *Position* (Z) e, com o botão do mouse pressionado, arraste para a esquerda (ou, simplesmente, clique e digite *-700* no eixo Z).

Alterar os valores diretamente na timeline é uma opção para não precisar a todo momento utilizar o gizmo 3D ou as visualizações distintas do painel *Composition*. Você notará que, com o tempo, essa será a forma mais rápida de fazer tais alterações.

COMO ADICIONAR LUZES NA CENA E CONFIGURÁ-LAS

Para adicionar a primeira luz, execute os passos a seguir.

1. Acesse o menu *Layer* e selecione a opção *New > Light*.

2. Na janela de configuração da luz, selecione *Ambient* no menu *Type*.

3. Altere o valor *Intensity* para *50%*.

4. Clique em *OK*.

Cada tipo de luz dá acesso a um certo número de configurações. A luz ambiente é como a luz do dia e ilumina toda a cena por igual, por isso sua única configuração é a intensidade. Alterá-la deixa a cena toda, em princípio, mais escura.

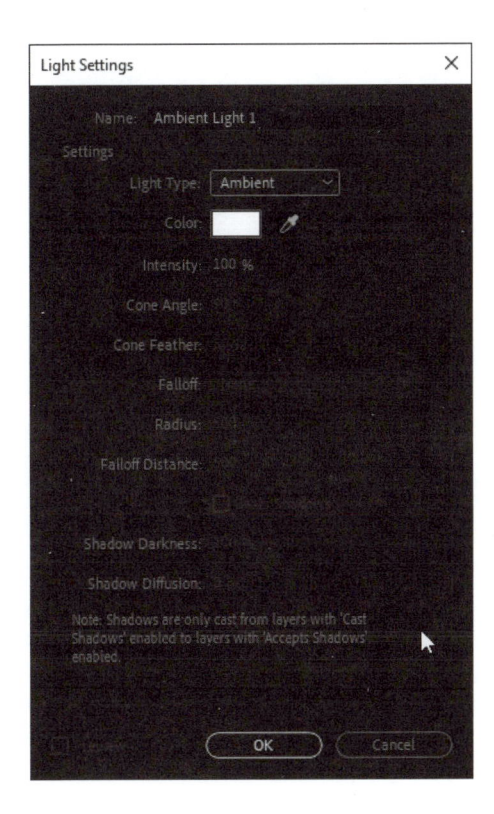

Para adicionar a segunda luz, os passos são estes, abaixo.

1. Acesse o menu *Layer* e selecione a opção *New > Light*.

2. Na janela de configuração da luz, selecione *Spot* no menu *Type*.

3. Altere o valor *Intensity* para *50%*.

4. Altere o valor *Cone Angle* para *135°*.

5. Ative a opção *Cast Shadows*.

6. Mantenha o valor *Shadow Darkness* em *100%*, para que a sombra seja 100% preta.

7. Mantenha o valor *Shadow Diffusion* em *0 px*, para que a sombra seja dura.

8. Clique em *OK*.

A luz *Spot* é representada por um cone circular, semelhante à câmera, com uma base. Se você alterar para a visão *Top* (ou qualquer outra), conseguirá ver melhor a estrutura da luz. Também será mais fácil movê-la, por exemplo, da direita para a esquerda, ou de cima para baixo.

Note que, mesmo tendo acionado a opção *Cast Shadows* ao criar a luz *Spot*, nenhuma sombra apareceu na cena. O que se esperava era ter a sombra do título no fundo, na parede branca. Mas por que ela não apareceu? A sombra é um parâmetro que precisa ser duplamente configurado, tanto na luz quanto no objeto/camada que irá emiti-la. Isso quer dizer que falta configurar a emissão de luz na própria camada. Vamos fazer isso e aproveitar para ver outras configurações possíveis.

9. Na timeline, expanda a camada *TextoColorido*.

10. Expanda também a opção *Material Options* dentro da camada, disponível pelo fato de a opção *3D Layer* ter sido ativada previamente.

11. Clique sobre o link *Off* do parâmetro *Cast Shadows*, a fim de mudá-lo para *On*. Isso ativará a emissão da sombra, e a partir de agora a sombra dessa camada começará a ser projetada no fundo.

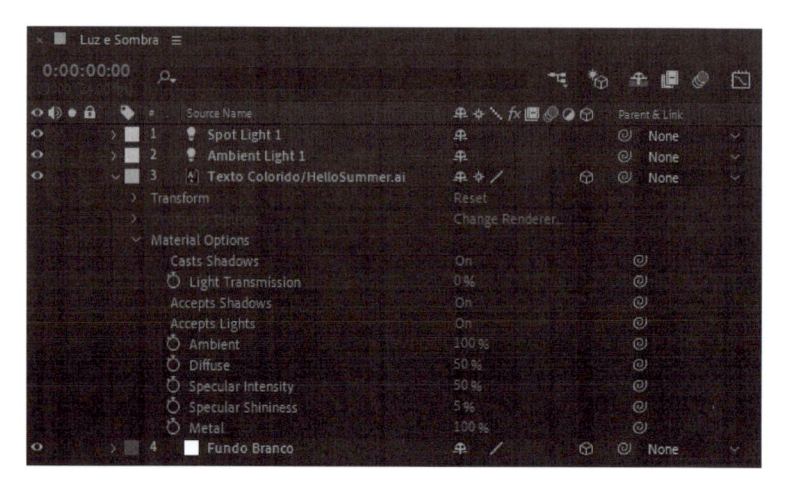

Se a sombra ainda não aparecer, será preciso investigar a distância entre os elementos da cena. Nesse caso, a melhor opção é mudar para a visualização *Top*. Faça isso no painel *Composition*.

Na imagem a seguir, a linha mais clara, abaixo da estrutura da luz, é a camada *TextoColorido*. Como a luz está à frente dela, não há sombra alguma sendo projetada. Para gerar sombra, a luz deve iluminar o objeto da cena (camada). Ou seja, na visualização *Top*, a luz precisa estar abaixo da camada *TextoColorido*.

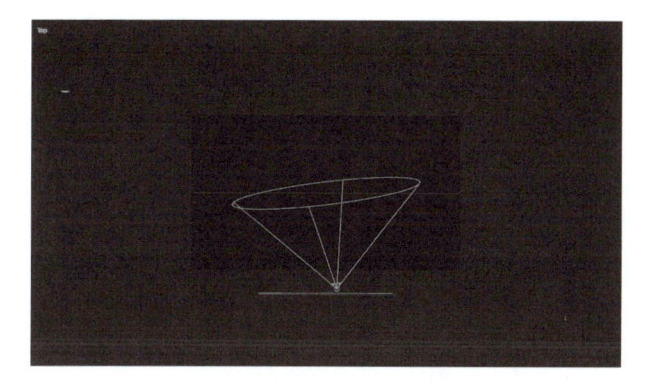

12. Para alterar a posição da luz, selecione-a na timeline e, com a ferramenta de seleção (V) e a opção *Position* dela ativa, clique sobre a seta azul da base da luz no gizmo que aparece sobre ela, no painel *Composition*, e arraste-a para baixo.

A imagem mostra a luz arrastada para baixo a partir do eixo Z, utilizando-se o gizmo de transformação.

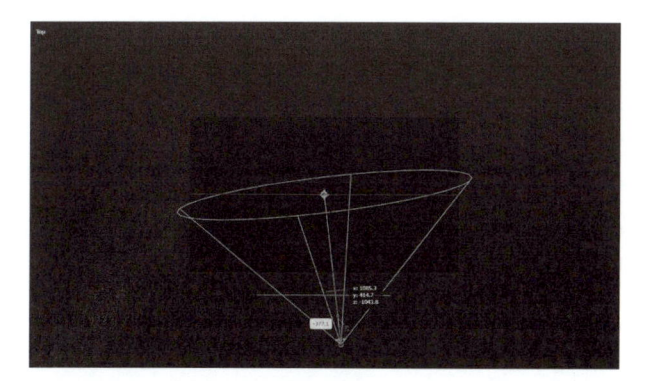

13. Retorne a visualização do painel *Composition* para *Active Camera*. Você já passará a ver a sombra projetada do título no fundo.

Como animar a luz na cena 3D

Embora não seja muito comum animar luzes, ainda assim é possível fazê-lo. Pensemos em um cenário que será filmado: é muito mais comum que a câmera e os objetos se movimentem e, em decorrência disso, a sombra também. Mas pode haver casos especiais em que mover a luz seja uma saída para atingir determinados resultados. Então, como se animam as luzes no After Effects?

Nem todas as luzes podem ser animadas, porém. Elas precisam ter uma estrutura visível no painel *Composition* para isso. As luzes que permitem movimentação são a *Spot* e a *Point*. A luz *Ambient*, por exemplo, não pode ser movida, pois ela ilumina tudo por igual, já que simula a luz do dia.

Para animar a luz *Spot* da nossa cena, execute os passos a seguir.

1. Mantenha a agulha da timeline na posição *0s*, para definir o início da timeline como início da animação.

2. Expanda a camada da luz *Spot* até localizar as opções *Point of Interest* e *Position*, dentro de *Transform* (exatamente como a câmera). É possível animar cada parâmetro de forma independente.

3. Ative o cronômetro dos parâmetros *Point of Interest* e *Position*, para determinar o foco e a posição inicial da luz, respectivamente.

4. Usando a ferramenta de seleção, coloque o mouse sobre a seta vermelha (eixo X) do gizmo na janela *Composition* e arraste a luz para a esquerda.

5. Arraste a mira conectada à luz, que é justamente o point of interest, ou seja, o foco, para a direita, deixando-a à direita do título.

6. Leve a agulha até o final da timeline.

7. Arraste a luz pelo eixo X para a direita.

8. Arraste a mira conectada à luz para a esquerda, deixando-a antes do título.

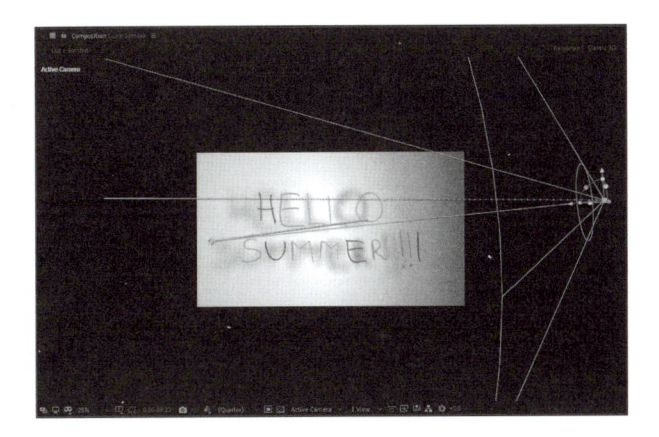

A qualidade da pré-visualização das animações 3D

Quaisquer animações que utilizam os recursos 3D do After Effects levam muito mais tempo para renderizar do que as animações comuns. Isso porque os processos e cálculos são muito mais complexos, pois expandimos o espaço para três dimensões.

Para conseguir assistir às suas animações em tempo real, você pode alterar a qualidade de pré-visualização na opção *Resolution* do painel *Preview*. As opções disponíveis vão até 1/4 de qualidade, e ainda é possível personalizar, caso seja necessário reduzir mais ainda.

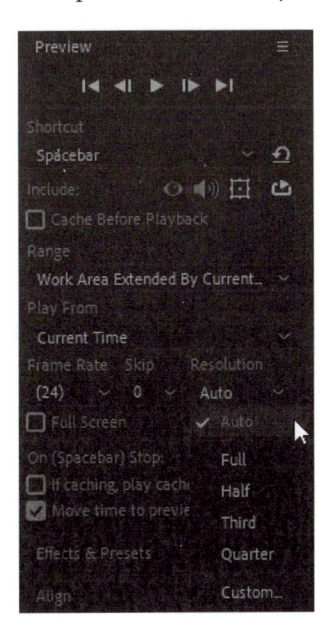

No entanto, para conseguir pré-visualizar o efeito da sombra em movimento como consequência do movimento da luz em alta qualidade, mesmo que o processamento demore, recomendo manter a opção *Resolution* do painel *Preview* em *Full*.

Depois de configurada a qualidade, pressione a barra de espaço ou aperte o botão *Play*, no painel *Preview*, para assistir à animação da luz e poder ver a sombra em movimento.

Mais algumas considerações sobre o 3D no After Effects

É indiscutível o grande leque de possibilidades que se abre com os recursos tridimensionais do After Effects. Além de todas essas possibilidades, conseguimos importar cenas ou objetos 3D diretamente do Cinema 4D para ir além e compor cenas com objetos verdadeiramente tridimensionais.

Entretanto, vale ressaltar que tais projetos vão exigir muito mais de hardware, e você precisa estar preparado para levar mais tempo renderizando suas animações em qualidade alta. Por isso, nem sempre o 3D é o caminho ideal, e deve-se elaborar muito bem o projeto antes de iniciá-lo. Muitas vezes, é possível resolver todas as necessidades de uma animação em composições tradicionais, bidimensionais, em vez de mergulhar no universo 3D e perder tempo (e dinheiro) sem necessidade de fato.

Por fim, procure voltar à animação que fizemos com a câmera, a da família no carro e o cenário todo, e tente adicionar luzes e sombras a algumas camadas. Faça também animações independentes nas camadas. O sol, por exemplo, pode se mover lentamente para a linha do horizonte, e as gaivotas podem voar para um ou outro lado, enquanto a cena vai passando. E o carro da família também pode se mover: um chacoalhar é uma boa opção, já que a ideia é mostrar que ele está em movimento.

Anotações

8

Shape Layers, o desenho vetorial do After Effects

OBJETIVOS

» Aprender a criar camadas de formas vetoriais

» Criar múltiplas formas na mesma camada

» Animar formas com parâmetros de transformação

» Animar contornos, para fazer um desenho aparecer ao poucos

Há uma gama imensa de possibilidades quando pensamos em desenhos vetoriais. Você já percebeu, nos exercícios apresentados até aqui, que é muito comum a importação de arte do Adobe Illustrator para o After Effects, justamente para podermos trabalhar com a escala dos desenhos e manter a mais alta qualidade dos traços. Porém em muitos casos precisamos mais do que apenas o desenho, e poder trabalhar de maneira muito mais livre e dinâmica é o que o Shape Layer proporciona ao After Effects.

Shape Layer (camada de forma vetorial) é um termo comum e antigo já usado no Photoshop. Lá, nós temos ferramentas para desenhos geométricos ou personalizados, além da *Pen*, justamente para podermos criar desenhos que possam ser manipulados diretamente pelo Photoshop, em vez de ficarem vinculados ao Illustrator. No After Effects, não é diferente. Criar camadas de formas vetoriais nos dá a liberdade de definir animações que, de outra maneira, não seriam possíveis. E é isso que vamos explorar neste capítulo.

O que são as Shape Layers ou camadas de formas vetoriais

Tomando como exemplo as ferramentas primitivas no Illustrator, que permitem o desenho de forma simples, no After Effects essa função é desempenhada pelas ferramentas de formas vetoriais.

Além disso, como mostra a figura abaixo, as ferramentas de formas vetoriais podem ser utilizadas para criação de máscara.

Ao selecionar qualquer ferramenta de forma vetorial, como *Rectangle*, *Ellipse* e *Polygon*, entre outras, é importante perceber que, ao lado, há dois botões distintos: *Tool Creates Shape* (com o desenho de uma estrela) e *Tool Creates Mask* (com o desenho de uma elipse dentro de uma grade). Sempre que você tiver uma camada selecionada na timeline, essas ferramentas criarão máscara em vez de uma forma vetorial com informações de cor de preenchimento e contorno. É preciso prestar atenção ao utilizá-las, para evitar perder tempo e ter que desfazer para refazer o desenho. Logo você começará a criar desenhos vetoriais com a ferramenta *Rectangle* e entenderá como esse processo funciona.

Uma vez criada, uma camada de forma vetorial aparecerá na timeline sobre as demais e terá, dentro dela, opções diferentes daquelas que vimos até agora. Na verdade, há uma grande quantidade de opções e parâmetros de animação que podem ser adicionados a qualquer camada de forma vetorial.

Além disso, quando importamos desenhos do Illustrator, preservando suas camadas ao criar uma composição, qualquer camada pode ser convertida para Shape Layer por meio do comando *Layer > Create > Create Shapes from Vector Layer*. Mas, neste exercício, vamos focar apenas as possibilidades de animação por meio de desenhos simples feitos no próprio After Effects.

 # Exercício

Como criar uma Shape Layer

Primeiro, vamos criar uma nova composição para trabalhar. Ou apenas abra o arquivo *Projeto 8 - Inicio.aep* da pasta de arquivos do livro.

1. Crie um novo projeto indo no menu *File* e selecionando a opção *New Project*.

2. Crie uma nova composição indo ao menu *Composition* e selecionando *New Composition*.

3. Escolha a predefinição *HDTV 1080 24*.

4. Defina a duração para 20 segundos (*0;00;20;00*).

5. Dê a ela o nome *Vetores Animados*.

6. Clique em *OK*.

Selecione a ferramenta *Rectangle* na barra de ferramentas. Como ainda não há nenhuma outra camada na composição, você não precisa se preocupar com a seleção, pois a ferramenta criará automaticamente uma camada de forma vetorial.

7. Escolha, à direita, a cor que você desejar na opção *Fill* (preenchimento). Para isso, basta clicar sobre a cor padrão (vermelho) e alterá-la.

Você também pode clicar sobre o título *Fill*, na barra de ferramentas, para acessar a janela de configuração de preenchimento e mudá-lo para dégradé, definir sua opacidade ou até eliminá-lo.

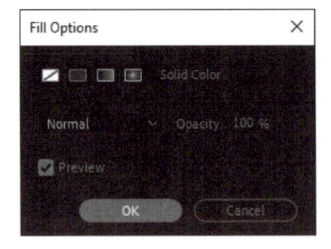

8. Clique sobre o título *Stroke*, na barra de ferramentas, e configure o contorno para a opção *None*, a fim de que não haja contorno no desenho.

A figura mostra as ferramentas de vetor e suas configurações de preenchimento e contorno.

É possível, agora, apenas clicar em qualquer área da composição e arrastar o mouse, para desenhar um retângulo (ou quadrado perfeito, se você mantiver a tecla Shift pressionada) livremente. Mas vamos fazer isso de uma maneira menos convencional, apenas para termos a certeza de que o desenho feito fique automaticamente no centro da tela.

9. Agora que as configurações já foram feitas, dê um duplo clique sobre a ferramenta *Rectangle* na barra de ferramentas. Isso adicionará um retângulo com a dimensão da tela na timeline.

Ao fazer isso, a camada *Shape Layer 1* será adicionada à timeline e você verá que, além da opção *Transform*, haverá dentro dela uma seção chamada *Contents*, que já estará aberta. E é dentro dela que temos a opção *Rectangle*.

10. Clique na seta ao lado do nome *Rectangle* para expandir seus parâmetros na timeline.

Dentro da opção *Rectangle*, temos todos os parâmetros que definem a forma, o preenchimento e o contorno do desenho vetorial.

11. Expanda a opção *Rectangle Path*.

12. Desative a corrente ao lado do parâmetro *Size*.

13. Altere os valores para 200 × 200. Isso fará o retângulo virar um quadrado de 200 × 200 pixels.

Você pode estar se perguntando: mas por que fazer dessa forma se é possível desenhar um quadrado perfeito direto na tela apenas segurando a tecla Shift? Sim, é verdade, mas, ao desenhar em qualquer lugar da tela, o centro (ou anchor point) da camada não ficará no centro do quadrado se o desenho não tiver sido feito em qualquer lugar que não o centro exato da tela. E, como é muito difícil fazer um desenho a olho nu no centro exato da tela, o mais fácil é mesmo lidar apenas com os números. Essa é uma técnica bastante comum e que eu utilizo muito no meu dia a dia, pois é muito mais preciso trabalhar com os números para definir parâmetros exatos do que apenas desenhar ou posicionar elementos livremente na tela.

Por ora, sua timeline e sua tela de composição deverão estar como a imagem abaixo (exceto pela cor, caso você tenha usado qualquer outra que não amarelo).

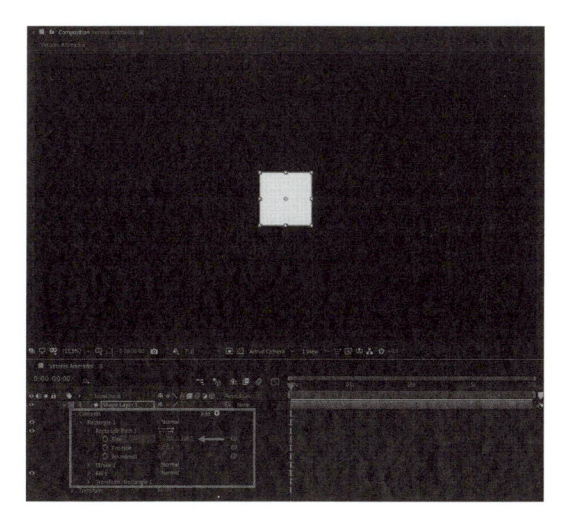

Criação de múltiplas formas na mesma camada

Além de poder desenhar no próprio After Effects, é possível utilizar recursos como o Pathfinder do Illustrator, o qual permite o desenho de múltiplas formas sobrepostas que interagem umas com as outras. Digamos que precisemos furar o quadrado que acabamos de desenhar com um círculo, para que ele fique vazado no meio. Essa é uma das opções que temos ao desenhar formas vetoriais dentro da mesma camada. Faça isso executando os passos descritos seguir.

1. Mantenha a camada *Shape Layer 1* selecionada na timeline.

2. Selecione, na barra de ferramentas, a ferramenta *Ellipse* (ela fica no mesmo grupo da ferramenta *Rectangular*).

Da mesma forma como fizemos o quadrado, faremos o círculo.

3. Dê um duplo clique sobre a ferramenta *Ellipse* que você acabou de selecionar, na própria barra de ferramentas. Isso adicionará uma elipse à composição, que, por ora, será muito maior do que queremos e cobrirá todo o quadrado que você acabou de fazer.

Repare que agora, na *timeline*, existe dentro da camada *Shape Layer 1* mais um desenho além do *Rectangle 1*, o *Ellipse 1*.

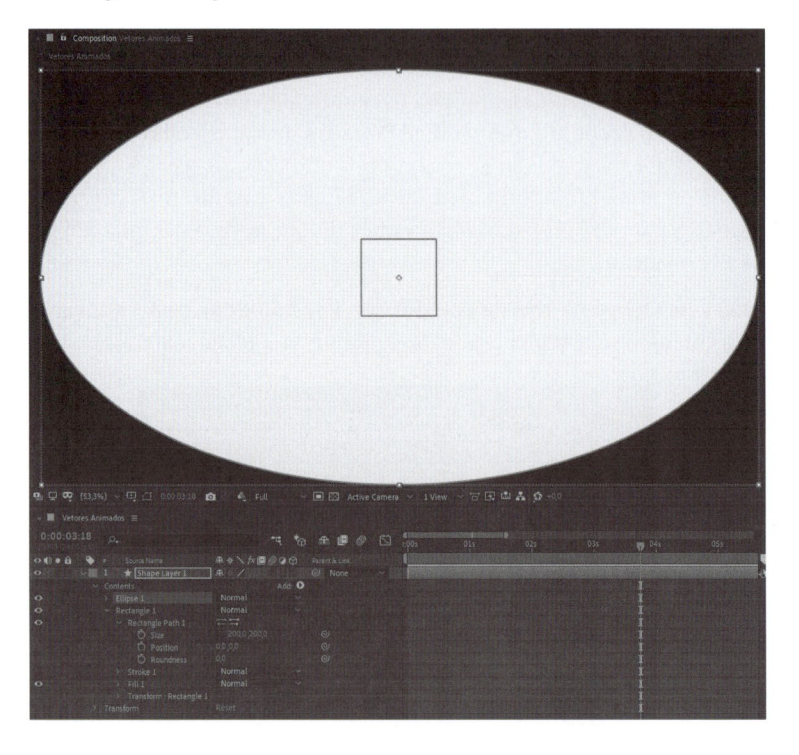

4. Expanda o desenho *Ellipse 1* na timeline, clicando na seta ao lado de seu nome, e expanda na sequência a opção *Ellipse Path*.

5. Desative a corrente ao lado do tamanho da elipse, no parâmetro *Size*, e modifique os valores para 100 × 100. Você terá uma elipse no centro do quadrado.

Entretanto, a elipse e o quadrado, por fazerem parte da mesma camada, têm a mesma cor e se fundem um com o outro. Embora seja possível alterar a cor de cada um deles dentro da opção *Fill*, parâmetro existente dentro de cada um, aqui nós vamos furar o quadrado com o círculo.

Ao lado da opção *Contents*, há um comando, *Add*, utilizado para adicionar modificadores e/ou repetidores ao desenho (nós usaremos alguns deles de agora em diante).

6. Clique no botão *Add* e selecione a opção *Group (empty)* para criar um grupo dentro do qual colocaremos o retângulo e o círculo.

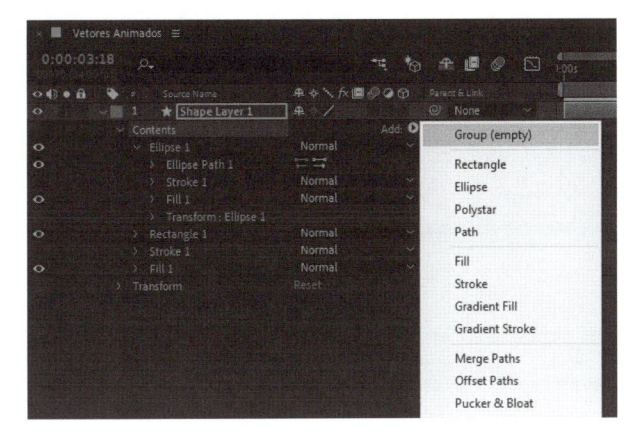

7. Arraste os desenhos *Ellipse 1* e *Rectangle 1* para dentro do grupo, na timeline.

8. Arraste o desenho *Ellipse 1*, dentro do grupo, para que ele fique abaixo do *Rectangle 1*.

9. Com o item *Group 1* selecionado, clique no botão *Add* e selecione a opção *Merge Paths*. Ela é usada para unir ou separar formas, exatamente como o Pathfinder do Illustrator.

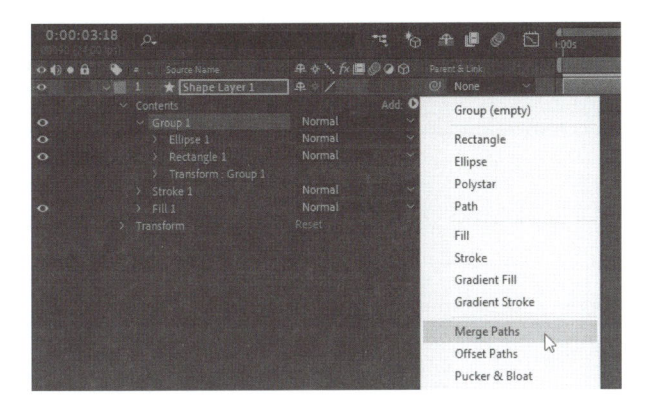

10. Expanda a opção *Merge Paths* depois de acioná-la e escolha, no menu *Mode*, a opção *Subtract*. Dessa forma, o círculo desenhado será subtraído do quadrado, deixando ali um buraco vazado. Exatamente o que queremos!

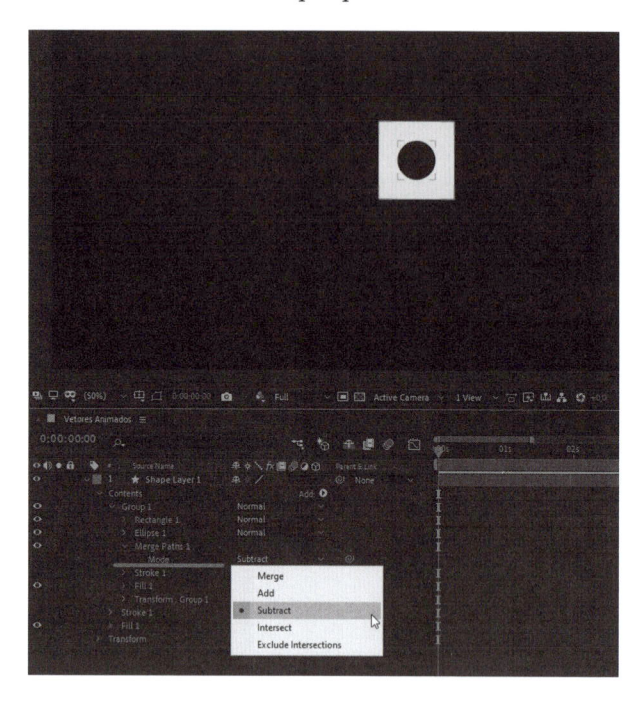

ANIMANDO AS FORMAS COM OS PARÂMETROS DE TRANSFORMAÇÃO

Ainda que sejam desenhos vetoriais feitos no próprio After Effects e tenham parâmetros especiais que iremos explorar mais à frente, tais camadas também podem ser animadas utilizando-se as opções tradicionais de movimento encontradas dentro da opção *Transform*.

Para criar uma animação simples, mas utilizando um recurso extra valiosíssimo, devemos percorrer os passos descritos a seguir.

1. Expanda o desenho *Ellipse 1* da *Shape Layer 1*, na timeline, clicando na seta ao lado dele.

2. Expanda a opção *Transform: Ellipse 1*.

3. Coloque a agulha no início da timeline, em 0 segundo (*0;00;00;00*).

4. Ative o cronômetro do parâmetro *Scale*.

5. Avance a agulha para 0,5 segundo (*0;00;00;12*).

6. Altere o valor da escala para *115%*.

7. Avance a agulha para 1 segundo (*0;00;01;00*).

8. Altere o valor da escala de volta para *100%*.

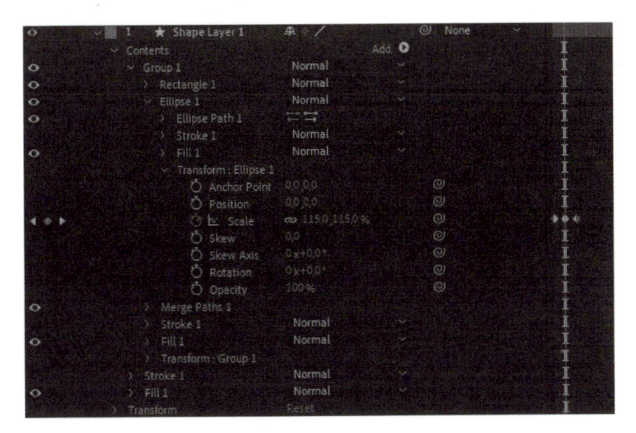

Com isso, você terá uma breve animação de 1 segundo de duração que fará a elipse aumentar e diminuir de tamanho dentro do quadrado. Perceba como modificar os valores de *Transform* dentro do desenho é diferente de usar as opções de *Transform* da camada. Se você tivesse feito a mesma animação no parâmetro *Scale* dentro da opção *Transform* da camada, todo o desenho responderia às alterações de escala, e tanto o quadrado quanto o círculo se moveriam juntos. Porém, aqui, você fez animação apenas do círculo dentro do quadrado.

O objetivo agora é fazer essa animação se repetir, em loop, pela duração de toda a animação. Mas, para fazer isso, em vez de copiar e colar os keyframes – um processo trabalhoso e desnecessário –, você vai criar uma expressão de loop, como já fizemos anteriormente. Desta vez, porém, vamos simplificar e trabalhar por atalho e digitação resumida do comando.

1. Segurando a tecla Option (macOS) ou a Alt (Windows), clique novamente sobre o cronômetro do parâmetro *Scale* do desenho *Ellipse 1* que você acabou de animar.

2. Na linha que se abrirá, apague todo o texto e digite *loopOut("cycle")*. Atente para a letra O maiúscula ao digitar.

3. Clique fora da linha de digitação, para que o After Effects a processe, e pressione a barra de espaço para assistir à animação. A elipse deverá ficar em movimento de pulsação dentro do quadrado por toda a duração da animação.

A vantagem de criar uma animação dessa maneira está no fato de a velocidade final ainda poder ser ajustada sem que o loop seja perdido. Isso quer dizer que você pode mover os keyframes para deixar a animação mais rápida ou mais lenta, conforme desejar.

Repetição de formas com o efeito Repeater

Além de poder criar formas por meio da junção de outras – o que você fez ao adicionar o modificador Merge Paths –, é possível criar outros tipos de alteração aos desenhos feitos no próprio After Effects.

Por muitas vezes, nas animações de vinhetas que costumamos ver tanto em programas de TV quanto em aberturas de canais de YouTube, por exemplo, é comum que elementos com a mesma animação sejam repetidos na tela, quase como em um *ballet* sincronizado. Isso é o que o modificador Repeater faz. Antes de adicioná-lo, porém, vamos fazer algumas outras animações gerais ao desenho como um todo, nos parâmetros da opção *Transform* da camada *Shape Layer 1*.

1. Expanda a camada *Shape Layer 1* na timeline.

2. Expanda a opção *Contents* e, dentro dela, a opção *Group 1*.

3. Recolha todas as opções e expanda apenas a opção *Transform: Group 1*, para não se confundir com tantas opções semelhantes.

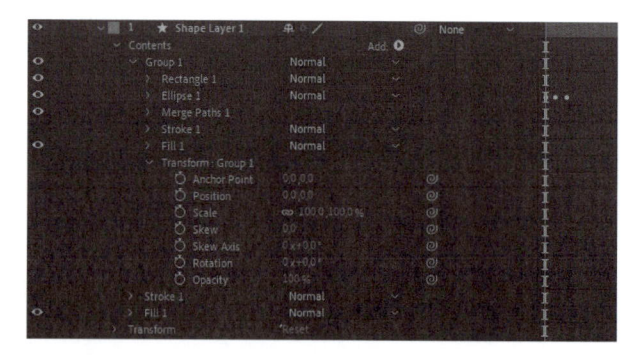

4. Com a agulha no início da timeline, em *0;00;00;00*, clique no cronômetro dos parâmetros *Position*, *Scale* e *Rotation*.

5. Altere o valor do parâmetro *Scale* para *0%*, e o de *Rotation*, para *45°*. A posição permanecerá a mesma nesse ponto.

6. Leve a agulha para 1 segundo (*0;00;01;00*) e altere o valor de *Position* para *0,0,-350,0*, o que deslocará o quadrado para cima.

7. Altere o valor de *Scale* para *50%*.

8. Altere o valor de *Rotation* para *90°*.

9. Selecione todos os keyframes desses três parâmetros, clique com o botão direito do mouse sobre um deles e escolha *Keyframe Assistant > Easy Ease* (F9).

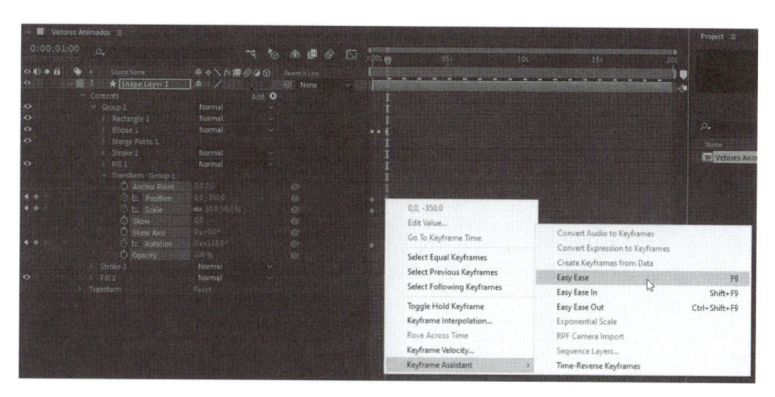

10. Para suavizar a aceleração da animação, selecione apenas os últimos keyframes e pressione o botão *Graph Editor* na timeline, para mudar a visualização dela para o gráfico de valor/velocidade.

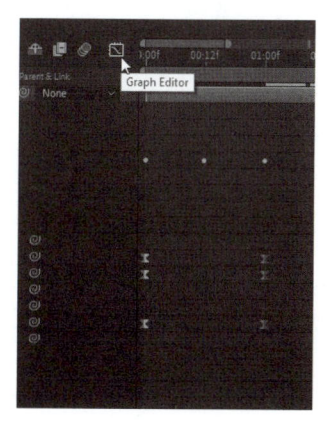

11. Certifique-se de estar vendo o gráfico de velocidade, escolhendo a opção *Edit Speed Graph* no menu *Choose graph type and options*.

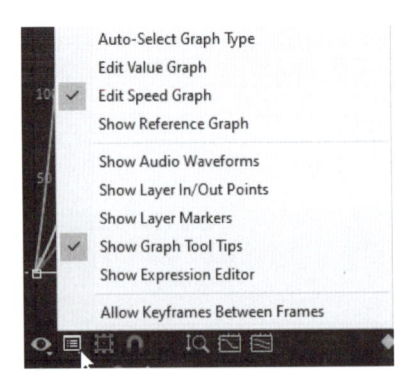

12. Puxe a alça da curva Bezier para a esquerda, como mostrado na imagem abaixo. Essa curva fará a animação acelerar rapidamente no início e, aos poucos, ir perdendo velocidade no final.

Esse processo de edição da velocidade da animação por meio do gráfico de velocidade nos permite criar acelerações bastante distintas das tradicionais modificações de interpolação dos keyframes (*Ease In* e *Ease Out*).

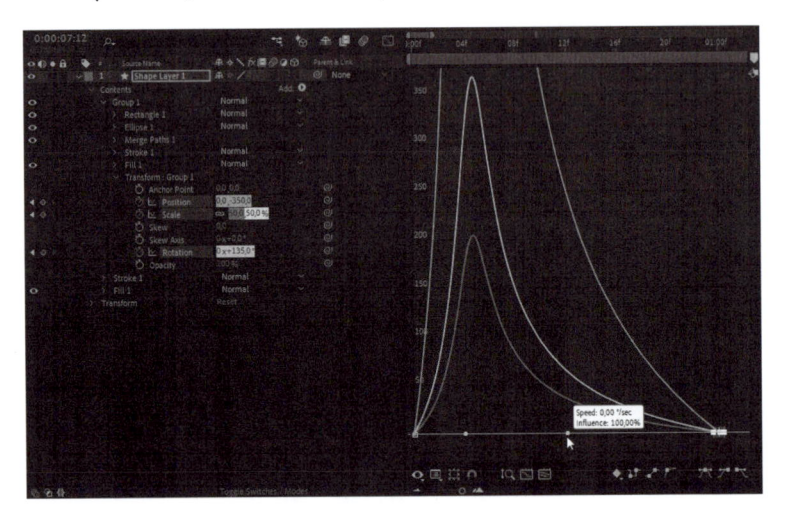

13. Desative o botão *Graph Editor* para voltar a ver a timeline tradicional e pressione a barra de espaço para assistir à animação. Por ora, você terá o quadrado crescendo e indo para cima em um movimento rápido, porém sutil.

E agora vem a parte divertida: ativar a replicação da camada com toda a sua animação, para criar uma miríade de blocos se movendo ao mesmo tempo. Então, continuemos.

14. Recolha todas as opções dentro da camada *Shape Layer 1*.

15. Clique na opção *Add*, ao lado direito de *Contents*, e escolha a opção *Repeater*, que deverá ser adicionada ao final da lista de conteúdo dessa camada. Caso a opção *Repeater* caia em outra posição, basta arrastá-la para baixo, para que fique como na imagem abaixo. Já aproveite para expandi-la.

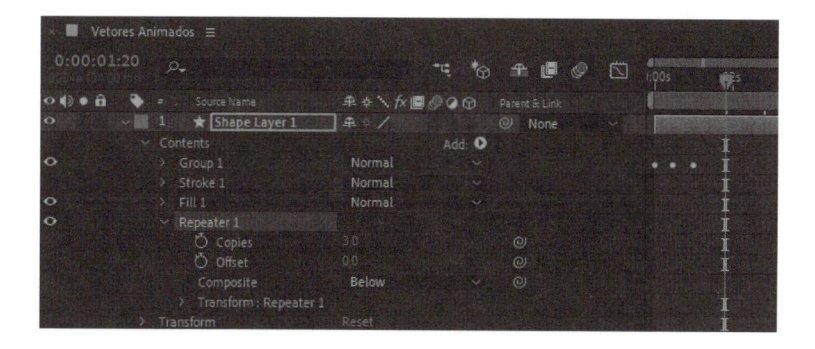

16. Altere o número de cópias para 8. Você passará a ter oito repetições da mesma imagem, incluindo a animação já feita.

17. Expanda a opção *Transform Repeater* e mude o valor de *Position* para *0*, porque não queremos que as repetições estejam deslocadas nem para a direita nem para a esquerda.

18. Em *Rotation*, altere o valor para *0x45,0°*. Isso fará com que cada uma das oito cópias seja repetida a 45° da anterior, em torno do centro (por isso, lá no início, nos preocupamos em fazer o desenho perfeitamente no centro).

Em 1 segundo (*0;00;01;00*) sua animação estará como na imagem abaixo.

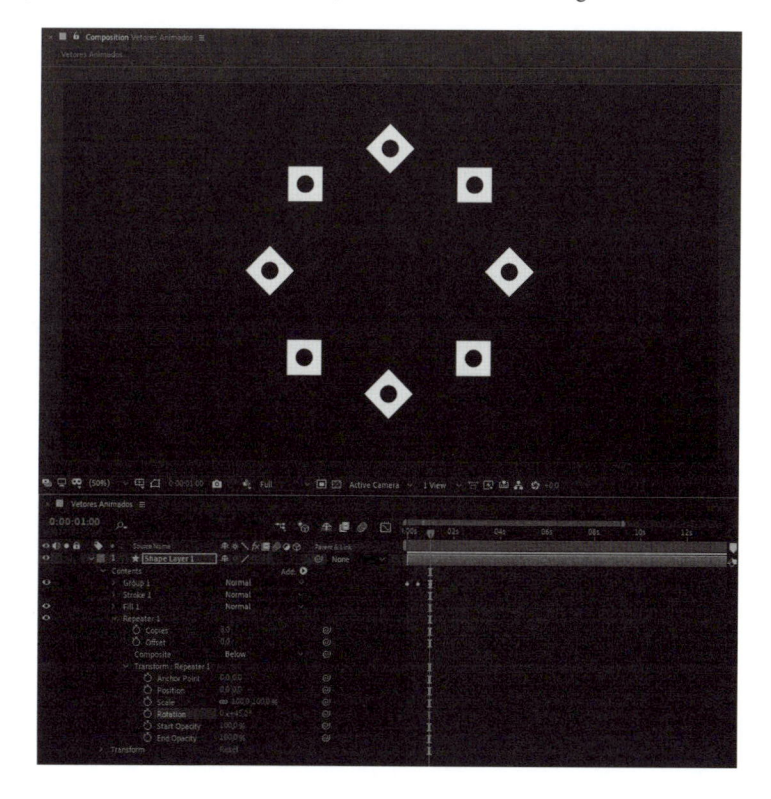

Isso mostra como a simples adição de um modificador ao desenho vetorial criado no próprio After Effects pode elevar as possibilidades e nos permitir criar muito mais com muito menos esforço, economizando tempo nos processos. E, apenas para avançar um pouco mais nas possibilidades, vamos fazer mais uma alteração baseada nesses modificadores.

19. Clique na opção *Add*, ao lado de *Contents*, novamente e selecione a opção *Twist*. Certifique-se de que ela seja adicionada após a *Repeater* e, caso ela caia em outra posição, arraste-a para baixo.

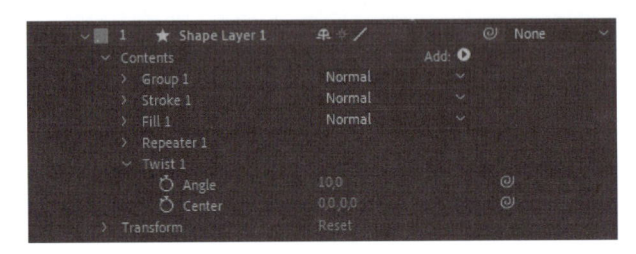

20. Antes de mais nada, altere o valor do parâmetro *Angle* para *0*, a fim de que a forma inicial não seja distorcida antes que a animação já feita ocorra.

21. Com a agulha em 1 segundo (*0;00;01;00*), clique no cronômetro dos parâmetros *Angle* e *Center* do modificador *Twist 1*, para adicionar o primeiro keyframe de cada um deles à timeline.

22. Leve a agulha para 2 segundos (*0;00;02;00*) e altere o valor de *Angle* para *1000,0*, e o de Center, para *0,00,1000,0*.

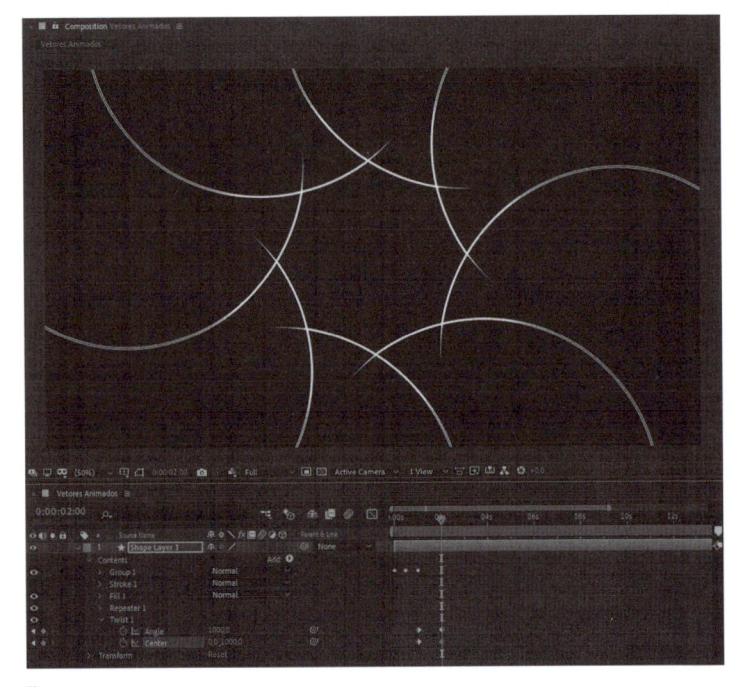

23. Expanda a opção *Transform* da camada *Shape Layer 1*. Desta vez, vamos concluir modificando a escala da camada como um todo, e não apenas de seus elementos independentes.

24. Com a agulha em *1s*, ligue o cronômetro do parâmetro *Scale*.

25. Leve a agulha até *2s* e altere o valor de *Scale* de *100%* para *500%*.

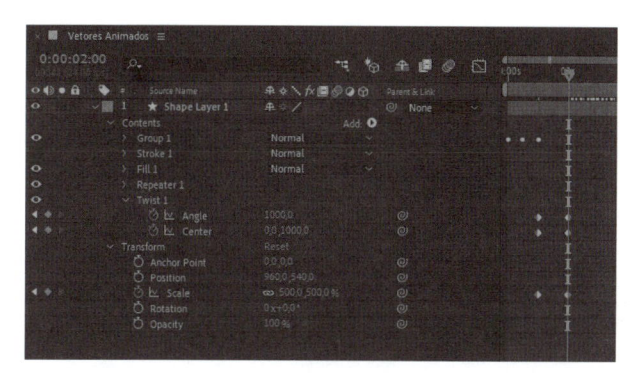

26. Finalize selecionando os keyframes tanto do twist quanto da escala e ative para eles a opção *Easy Ease*, como fizemos anteriormente. Ajuste o gráfico de velocidade da mesma maneira.

Assim, concluímos essa animação com os desenhos feitos no próprio After Effects mudando de forma e saindo da tela, o que pode ser uma boa vinheta de abertura ou uma transição para qualquer programa!

Animação de contornos: como fazer um desenho aparecer ao poucos

Além das possibilidades exploradas até aqui quando se fala em Shape Layers, existe a vantagem da facilidade com que conseguimos fazer animações de linhas de contorno. Podem ser linhas de um desenho importado do Illustrator ou linhas desenhadas com as ferramentas vetoriais do próprio After Effects.

Para tornar o processo simples e prático, vamos começar importando uma arte feita no Illustrator que nada mais é do que um texto em formato de curva. Isso quer dizer que, lá no Illustrator, após digitado, o texto foi convertido para desenho por meio do comando *Type > Create Outlines* e ajustado para ter apenas linhas de contorno, sem preenchimento.

 # Exercício

1. Importe o arquivo *ThankYouLettering.ai* da pasta de arquivos do capítulo 8 para o seu projeto.

2. Crie uma nova composição, indo ao menu *Composition* e selecionando *New Composition*.

3. Use os mesmos parâmetros de antes (*HDTV 1080 24*) e, desta vez, altere a duração para 5 segundos (*0;00;05;00*).

4. Nomeie sua nova composição como *ThankYou* e clique em *OK*.

5. Arraste o arquivo de Illustrator que você acabou de importar para a timeline dessa nova composição e altere seu valor de escala, dentro de *Transform*, para *50%*.

Antes de poder criar a animação do texto sendo escrito na tela, que é a nossa intenção, é preciso dizer ao After Effects que converta a arte do Illustrator em Shape Layer. Para isso, execute as etapas a seguir.

6. Selecione a camada *ThankYouLettering* na timeline.

7. Vá ao menu *Layer*, no topo da interface, e selecione a opção *Create > Create Shapes from Vector Layer*.

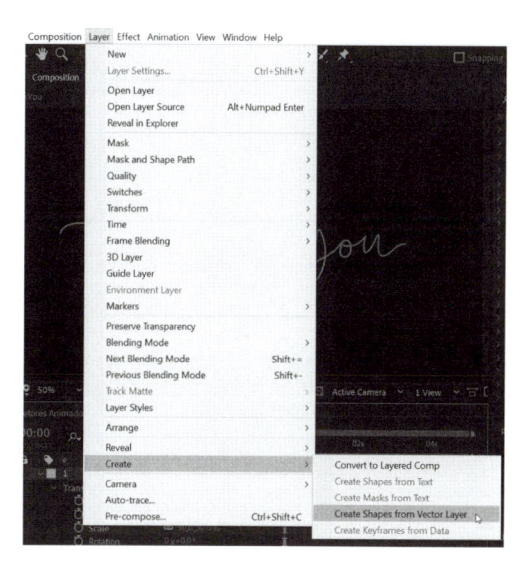

Ao fazer isso, a camada do arquivo de Illustrator na timeline ficará oculta (olho de visibilidade desligado), e uma nova camada de mesmo nome com o sufixo *Outlines* será criada. Essa é uma Shape Layer, ou seja, desenho vetorial feito pelo próprio After Effects. E, como tal, pode se beneficiar de todos os modificadores da opção *Add* que existe ao lado de *Contents*, como visto anteriormente.

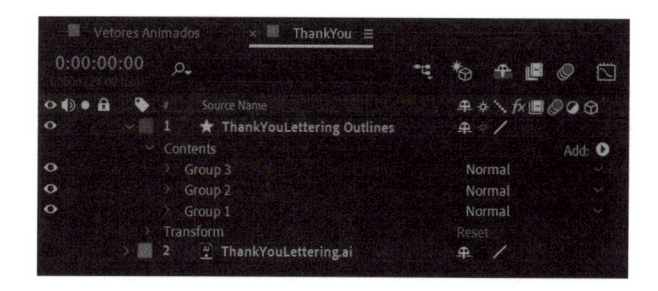

8. Expanda a camada *ThankYouLettering Outlines* e expanda, dentro dela, a opção *Contents*. Haverá três desenhos agrupados: *Group 1*, *Group 2* e *Group 3*. Isso porque o arquivo no Illustrator possuía três subcamadas distintas para cada parte do desenho.

9. Altere a ordem desses desenhos para que fiquem do grupo 3 ao 1, de cima para baixo. Isso ajudará a ordem de escrita ao aplicarmos o modificador específico para isso (você pode desligar e ligar o olho de visibilidade de cada desenho, para entender a ordem). Veja na imagem abaixo.

10. Clique no botão *Add* e escolha o modificador *Trim Paths*. Eles são usados para que o contorno de desenhos vetoriais seja preenchido aos poucos, de acordo com o intervalo de tempo que você deixar entre os keyframes de seus parâmetros.

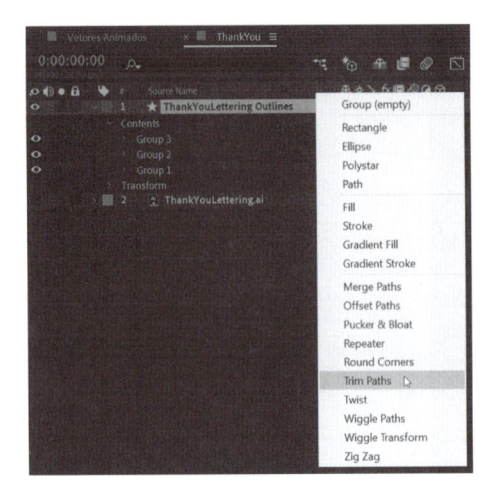

11. Expanda a opção *Trim Paths* e, dentro dela, com a agulha no início da timeline, altere o valor do parâmetro *End* para *0%* e ative seu cronômetro. Isso fará com que não haja qualquer traço do texto na tela (é como se ele ainda não tivesse sido escrito).

12. Leve a agulha para o final da timeline e altere o valor do parâmetro *End* para *100%*.

Sua animação está pronta! Simples assim. O modificador Trim Paths faz as linhas de qualquer Shape Layer serem desenhadas aos poucos, e isso, em nossa animação, simula a escrita do texto *Thank You*.

No entanto, todos os traços da escrita estão sendo feitos ao mesmo tempo. Para alterar esse comportamento, execute o passo abaixo.

13. Dentro de *Trim Paths*, altere o parâmetro *Trim Multiple Shapes* para *Individually*, em vez de *Simultaneously*.

14. Ajuste a velocidade da animação à sua preferência, apenas aproximando os keyframes. Lembre-se de que é a distância entre os keyframes na timeline que determina a velocidade das animações.

Aproveite para explorar os demais modificadores. Crie desenhos simples utilizando as ferramentas vetoriais do próprio After Effects e, na timeline, adicione cada um dos modificadores pelo comando *Add*, um por vez, e altere seus parâmetros. Assim, você conseguirá saber o que cada opção faz e passará a vislumbrar um universo de possibilidades ao criar suas próprias animações.

Anotações

9

O universo das expressions: uma breve introdução

Criar animações no After Effects vai muito além de trabalhar apenas com os keyframes na timeline. Muitas vezes, deparamos com a necessidade de criar algo mais complexo ou simplesmente queremos estabelecer uma repetição automática de algo sem ter de executar determinadas tarefas diversas vezes até a exaustão. São momentos como esses que podem ser facilitados quando sabemos utilizar algumas expressions.

Ao longo de sua evolução, sempre foi possível controlar animações ou gerar resultados a partir de configurações de efeitos de maneira automática por meio de JavaScript, uma linguagem de programação muito comum e extremamente utilizada para criar interatividade na web. É certo que todos os sites que você visita têm algo rodando em JavaScript, pois ele é uma das bases da programação de websites, que combina HTML (estrutura), CSS (layout) e JavaScript (interatividade).

Mas como essa linguagem de programação é integrada ao After Effects? É aqui que entram as chamadas expressions. Elas são o controle de animações por meio de códigos em JavaScript. Nós podemos trabalhar com apenas uma linha (ou algumas) de códigos simples e criar, por exemplo, aleatoriedade nas animações e também podemos de fato criar uma sequência longa de comandos que, quando processados, modificam ou criam uma animação sozinhos.

Como adicionar uma expression e criar loop

Para começar a entender como esse recurso funciona, você tem aqui dois caminhos. Um deles é você abrir o projeto do capítulo 9, na pasta de exercícios. O outro é replicar o que for explicado neste capítulo nas suas próprias animações, desde que atentando aos parâmetros nos quais os exemplos são aplicados.

⎙ Exercício

1. Selecione *File > Open*.

2. Navegue até a pasta de exercícios do capítulo 9 e abra o projeto *Expressions Essenciais.aep*.

3. Dê um duplo clique sobre a composição *OuterSpace* para abrir sua timeline. Você colocará as animações dos objetos dessa composição em loop usando expressions.

Ao rodar a animação pressionando a barra de espaço, você verá que o foguete gira ao redor da Terra no tempo de 1 segundo. Essa animação foi feita de forma simples, com keyframes no parâmetro *Rotation*.

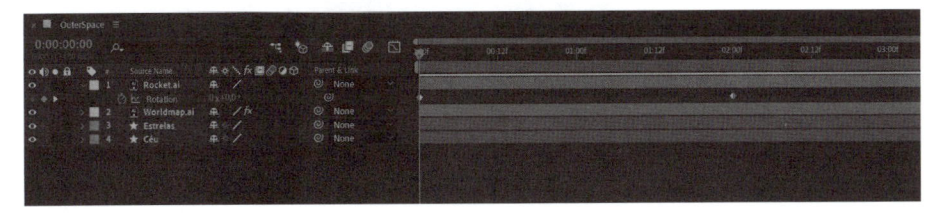

4. Com a camada 1 (*Rocket.ai*) selecionada, pressione a tecla R para revelar o parâmetro *Rotation* e observe os keyframes existentes nele. O valor vai de 0° a 360° em 1 segundo, o que equivale a 1 revolução (1x+0,0°).

O objetivo aqui é fazer com que o foguete continue girando ao redor da Terra durante os 10 segundos da animação, sem que tenhamos de copiar e colar os keyframes. Além disso, ao trabalhar com expressions, podemos mais facilmente alterar a velocidade da animação, pois teremos ainda apenas os mesmos dois keyframes definindo essa rotação, em vez dos vários replicados ao longo dos 10 segundos.

5. Clique sobre o nome do parâmetro *Rotation*, para selecioná-lo.

6. Acesse o menu *Animation* e selecione o comando *Add Expression*. Ao fazer isso, os números do parâmetro *Rotation* ficarão vermelhos e uma linha para digitação de código será aberta. Nela já estará escrito *transform.rotation*.

À esquerda na timeline, você notará que abaixo do parâmetro *Rotation* também haverá, agora, uma nova área, na qual estará escrito *Expression: Rotation*, seguida por quatro ícones à direita, a começar pelo *igual*. Isso quer dizer que o código em JavaScript determina que a rotação da camada seja igual ao que estiver digitado na linha à direita. Por enquanto, a rotação é igual a ela mesma, por isso nada mudou ainda.

7. Clique sobre o texto *transform.rotation*. Você apagará esse comando e digitará, em seu lugar:

loopOut("cycle");

Repare que, ao abrir as aspas, o After Effects mostra um menu com algumas outras opções além de *cycle*. Essas outras opções (*continue*, *offset* e *pingpong*) são métodos diferentes de loop possíveis.

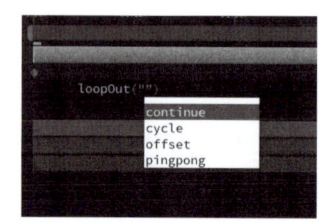

8. Após finalizar a digitação, respeitando a diferença entre letras maiúsculas e minúsculas (assim é o JavaScript), clique em um espaço vazio da timeline ou da janela *Composition*, para sair da linha de digitação. Se estiver tudo certo, nenhum aviso aparecerá, mas uma barra laranja será mostrada na barra inferior do painel *Composition* caso o código digitado esteja errado ou não possa ser processado.

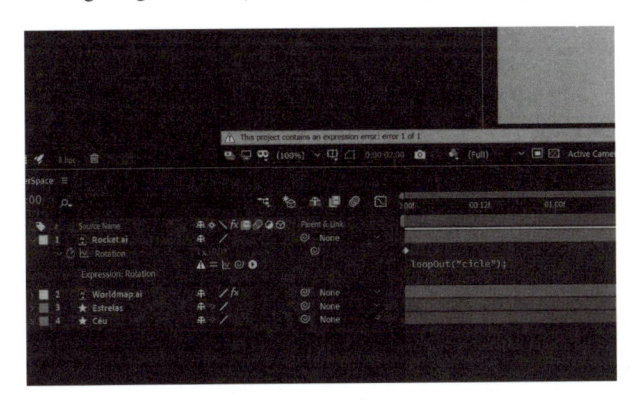

Na imagem acima, a palavra *cycle* está digitada errada, e o erro é alertado no painel *Composition*. Além disso, na timeline, um ícone de exclamação ao lado do sinal de igual indica o mesmo problema.

9. Pressione a barra de espaço para assistir à animação. Você verá que o foguete gira ao redor da Terra ininterruptamente, durante todo o tempo da composição.

Depois de aplicada a expression, você ainda pode alterar a velocidade da animação, que se estenderá por toda a sua duração. Para isso, basta arrastar os keyframes a fim de que o intervalo de tempo entre eles seja maior (animação mais lenta) ou menor (animação mais rápida). Como o foguete gira durante os 10 segundos de animação por causa do loop gerado pela expression *loopOut*, ele girará mais rapidamente ou mais devagar ainda durante toda a animação. Sem dúvida alguma, um simples código torna essa tarefa repetitiva de copiar e colar keyframes para estender uma animação muito mais rápida e muito mais prazerosa.

Como criar uma animação com base em outra, usando expressions

Haverá momentos em que criar uma animação em decorrência de outra será uma das formas mais interessantes de determinar uma sequência ou definir uma naturalidade nos movimentos que acontecem nos elementos de sua animação. Por exemplo, imagine os desenhos animados em que, enquanto um personagem anda para a direita, o cenário desliza para a esquerda. Ou nos geradores de caracteres utilizados como informativos nos programas de televisão, em que normalmente um logotipo aparece enquanto a tarja é revelada. Muitos desses movimentos em conjunto são gerados por expressions, que conectam um parâmetro ao outro, gerando a animação automaticamente.

Na animação do foguete em que você está trabalhando, digamos que você queira fazer com que a Terra gire em torno de seu eixo vertical enquanto o foguete voa ao redor dela. A animação de rotação do foguete já está pronta, e só resta fazer com que a animação do eixo Y de rotação da Terra acompanhe o foguete. Como fazer isso?

1. Selecione a camada *WorldMap.ai* e pressione a tecla E. Com esse atalho, você acessa os efeitos aplicados na camada sem ter de ficar expandindo-a pela seta à esquerda de seu número.

2. Expanda o efeito CC Sphere que está aplicado na camada e, dentro dele, expanda a opção *Rotation*. Dentro dela estão os parâmetros de rotação de cada eixo: X, Y e Z.

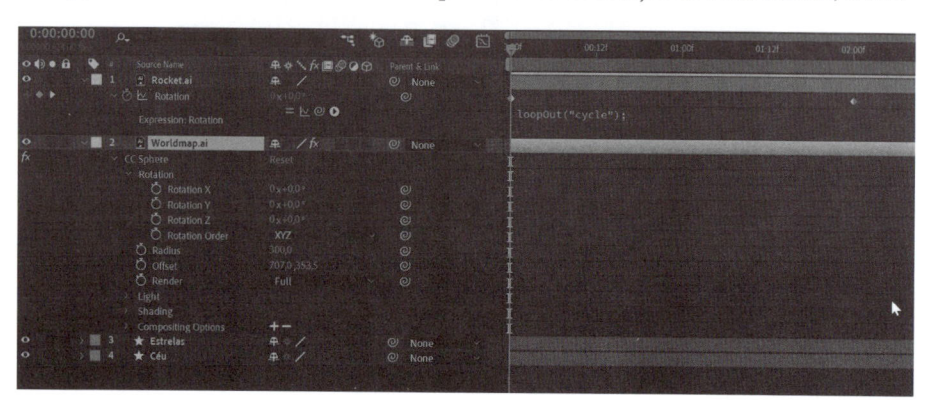

O efeito CC Sphere cria uma esfera a partir de uma imagem. A camada *WorldMap.ai* é um desenho feito no Adobe Illustrator, mas poderia ser uma fotografia ou um arquivo .jpg, por exemplo. Depois de colocar uma imagem na timeline e aplicar em sua camada o efeito CC Sphere, você passa a poder configurar todos os parâmetros de animação da esfera, que agora tem a sua imagem aplicada a ela.

Uma das grandes vantagens das expressions é a possibilidade de conectar um parâmetro a outro de forma razoavelmente simples. Para isso, você pode adicionar a expression à camada da forma como fez antes, por meio do menu *Animation*, ou utilizar o método alternativo (via atalho) descrito a seguir.

1. Segurando a tecla Option (macOS) ou a Alt (Windows), clique sobre o cronômetro ao lado do parâmetro *Rotation Y* do efeito CC Sphere aplicado na camada *WorldMap.ai*. O resultado será a linha para digitação do código ser aberta. Mantenha o código original selecionado ou o apague. Você fará o After Effects digitar outro código no lugar, automaticamente.

2. Ao lado do sinal de igual na linha *Expression: Rotation Y* haverá um botão de gráfico e, ao lado dele, uma espiral. Clique sobre a espiral e, segurando o botão do mouse, arraste-o até ficar sobre o parâmetro *Rotation* da camada do foguete, *Rockect.ai*.

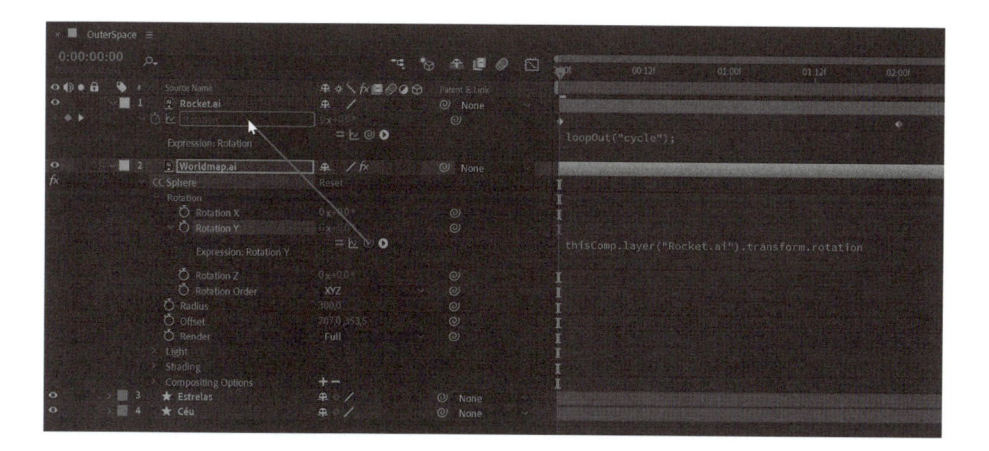

Um novo código será digitado na linha da expression:

thisComp.layer("Rocket.ai").transform.rotation

O meio mais fácil de entender uma expression é lendo-a do final para o começo (de trás para a frente, como se costuma dizer). Assim, a rotação do eixo Y da camada *WorldMap.ai* será igual a: "rotação [que está em] Transform [na] camada Rocket.ai [desta] composição".

Os textos entre colchetes representam os pontos da expression.

3. Pressione a barra de espaço para assistir à animação. Você verá que agora tanto o foguete quanto o planeta Terra giram, mas o foguete é que controla a animação.

Muito mais possibilidades se abrem quando conectamos um parâmetro ao outro. Por enquanto, o valor de rotação do foguete está alimentando o valor de rotação do eixo Y do planeta Terra. Como se trata de um código, é totalmente viável modificarmos o resultado com operações matemáticas simples, de aritmética.

Para reduzir a velocidade de rotação da Terra, execute os passos a seguir.

1. Clique depois do código que foi inserido pelo After Effects quando você arrastou a espiral (pick whip, esse é o nome dado a esse recurso) do eixo Y de rotação da Terra para a rotação do foguete.

2. Digite */2*. Isso fará com que o valor final inserido como resultado da expression seja dividido por 2, reduzindo a velocidade da rotação pela metade. Teste outros valores na divisão, como /4 ou /8, e pressione a barra de espaço para assistir à animação.

Para inverter a direção da rotação do planeta Terra, altere o valor da divisão que você digitou adicionando um sinal de menos (-) antes do número. Por exemplo, digite */-8*. Assim, o valor de rotação desse parâmetro será negativo, e não positivo, invertendo sua direção.

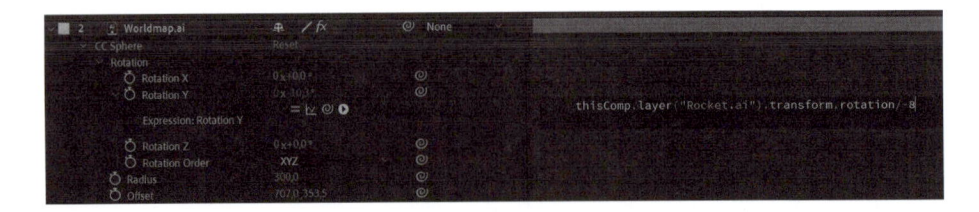

Aos poucos, você vai percebendo quanto alguns comandos são capazes de mudar tudo! Mas talvez você já tenha percebido que o planeta Terra está reiniciando sua rotação a cada segundo, o intervalo de tempo dos keyframes da animação de rotação do foguete. Esse comportamento é resultante da conexão de um parâmetro com outro, e, como agora o planeta Terra gira bem mais devagar do que o foguete, ele demora muito mais para completar uma volta inteira. Mas isso nem chega a acontecer, pois, cada vez que o foguete dá uma volta completa, seu valor de rotação zera e ele começa outra, o que interrompe a rotação do planeta Terra e também a reinicia.

Pode parecer um tanto confuso, e talvez você deva observar com mais calma tanto sua animação quanto os valores dos dois parâmetros interligados. Você com certeza notará esse comportamento com mais clareza, numericamente.

Mas de que forma podemos corrigir isso? O segredo está no tipo de loop utilizado na expression *loopOut*. Você se lembra de que há quatro tipos diferentes de loop (*cycle, continue, offset* e *pingpong*)?

1. Clique sobre o código de loop da camada do foguete, para entrar no código.

2. Altere a palavra *cycle* por *continue*. O loop contínuo, em vez de voltar a gravar no parâmetro o valor inicial quando reiniciado, continuará somando o novo valor ao já registrado. Na prática, o valor de rotação do foguete aumentará continuamente, e, por não haver reinicialização, o planeta Terra passará a girar continuamente também, sem voltar ao início.

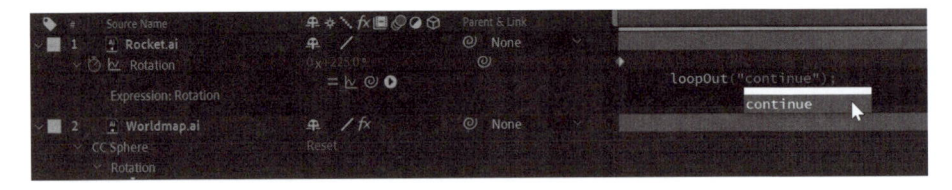

A animação só voltará ao início ao término dos seus 10 segundos de duração. Nesse corte será normal ver o planeta Terra recomeçar sua rotação, uma vez que toda a animação estará rodando novamente, desde o começo.

Como criar aleatoriedade na animação por meio das expressions

Há duas expressions muito usadas para criar aleatoriedade aos valores de um parâmetro, fazendo com que uma animação automática seja criada sem que tenhamos, novamente, de criar cada keyframe de cada posição, rotação ou escala de uma imagem, por exemplo.

WIGGLE

A expression *Wiggle* cria uma animação de aleatoriedade cujos valores evoluem de um para outro, o que resulta em uma alteração gradual daquilo que estiver sendo animado, sem cortes bruscos ou pulos repentinos.

Na animação do foguete, você irá fazer com que ele saia frequentemente do eixo, em vez de voar em uma linha perfeitamente elíptica e contínua por todo o tempo da animação.

1. Selecione a camada *Rocket.ai* e pressione a tecla P, para revelar seu parâmetro *Position*.

2. Segurando a tecla Option (macOS) ou a Alt (Windows), clique sobre o cronômetro do parâmetro *Position*.

3. Na linha de código, substitua o que tiver sido inserido automaticamente por *wiggle(5,50);*.

Pressione a barra de espaço e veja como o foguete oscila muito mais enquanto gira ao redor do planeta Terra. Isso porque ele está sendo deslocado 5 vezes por segundo em 50 pixels para mais ou para menos de seu valor original. Na expression *Wiggle*, o primeiro número representa a frequência da variação em quantidade por segundo, e o segundo número representa a amplitude do valor do parâmetro em sua unidade original (px, °, %, etc.). Em resumo, ao escrever a expression *Wiggle*, você deve se lembrar da seguinte ordem:

wiggle(frequência,amplitude);

Altere os valores que você digitou acima para poder entender melhor na prática e perceber a diferença que faz uma frequência muito mais alta – por exemplo, de 20 vezes por segundo. Ou uma amplitude muito maior, de 200 pixels neste caso. E os números digitados nunca acompanham a unidade de medida: digite apenas os número entre parênteses!

RANDOM

Outra expression muito comum para criar aleatoriedade em animações é a *Random*. Ao contrário da *Wiggle*, que cria uma animação sutil, de evolução dos valores, a *Random* cria uma animação dura, repentina, modificando os valores do parâmetro no qual ela for adicionada a cada frame.

1. Selecione a camada *Estrelas* na timeline e pressione a tecla T, para revelar seu parâmetro *Opacity*.

2. Clique sobre o cronômetro do parâmetro para adicionar uma expression a ele.

3. Na linha de código que aparecerá, substitua o que houver nela por *random();*.

4. Pressione a barra de espaço para assistir ao resultado.

Você verá que as estrelas desapareceram. Na realidade, o que acontece é que a expression *Random* aplicada à opacidade faz o valor alternar apenas entre 0% e 1% a cada frame, por isso as estrelas quase nem aparecem de fato.

Dentro dos parênteses, a expression *Random* aceita os valores mínimo e máximo que desejamos usar para a variação aleatória a cada frame.

Assim, clique dentro dos parênteses da expression *Random* que você adicionou ao parâmetro *Opacity* e digite *20,80*. Ao final, o código completo será *random(20,80)*.

Os valores digitados estão servindo como base para que, a cada frame, um valor diferente seja definido para a opacidade das estrelas, sendo 20% a opacidade minima, e 80%, a opacidade máxima.

Como aprender mais sobre expressions[1]

Esses são só alguns exemplos de como as expressions podem facilitar o trabalho no After Effects e abrir novas possibilidades, uma vez que, por meio delas, conseguimos criar relações e resultados que de outra maneira seriam muito difíceis e demorados.

- Para acessar a documentação oficial da Adobe sobre as expressions, com tutoriais que explicam o uso desse recurso no After Effects, utilize este link: https://helpx. adobe.com/after-effects/user-guide.html.

- No site Animoplex, há muitos vídeos sobre o uso das expressions no After Effects, todos gratuitos: https://www.animoplex.com/learn/expressions.html#101.

- No canal Creative Cloud da Adobe no YouTube, há um excelente vídeo sobre a animação de movimento sem adição de keyframes (utilizando expressions): https://youtu.be/plUjwU1K2iw.

---

1 Sites acessados em 7 ago. 2021.

Anotações

10

Áudio, muito além do som

É muito comum que, ao pensarmos no áudio, pensemos apenas no som que servirá como pano de fundo para nossos filmes ou animações. No entanto, o áudio, tanto no cinema quanto no universo da animação, desempenha um papel muito mais importante do que apenas atuar como suporte. Ele conduz a história, guia o espectador e transforma sua experiência em uma viagem imersiva. Não à toa chamamos a área que lida com imagem e som de audiovisual.

No After Effects, o áudio pode ser usado para irmos além das possibilidades. Embora possamos manualmente marcar os compassos de uma música e criar nossas animações ritmadas, usando como suporte as marcações que fazemos, é quando o áudio passa a controlar de fato as animações que tudo ganha mais vida. Imagine a possibilidade de fazer com que, por exemplo, a escala de uma imagem mude de acordo com a amplitude sonora e sua variação contínua, ou que o texto possa percorrer um caminho em decorrência de um som, de um efeito sonoro.

Você vai encontrar, no painel *Effects* do After Effects, alguns efeitos nativos também que servem especificamente para criar imagens a partir do som. Não aqueles que estão na categoria *Audio*, que servem especificamente para manipular o som, mas os que estão na categoria *Generate*: *Audio Spectrum* e *Audio Waveform*. Sem contar outros efeitos de parceiros comerciais da Adobe, como o Trapcode Sound Keys da Red Giant (https://www.redgiant.com/products/trapcode-sound-keys/).[1]

Ao longo deste capítulo, você vai aprender como usar áudio em suas animações, seja como a música que traz suas criações à vida, seja como o motor que gera as animações automaticamente. E você verá que isso também nos remeterá de volta às expressions, pois é por meio delas que podemos conectar a onda sonora aos parâmetros das nossas camadas.

Como adicionar áudio na timeline

Vamos começar pelo essencial: criar um projeto, adicionar uma música à timeline e mapeá-la manualmente. Este primeiro exercício é muito parecido com o que muitas vezes fazemos na montagem de filmes, principalmente videoclipes, em que a música determina mudanças repentinas na sequência de imagens.

Particularmente, eu não recomendo a montagem de filmes ou videoclipes no After Effects, uma vez que o Premiere Pro é o software da Adobe específico para a edição de filmes. Embora já tenha visto muita gente sequenciando imagens e áudio diretamente no After Effects, ele não é um software pensado para essa dinâmica, e tarefas que são infinitamente mais simples de fazer no Premiere Pro acabam por nos tomar muito mais tempo, sem necessidade. O mais indicado é que, quando você precisar criar alguma animação para o filme que esteja editando no Premiere Pro, você a faça no After Effects e a importe para o Premiere Pro por meio do comando *File > Adobe Dynamic Link > Import After Effects Composition*. Ou clique com o botão direito em um clipe na timeline do Premiere Pro e escolha a opção *Replace With After Effects Composition*.

---

1 Acessos aos sites informados neste capítulo em: 6 ago. 2021.

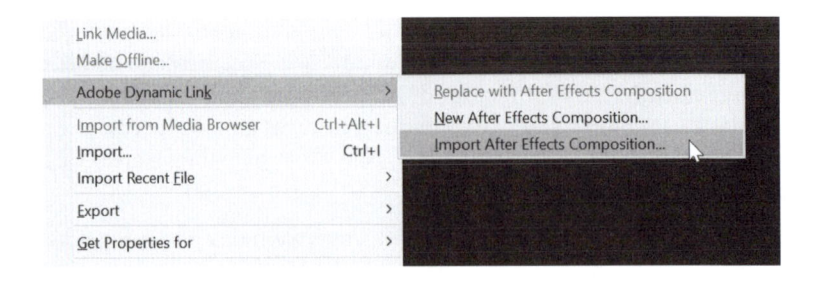

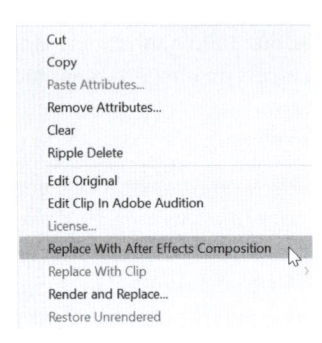

⊡ Exercício

Agora, você deverá abrir o projeto de *C10-Audio-Inicio.aep*, ou criar um novo, e importar a música *To Eris (edited).mp3*, que está na pasta do capítulo 10.

Antes de pensarmos em qualquer imagem ou animação, vamos começar adicionando o áudio a uma nova composição.

1. A partir da janela *Project*, arraste o arquivo *To Eris (edited).mp3* para o ícone de nova composição.

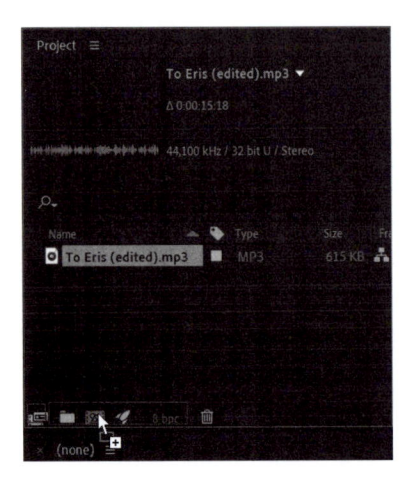

Ao arrastar um áudio para o ícone de nova composição do painel *Project*, o After Effects cria uma nova composição com a duração do áudio, usando os parâmetros da última composição criada para definir o tamanho da tela e a taxa de quadros por segundo.

2. Caso queira modificar os parâmetros da composição (por exemplo, *Width*, *Height* ou *Frame Rate*), entre em *Composition > Composition Settings* e faça as alterações.

3. Na timeline, expanda a camada 1 da música que foi adicionada a ela. Siga expandindo a opção *Audio* e, na sequência, *Waveform*. Assim, você conseguirá visualizar a onda sonora.

Ao pressionar a barra de espaço para rodar a pré-visualização, você conseguirá ouvir a música. Caso não ouça som algum, verifique no painel *Preview* se o botão de áudio está ligado.

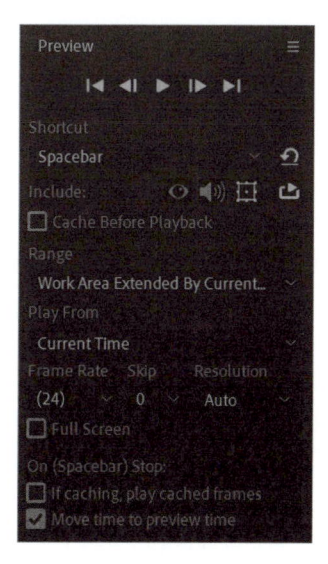

Como mapear o áudio na timeline

Para mapear o áudio na Timeline de maneira simples, é preciso ter um teclado numérico (ou remapear a tecla de atalho para o comando *Add Marker* entrando em *Edit > Keyboard Shortcuts*).

Com a camada de áudio selecionada na timeline e enquanto ouve a reprodução da música depois de ter pressionado a barra de espaço para rodar a pré-visualização, pressione o asterisco (*) do teclado numérico quando quiser adicionar um marcador.

Todos os marcadores podem ser movidos para ajustar seu tempo, e, com um duplo clique sobre eles, é possível adicionar um comentário, que ficará visível sobre a linha da respectiva camada.

 Consulte alguns dos atalhos mais importantes do After Effects nos links a seguir.

School of Motion: https://www.schoolofmotion.com/blog/30-essential-keyboard-shortcuts-in-after-effects.

Motion Design School: https://blog.motiondesign.school/after-effects-keyboard-shortcuts.

Como acompanhar o áudio com imagens

Marcar o áudio na timeline é extremamente útil para que possamos alternar as imagens de uma animação – por exemplo, a cada batida de uma música, a cada compasso, a cada momento específico que nos guie para tal mudança.

Apenas para ilustrar essa técnica, vamos trabalhar com as camadas de desenho (Shape Layers), que você já aprendeu a fazer no capítulo 8.

1. Clique em um espaço vazio da timeline, para que a camada de áudio não esteja selecionada.

2. Na barra de ferramentas, selecione a ferramenta *Rectangle* e configure a cor de preenchimento e a de contorno que preferir.

3. Segurando a tecla Shift, desenhe um quadrado na janela da composição (não se preocupe em deixá-lo centralizado agora).

4. Na timeline, expanda os parâmetros da camada *Shape Layer 1* até chegar em *Transform: Rectangle 1*.

5. Altere os valores X e Y de *Position* para *0*. Isso centralizará o quadrado.

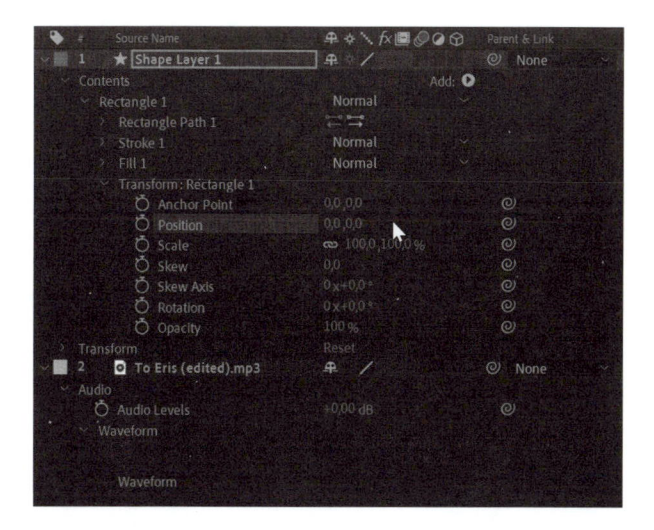

6. Clique com o botão direito do mouse sobre o nome da camada *Shape Layer 1*, selecione o comando *Rename* e a renomeie para *Quadrado*.

Você fará com que a cor do quadrado mude a cada batida mapeada da música.

7. Expanda a opção *Fill 1* da camada *Quadrado*. Você verá que, dentro dela, existe um parâmetro chamado *Color*.

8. Com a agulha no início da timeline, clique no cronômetro do parâmetro *Color* da camada *Quadrado*. Isso criará o primeiro keyframe, definindo que a cor do quadrado no início da animação é a que você configurou ao desenhá-lo.

9. Arraste a agulha segurando a tecla *Shift*, para que ela grude no próximo marcador que você adicionou ao áudio.

10. Com a agulha sobre o segundo marcador do áudio, clique sobre a cor do parâmetro *Color* e altere-a para outra que desejar.

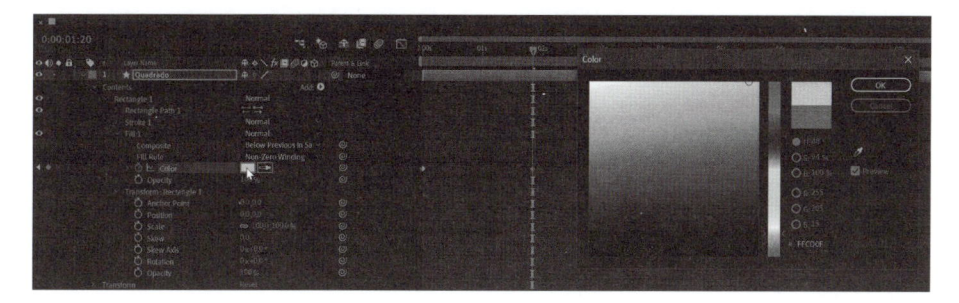

11. Siga fazendo isso até definir uma cor diferente para cada um dos marcadores que você adicionou ao áudio e, ao final, pressione a barra de espaço para assistir à animação.

Você verá que as cores mudarão de uma para a outra de forma sutil, em uma passagem contínua.

O objetivo, porém, é fazer com que cada cor apareça no momento exato da batida da música.

12. Selecione todos os keyframes adicionados, clique com o botão direito do mouse sobre um deles e selecione a opção *Toggle Hold Keyframe*. Essa opção manterá o valor do keyframe congelado até o próximo, fazendo com que a mudança passe a ser repentina, em vez de progressiva, linear.

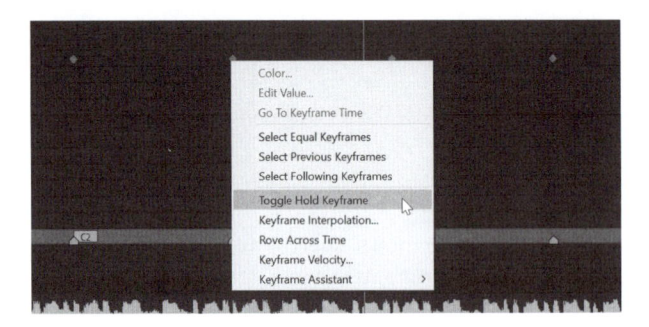

13. Recolha os parâmetros da camada *Quadrado* fechando a seta ao lado da opção *Contents*, para reduzir o espaço ocupado por ela na timeline. Você não alterará mais nenhum parâmetro do desenho da camada, apenas de sua transformação.

Áudio, keyframes e expressions: novas possibilidades

É quando transformamos o áudio em keyframes e os conectamos aos parâmetros de nossas camadas que conseguimos alcançar novas possibilidades e criar animações automaticamente, ritmadas, de maneira rápida e criativa.

Prosseguindo na animação do quadrado que você está fazendo, digamos que você queira agora que sua escala fique continuamente mudando de acordo com a música, seguindo todas as suas variações sonoras. É como ter uma caixa de som vibrando, em que a amplitude de cada frequência da música define e interfere em sua vibração.

COMO CONVERTER O ÁUDIO PARA KEYFRAMES

O primeiro passo para conectar o áudio via expressions a qualquer parâmetro de qualquer camada é convertê-lo para keyframes. Dessa forma, o After Effects cria, após análise da onda sonora, um gráfico que replica em keyframes as variações de amplitude do som.

1. Clique com o botão direito do mouse sobre a camada de áudio.

2. No menu suspenso, selecione a opção *Keyframe Assistant > Convert Audio to Keyframes*.

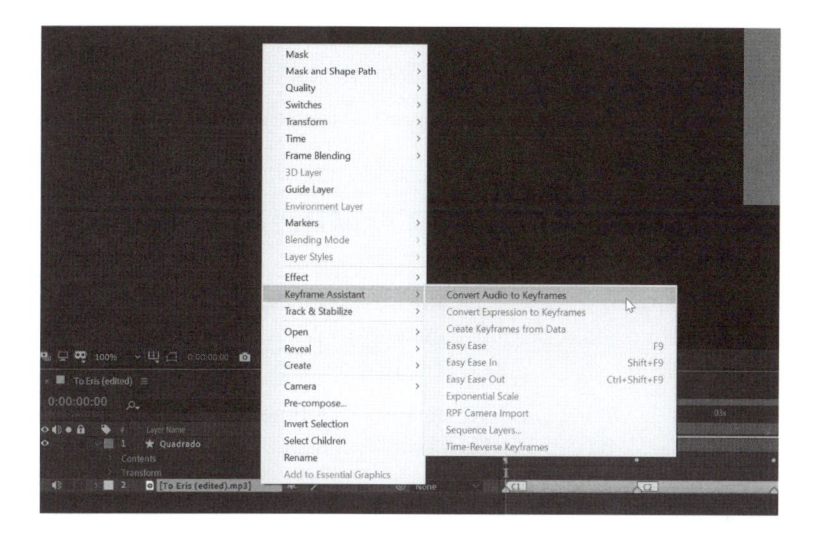

Ao fazer isso, você verá que uma nova camada aparecerá na timeline, chamada *Audio Amplitude*. Essa camada contém a conversão da onda sonora em keyframes, que você usará para definir a animação de escala do quadrado.

3. Expanda a camada *Audio Amplitude*, clicando na seta ao seu lado, e siga expandindo seus parâmetros até localizar o *Slider* dentro da opção *Both Channels*.

4. Selecione o parâmetro *Slider* clicando sobre ele (não clique no cronômetro, pois isso apagaria todos os keyframes).

5. Clique no botão *Graph Editor*, no topo da timeline, para revelar o gráfico dos keyframes.

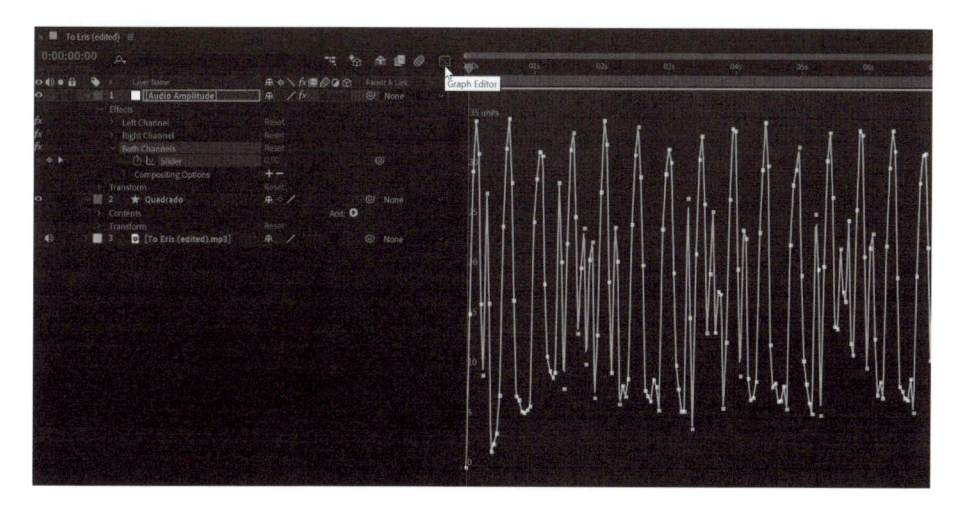

Observe como o gráfico gerado replica exatamente a onda sonora do áudio que foi usado como base para gerar a camada *Audio Amplitude*.

6. Desative o botão *Graph Editor*, para voltar à visualização tradicional da timeline, e mantenha o parâmetro *Slider* de *Both Channels* aberto.

7. Com a camada *Quadrado* selecionada, pressione a tecla S para revelar seu parâmetro *Scale*.

COMO CONECTAR O ÁUDIO A UM PARÂMETRO DE OUTRA CAMADA

Você já aprendeu como adicionar expressions a qualquer parâmetro no After Effects. E é adicionando uma expression ao parâmetro *Scale* do quadrado que você conseguirá conectá-la ao *Slider* do áudio, fazendo com que os valores de amplitude sejam aplicados à escala do seu desenho.

1. Segurando a tecla Option (macOS) ou a Alt (Windows), clique sobre o cronômetro do parâmetro *Scale* da camada *Quadrado*. A linha de código será aberta, e, nela, o código *transform.scale* estará digitado e selecionado.

2. Clique sobre a espiral (pick whip) da expression do parâmetro *Scale* e arraste-a para cima do parâmetro *Slider* de *Both Channels* da camada *Audio Amplitude*.

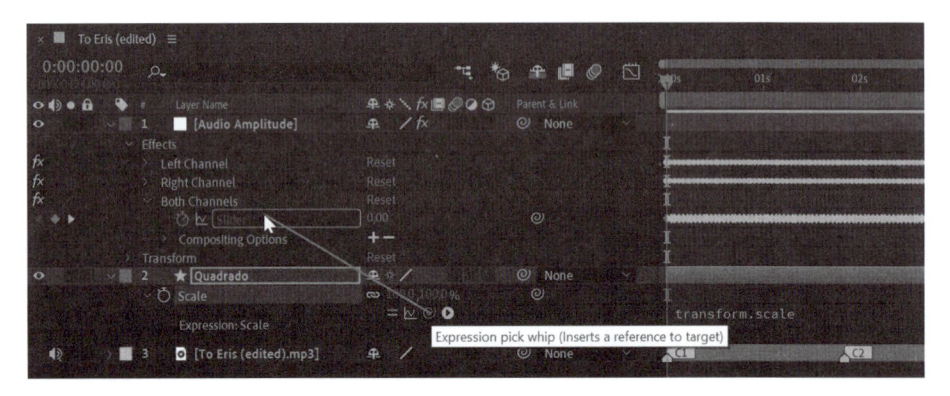

Ao arrastar a espiral, o valor previamente digitado na expression será substituído pelo novo valor gerado pela conexão estabelecida. Nesse código, você notará que o After Effects incluiu algo a mais: *temp*.

Como a escala é, ao menos, definida por dois parâmetros (X e Y), o After Effects precisa aplicar o valor de amplitude a ambos. Por isso, ele primeiro cria o que chamamos de variável ou *temp*, usada em programação para armazenar dados/valores, e a iguala ao valor de amplitude:

temp = thisComp.layer("Audio Amplitude").effect("Both Channels")("Slider");

Na sequência, em um agrupamento, especificamente um conjunto (*array*) em JavaScript, ele aplica o valor armazenado na variável *temp* aos dois parâmetros de escala, X e Y:

[temp, temp]

Em resumo, em *temp* (a variável) o valor de amplitude está sendo armazenado e, depois, aplicado tanto no eixo X quanto no eixo Y da escala em que a expression foi adicionada.

Porém, ao pressionar agora a barra de espaço para assistir à animação, você verá que o quadrado praticamente não alcança seu tamanho original, porque os valores de amplitude não são muito altos e não chegam nem perto de 100, para serem interpretados como 100% no caso da escala. Na verdade, os picos mais altos estão em torno de 35, o que representa apenas 35% da escala.

No capítulo anterior, você aprendeu que é possível incluir operações aritméticas simples ao código para aumentar ou diminuir o resultado, seja por soma (+), subtração (-), divisão (/) ou multiplicação (*). Aqui, você precisa multiplicar o valor resultante da expression por 3, por exemplo, para conseguir fazer com que a escala do quadrado chegue, nos picos, em 100%.

1. Clique na linha de código, para editá-la.
2. Insira o cursor no final da primeira linha, antes do ponto e vírgula, e digite *3.
3. Clique em um espaço vazio da timeline para processar a multiplicação.
4. Pressione a barra de espaço para assistir novamente à animação, agora com a escala do quadrado sendo 3 vezes o valor da amplitude do áudio.

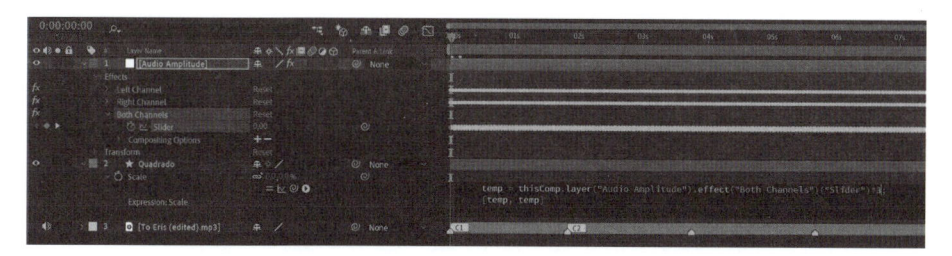

Você também pode, por exemplo, modificar a escala do eixo X separadamente do eixo Y, caso inclua essas operações aritméticas ao lado das palavras *temp* dentro dos colchetes. O primeiro *temp* representa a primeira dimensão, eixo X, enquanto o segundo *temp* representa a segunda dimensão, eixo Y. Haveria aí um terceiro *temp* se a camada estivesse com a chave 3D ligada (ver capítulo 7), o que habilitaria a terceira dimensão, eixo Z.

E não se esqueça de que você pode também ativar, na camada do quadrado, a chave *Motion Blur* para que a velocidade do movimento gere desfoque e a animação fique mais suave. Claro que tudo depende daquilo que você quer fazer em sua animação, e as possibilidades estão todas ali, à sua disposição. O importante é sempre lembrar que elas existem e saber o que elas fazem.

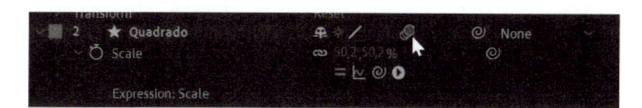

Para seguir adiante, para efeito de demonstração, eu manterei o *Motion Blur* desligado.

Como fazer o áudio mover uma imagem no eixo X ou Y isoladamente

Ainda sobre o uso das expressions como suporte para fazer uma animação acontecer conectada ao áudio, uma outra possibilidade é fazer com que ele mova qualquer camada (*Position*) no eixo X ou no eixo Y separadamente.

Por padrão, os eixos X e Y do parâmetro *Position* (e até o eixo Z, quando falamos de camadas em 3D) estão sempre juntos. Se conectarmos a amplitude do áudio a ele, o que teremos será uma imagem se movendo em todas as direções. Mas como definir que tal movimento automático aconteça apenas em um dos eixos, e não em todos?

Vamos primeiro preparar a timeline, para estabelecermos as conexões desejadas. A ideia é ligar a amplitude do canal esquerdo do áudio ao eixo X da posição do quadrado.

1. Feche a opção *Both Channels* da camada *Audio Amplitude* e abra a *Left Channel*, para revelar seu parâmetro *Slider*.

2. Selecione a camada *Quadrado* e pressione a tecla P, para revelar seu parâmetro *Position*. Veja os dois valores existentes nele, X e Y, respectivamente.

3. Clique com o botão direito do mouse sobre o nome *Position* e selecione o comando *Separate Dimensions*.

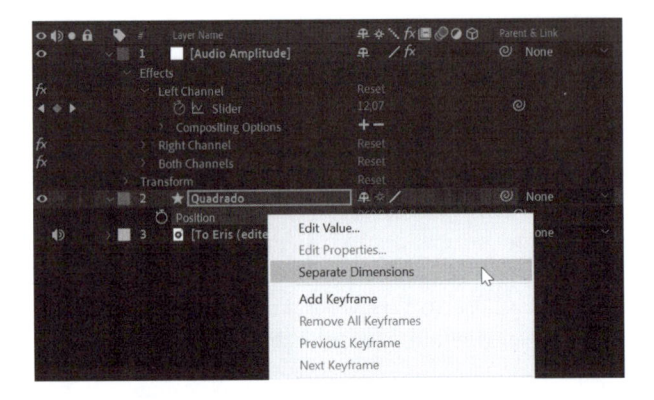

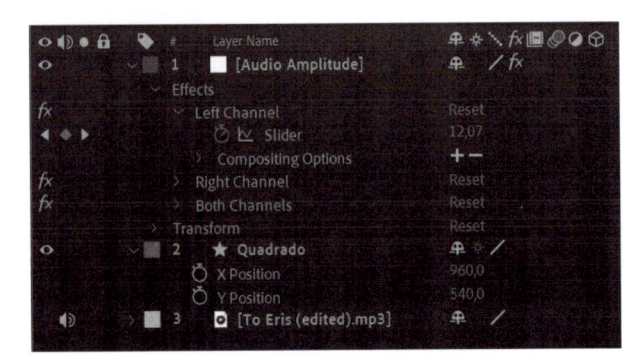

Quando usamos o comando *Separate Dimensions*, o After Effects separa as duas dimensões (ou três, em camadas 3D) para que possamos trabalhar em cada eixo isoladamente.

1. Segurando a tecla Option (macOS) ou a Alt (Windows), clique sobre o cronômetro do parâmetro X *Position*, para adicionar uma expression a ele.

2. Usando a espiral (pick whip) dessa expression, arraste-a para cima do parâmetro *Slider* de *Left Channel* da camada *Audio Amplitude*. Clique em uma área vazia da timeline para processar o código adicionado pelo After Effects.

Você notará que o quadrado irá para a esquerda e, ao assistir a animação, que ele se moverá pouco para a direita. O movimento será contínuo e rápido, por causa da variação de amplitude do áudio sendo aplicada à posição do eixo X da camada. No entanto, como a amplitude chega no máximo a 35, isso representa apenas 35 pixels de movimento no parâmetro *Position* (a composição está com 1920 pixels de largura). Não é à toa que o quadrado quase não sai do lugar. Por isso, as operações aritméticas são superimportantes.

3. Clique no final da linha de código digitada pelo After Effects e, antes do ponto e vírgula, digite **50*.

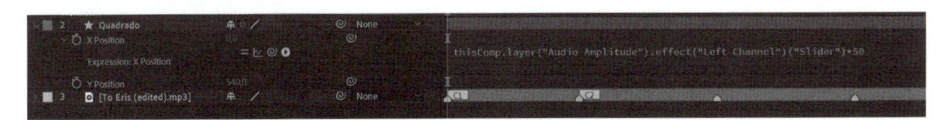

Com essa multiplicação, conseguimos fazer com que o quadrado navegue por toda a tela, da esquerda para a direita, uma vez que 35 (da amplitude) * 50 = 1750 (pixels).

Se preferir, deixe a chave *Motion Blur* da camada ligada, para que o quadrado fique desfocado de acordo com seu movimento e sua velocidade.

OS EFEITOS AUDIO SPECTRUM E AUDIO WAVEFORM

Além de criar animações por meio de expressions com base no áudio, o After Effects possui efeitos nativos que geram imagens de acordo com a amplitude ou a frequência de qualquer som que tenha sido colocado na timeline. Esses efeitos, que ficam dentro da categoria *Generate*, chamam-se Audio Spectrum e Audio Waveform.

Para concluir essa animação, você criará uma camada sólida e, nela, adicionará o efeito Audio Spectrum.

1. Clique em uma área vazia da timeline para não ter nenhuma outra camada selecionada.

2. Vá ao menu *Layer* e selecione a opção *New > Solid* (Cmd+Y, no macOS, ou Ctrl+Y, no Windows).

3. Escolha qualquer cor, mude o nome da camada para *Espectro Sonoro* e clique em *OK*.

4. Arraste a camada, na timeline, até ficar embaixo da camada *Quadrado*.

Sua timeline deverá estar como a mostrada na imagem a seguir.

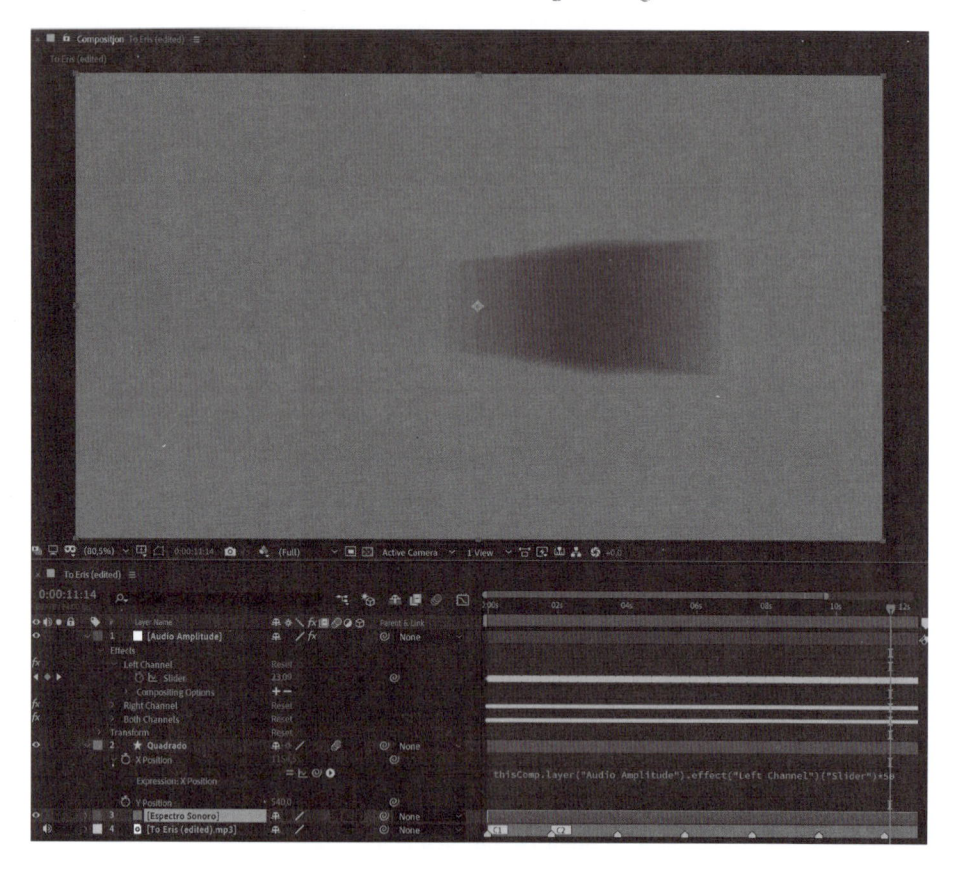

5. Acesse o painel *Effects* a partir do menu *Window* e localize, dentro da categoria *Generate*, o efeito Audio Spectrum. Arraste-o para cima da camada *Espectro Sonoro* que você acabou de criar.

O painel *Effect Controls* será aberto automaticamente ao mesmo tempo que a cor da sua camada sólida desaparecerá. Isso ocorre porque o efeito Audio Spectrum deixa a camada na qual ele é aplicado transparente. Apenas se você quiser manter a cor da sua camada, você pode ligar a opção *Composite On Original* (a última opção do efeito Audio Spectrum, ao final da lista de todos os parâmetros visíveis no painel *Effect Controls*). Eu não farei isso neste exercício.

6. Selecione, no primeiro parâmetro do efeito Audio Spectrum, *Audio Layer*, a camada de áudio *To Eris (edited).mp3*. Dessa maneira, o efeito passará a ter sua imagem gerada de acordo com a frequência da música. Rode a animação para fazer a pré-visualização.

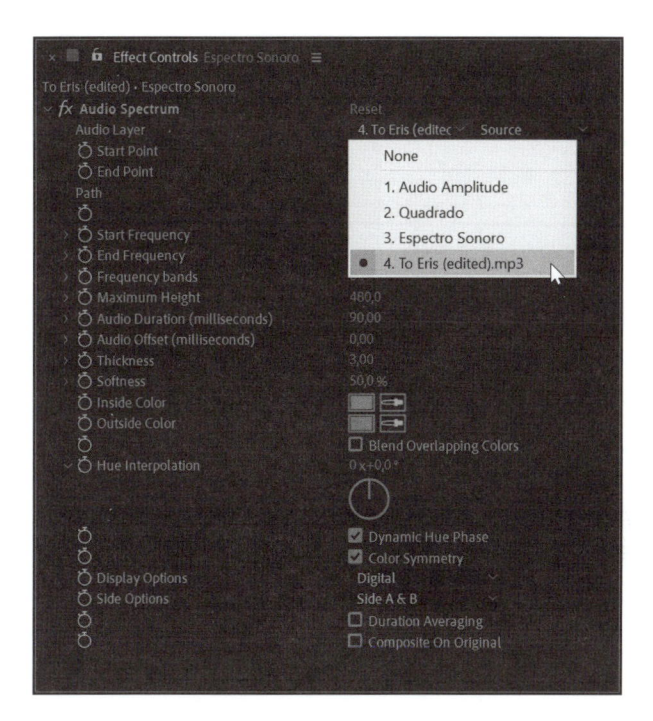

Os parâmetros *Start Point* e *End Point* do efeito Audio Spectrum permitem que você defina a posição em que a linha gerada por ele começa e acaba. Porém, em vez de alterá--los, você criará uma elipse que servirá como caminho (path) para o efeito.

7. Com a camada *Espectro Sonoro* selecionada, use a ferramenta *Ellipse* para desenhar uma elipse no meio da tela. Faça um círculo perfeito e concêntrico segurando as teclas Shift e Ctrl (Windows) ou Shift e Cmd (macOS) enquanto desenha. Isso criará uma máscara na camada. Mude o modo da máscara na timeline para *None* em vez de *Add*.

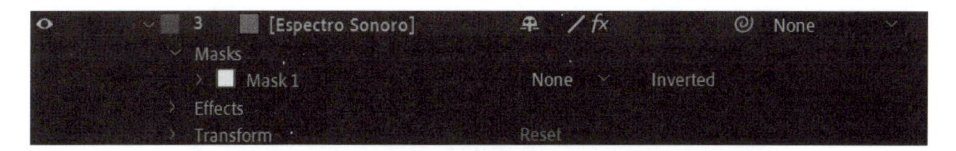

8. Com a camada ainda selecionada, localize o parâmetro *Path* do efeito Audio Spectrum no painel *Effect Controls* e selecione *Mask 1* no menu.

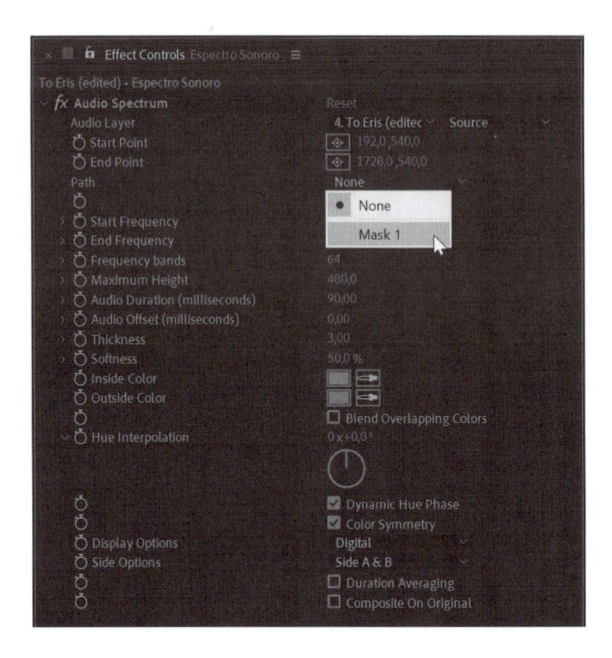

Clique em uma área vazia da timeline e rode a pré-visualização. Agora, o gráfico do espectro sonoro passará a ser animado na linha que você desenhou.

Para aperfeiçoar o resultado, você só precisa modificar os valores dos parâmetros do efeito, aumentando a sensibilidade à frequência, as cores do espectro e quaisquer outros que queira. A essa altura, você já deve ter se acostumado com o fato de que é muito comum, no After Effects, nós termos de testar o que faremos modificando os parâmetros e vendo os resultados.

Você ainda pode, caso queira que o espectro também fique em movimento contínuo de escala, por exemplo, adicionar uma expression ao parâmetro *Scale* da camada *Espectro Sonoro* e conectá-lo ao *Slider*, de *Both Channels*, da camada *Audio Amplitude*, como fez anteriormente com o quadrado. E, também, ligar a chave *Motion Blur* para criar o desfoque de movimento, como mostra a imagem a seguir.

⬚ Exercício

Nos arquivos do capítulo 10, você encontrará um projeto do After Effects completo, chamado *C10-Audio-Final.aep*. Abra-o e assista a ele para ver como pode ser o resultado final. Mas não deixe de explorar todas as possibilidades, para compreender, de modo mais profundo, como todas essas técnicas aprendidas até aqui podem ser utilizadas em conjunto a fim de criar animações cada vez mais elaboradas e complexas.

Anotações

11

Exportação (ou renderização) e o Adobe Media Encoder

OBJETIVOS

» Entender por que usar o Adobe Media Encoder para exportar animações

» Aprender a exportar um projeto pelo Adobe Media Encoder

» Saber escolher o formato e a predefinição (codec) para exportação

Quando você conclui sua animação no After Effects, exportá-la para publicação, distribuição ou incorporação em outro projeto (por exemplo, o de edição de filme no Premiere Pro) é a etapa mais importante. Exportar ou renderizar a timeline significa gerar o vídeo final de tudo aquilo que você construiu no After Effects, compactando-o de acordo com seu projeto e as diretivas para sua devida finalização.

É comum que, quando esse momento chega, muitos se confundam e não saibam ao certo a forma de proceder. E não há nada de errado nisso, visto que as opções de exportação são tantas que saber discernir entre uma ou outra é de fato uma tarefa complicadíssima. Mas não se apavore: é sobre isso que vou falar ao longo deste capítulo, com o objetivo de desmistificar esse processo e fazer você entender quais são as opções que deve observar para alcançar a melhor qualidade dentro dos limites do seu projeto.

Por que usar o Adobe Media Encoder para exportar animações?

Desde meu início no After Effects, o que data de 1998, a opção ideal (e única) para exportação dos projetos era a chamada fila de renderização ou *Render Queue*. E ela continua existindo até hoje: basta ver que o comando *File > Export* ainda mantém a opção *Add to Render Queue*.

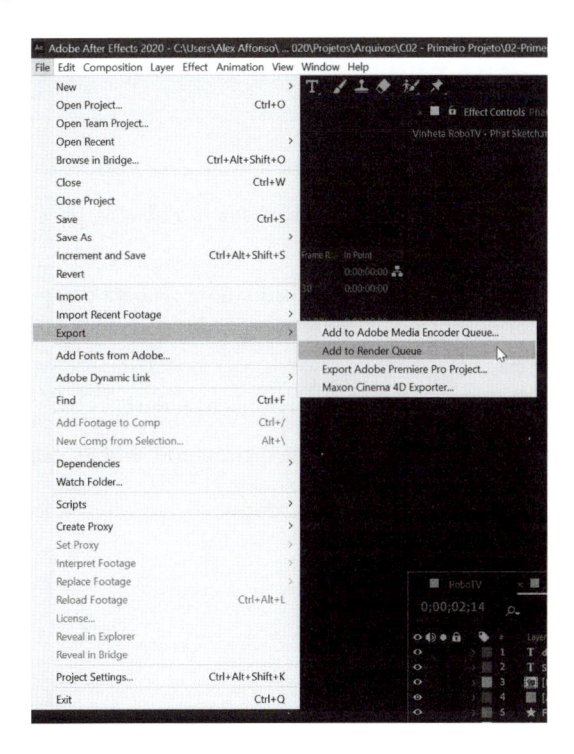

Porém, ao longo da evolução dos softwares de vídeo da Adobe, que hoje incluem Premiere Pro, Prelude, After Effects, Audition, Character Animator e Premiere Rush, ela criou um novo software dedicado especificamente à renderização, o Adobe Media Encoder. Ao instalar qualquer um dos softwares citados acima, o Media Encoder também é instalado, pois todos podem ter seus projetos exportados por meio dele – até o Photoshop. E repare, na imagem acima, que no mesmo comando *File > Export* a primeira opção agora é *Add to Adobe Media Encoder Queue*.

Uma grande vantagem desse modo mais atual de exportar os projetos do After Effects por meio do Adobe Media Encoder é a possibilidade de deixar a renderização acontecendo em segundo plano enquanto continuamos trabalhando no próprio After Effects. Ou seja, o software não fica bloqueado durante o processo de exportação. E é por isso que optei por explicar, aqui, a exportação apenas no Adobe Media Encoder, uma vez que nele encontramos todos os formatos necessários e comumente utilizados, incluindo aqueles de alta definição, como Apple ProRes e GoPro Cineform, ambos codecs que suportam 10 ou 12 bits de profundidade de cor.

Como exportar um projeto pelo Adobe Media Encoder

Para efeito de aprendizado, você vai exportar os projetos que criou a partir dos exercícios propostos neste livro em formatos e codecs diferentes.

Exercício

1. Comece abrindo o projeto finalizado do capítulo 2, seu primeiro projeto.

2. Dê um duplo clique sobre a composição *Vinheta RoboTV*, para abri-la tanto na timeline quanto no painel *Composition*.

Essa composição é como um projeto finalizado, uma vinheta completa que já possui o vídeo de fundo. E, por essa razão, você irá exportá-la no melhor formato para publicação direta no YouTube.

3. Mantenha a timeline ativa selecionada (a borda azul deverá estar ao redor do painel).

4. Acesse o menu *File > Export* e selecione o comando *Add do Adobe Media Encoder Queue*.

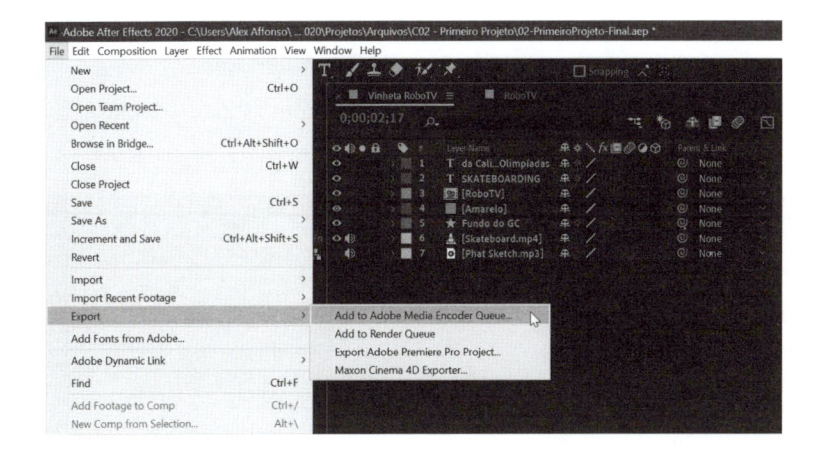

Aguarde até que o Adobe Media Encoder seja aberto, o que pode levar algum tempo (é normal que ele demore para abrir).

No Adobe Media Encoder, a timeline *Vinheta RoboTV* será adicionada à fila, à direita, e será o primeiro item da fila. Você adicionará também a animação do logo à fila de exportação, para poder gerar um vídeo apenas dele para utilização em qualquer outro projeto, mantendo seu fundo transparente.

5. Volte ao After Effects e abra a composição *RoboTV* do mesmo projeto, dando um duplo clique sobre ela no painel *Project*. Isso revelará sua timeline e a abrirá no painel *Composition*.

Independentemente de a Timeline ter muito mais tempo do que a animação, você exportará apenas 5 segundos dela. Essa configuração pode ser feita no Adobe Media Encoder, porém será mais simples se já estiver mapeada no próprio After Effects.

6. Coloque a agulha em 5 segundos (*0:00:05:00*).

Logo abaixo da agulha e também dos números que representam o tempo da timeline, está a *Work Area Bar*. Essa barra define o tempo exato da timeline em que você quer assistir à composição quando executar a pré-visualização ou exportá-la.

7. A partir do final da *Work Area Bar*, sobre sua extremidade azul, clique e arraste-a para a esquerda segurando a tecla Shift, até que ela grude na agulha que você deixou em 5 segundos.

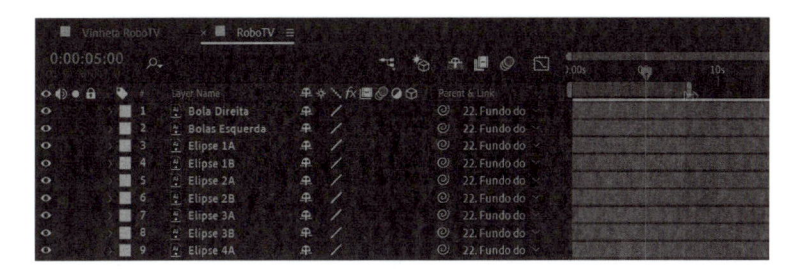

8. Acesse o menu *File > Export* e execute o comando *Add to Adobe Media Encoder Queue* para adicionar essa composição à fila de renderização.

A imagem abaixo mostra o Adobe Media Encoder com as duas composições em fila para renderização.

Na fila do Adobe Media Encoder, cada composição é representada por uma linha e pode ser exportada no formato e na predefinição necessários. Você pode até exportar as mesmas composições em diferentes formatos, sem precisar voltar ao After Effects. Agora que as composições já estão na fila do Adobe Media Encoder, basta fazer as configurações adequadas.

A primeira coluna define o formato de arquivo a ser gerado. Entre os formatos mais comuns, que usamos com frequência, estão os apresentados a seguir.

- **H.264:** Arquivo com extensão .mp4, é o mais universal de todos, pois pode ser reproduzido em qualquer sistema e foi adotado como padrão para reprodução na web, inclusive no reprodutor nativo do HTML5.

- **MPEG2-DVD ou MPEG2 Blu-Ray:** Arquivo com extensão .mpg usado para autoração tanto de DVD quanto de Blu-Ray. Apesar de ter sido extensivamente utilizado pela indústria do cinema e da música, hoje é menos comum em razão da distribuição via streaming, que utiliza o formato H.264.

- **JPG ou PNG ou Targa:** Formatos de imagem comuns para exportação quadro a quadro em alta qualidade. Utilizando essas opções, é possível criar sequências de imagens que podem ser depois importadas em qualquer software de edição de vídeo, como o Premiere Pro, ou de animação, como o próprio After Effects. A exportação em formato de imagem é muito comum no universo 3D, quando animações são feitas em softwares como Cinema4D, Maya ou 3Ds Max e exportadas em sequências de imagens para serem importadas em composições no After Effects ou em sequências no Premiere Pro. Uma das vantagens de ter imagens quadro a quadro é também a possibilidade de manipulá-las em lote no Photoshop e, depois, trazê-las de volta para projetos de animações, clipes, comerciais ou filmes.

- **QuickTime:** Formato de propriedade da Apple que possibilita o armazenamento da imagem sem compressão ou com codecs avançados para manipulação posterior da imagem em alta definição, com grande profundidade de bits, ideal para correção de cor, por exemplo. É no formato QuickTime que encontramos os codecs Apple ProRes e GoPro CineForm, por exemplo.

Escolhendo o formato e a predefinição (codec) para exportação

Você exportará a composição *Vinheta RoboTV* em formato H.264 para YouTube em resolução Full HD. Dessa maneira, seu vídeo final terá o formato 1920 × 1080 pixels e poderá ser carregado para o YouTube e transmitido em alta definição.

1. No Adobe Media Encoder, clique na seta da coluna *Formato* na linha da composição *Vinheta RoboTV* e escolha o formato *H.264*. Não é necessário clicar sobre o link que carrega o nome do formato, uma vez que isso abrirá a janela para configuração detalhada de todos os parâmetros de exportação.

2. Na coluna à direita, *Predefinição*, clique na seta ao lado da opção que foi automaticamente carregada e escolha *YouTube 1080p Full HD*.

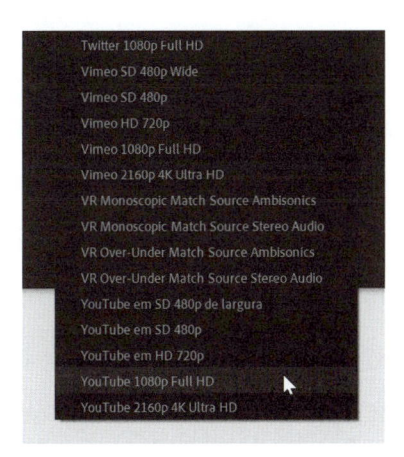

3. Na terceira coluna, *Arquivo de saída*, clique sobre o link com o caminho e o nome do arquivo para escolher onde salvar e definir o nome desejado.

Por se tratar de uma fila de renderização, você pode continuar configurando da maneira que desejar antes de iniciar a exportação. Vamos adicionar outro formato de exportação à mesma composição.

1. Com a composição *Vinheta RoboTV* selecionada na fila do Adobe Media Encoder (clique sobre o nome dela, ao lado do logotipo do After Effects), pressione o botão *Adicionar saída* logo acima, para adicionar mais um formato de exportação.

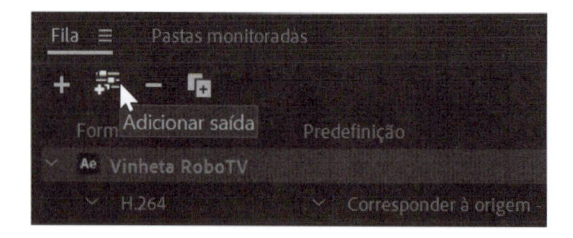

Uma segunda linha de formato de exportação será adicionada.

2. Selecione QuickTime como formato.

3. Em predefinição, selecione *Adobe Stock HD with Audio (Apple ProRes 422 HQ)*. Esse formato é um dos utilizados por todos que querem enviar seus vídeos para análise e posterior venda por meio do serviço de licenciamento de ativos chamado Adobe Stock.

4. Escolha o local para salvar o arquivo clicando sobre o nome dele, na coluna *Arquivo de saída*.

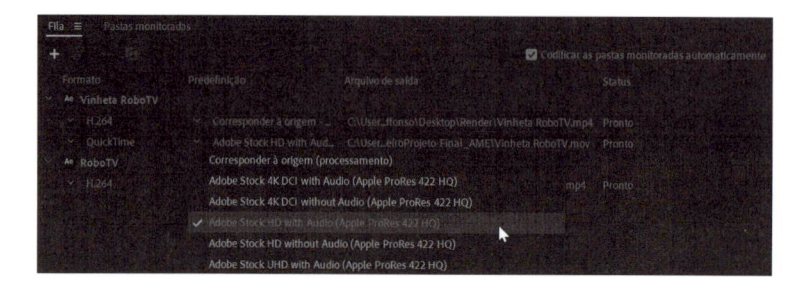

O codec Apple ProRes 422 HQ cria vídeos com baixa compressão, preservando profundidade de bits. É ideal para conteúdos que ainda serão utilizados em outros projetos.

Você ainda tem a composição *RoboTV* na fila, que é a animação do logotipo em fundo transparente. Nesse caso, você exportará a animação em uma sequência de imagens, especificamente .png. Assim, você preservará a transparência e poderá utilizar a animação em qualquer outro projeto, bastando importar a sequência de imagens, por exemplo, sobre um filme que esteja editando no Premiere Pro.

1. Clique na opção de formato da composição *RoboTV* e escolha *PNG*.

2. Na coluna predefinição, selecione *Sequência de PNG com alfa*, para preservar a transparência do fundo.

Tenha isso em mente: para preservar a transparência de suas animações, sempre exporte com um codec que suporte o canal alfa.

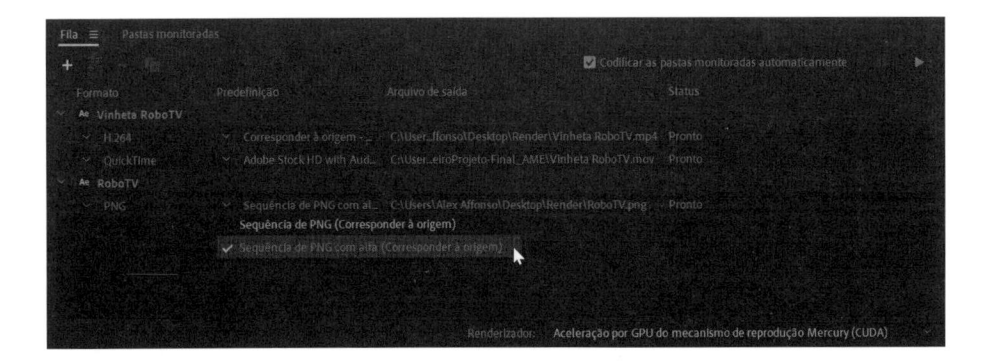

3. Defina o local e o nome do arquivo clicando sobre o link dele na coluna *Arquivo de saída*.

Agora que tudo está configurado, você está pronto para iniciar a renderização.

Para isso, você deve clicar na seta verde, no canto superior direito da janela do Adobe Media Encoder, dando início ao processo de renderização de todas as suas composições, com todas as saídas configuradas.

Enquanto renderiza, o Adobe Media Encoder mostra uma pré-visualização na seção *Codificando* para que você saiba como está o progresso de cada etapa.

Quando a renderização estiver concluída, acesse a pasta em que você salvou os arquivos para ver o resultado.

O arquivo em formato .mp4 pode ser reproduzido em qualquer player, por isso um simples duplo clique sobre ele o abrirá no reprodutor padrão do seu computador.

Já o arquivo .mov pode não rodar em determinados softwares, em razão do codec Apple ProRes que foi utilizado. No Mac, ele roda no próprio QuickTime, e no Windows você pode instalar o VLC Media Player para assistir. O VLC é o reprodutor de mídia mais universal que existe. De código aberto e gratuito, pode ser instalado em qualquer sistema e reproduz praticamente todos os formatos de arquivo existentes (é bom tê-lo instalado sempre).

Com relação à sequência de imagens, você verá que todas elas estarão dentro da pasta selecionada por você, todas salvas com o mesmo nome e um número sequencial. Para carregá-las em sequência como um vídeo no próprio After Effects, por exemplo, basta executar o comando *File > Import > File*, navegar até a pasta em que as imagens estão, selecionar uma delas e manter a opção *PNG Sequence* marcada antes de clicar em *Import*.

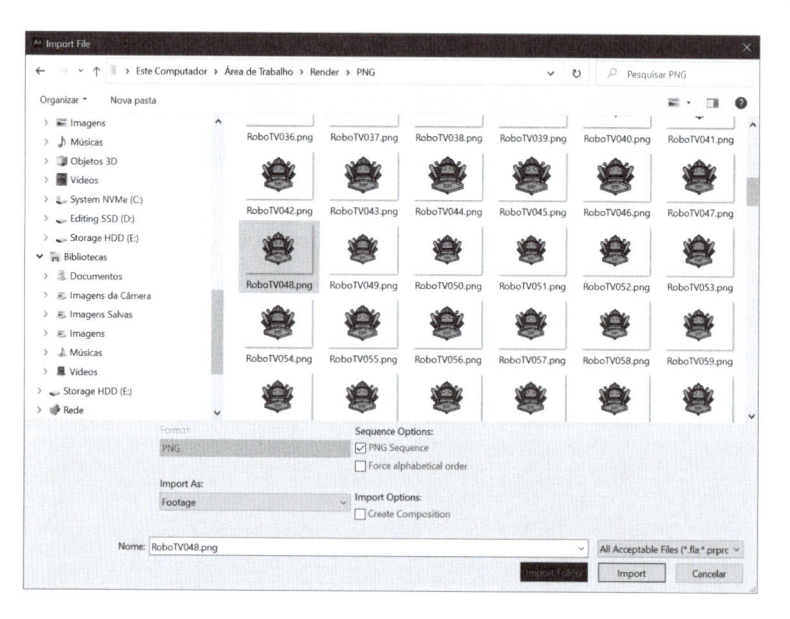

 Para mais informações sobre como o Adobe Media Encoder pode ser utilizado, acesse a documentação oficial da Adobe sobre ele (https://helpx.adobe.com/br/media-encoder/user-guide.html).[1]

---

1 Acesso em: 7 ago. 2021.

Anotações

Conclusão

E eis que chegamos ao final do livro, e agora você pode dizer que já tem uma base sólida de conhecimento do After Effects. Ao longo de todos os capítulos, você aprendeu a:

- criar projetos e composições;
- trabalhar com keyframes;
- utilizar gráficos para controlar suas animações;
- animar cenário e personagens;
- trabalhar com texto;
- fazer composição por sobreposição, colagem e transparência;
- recortar por Chroma Key, recurso muito usado no cinema;
- criar e animar cenas no espaço tridimensional;
- desenhar vetorialmente e animar seus desenhos;
- usar o áudio tanto para ritmar quanto para ambientar suas cenas;
- programar animações automáticas usando expressions;
- exportar/renderizar seus projetos em diversos formatos.

Ainda que seja muita coisa, estou certo de que a sensação é de que ainda há muito mais para aprender, não é? Mas não se espante, essa é a sensação que mesmo eu, depois de mais de vinte anos trabalhando com o After Effects, continuo tendo. Isso porque as possibilidades são mesmo infindas, não só por causa de toda a versatilidade criativa que o software nos proporciona mas também por existir uma imensa quantidade de plug-ins que ampliam ainda mais o universo da animação. Por isso, quero aproveitar este texto final do livro para falar de algumas maneiras de trabalhar com After Effects, integrado a outros softwares ou potencializado por alguns plug-ins indispensáveis.

Animação de personagens

A ferramenta *Puppet Pin*

Ao longo da evolução do After Effects, a Adobe se preocupou em cada vez mais facilitar a animação de personagens. Foi nesse software que surgiu a ferramenta *Puppet*, usada para criar pontos em qualquer lugar sobre uma imagem e, a partir deles, distorcê-la livremente. É como transformar um desenho em marionete. E, embora a ferramenta tenha sido desenvolvida para a animação de personagens, é possível utilizá-la para distorcer e animar livremente pontos em qualquer imagem.

Vamos dar uma olhada em como a ferramenta *Puppet* funciona.

⧉ Exercício

1. Abra o projeto *Puppet-Inicio.aep*, que está na pasta de exercícios *Conclusão*.

2. Na timeline, selecione a camada *Walker.psd*, nosso personagem.

3. Na barra de ferramentas, clique na ferramenta *Puppet Position Pin*.

Todas as demais ferramentas do grupo desempenham um papel diferente na maneira como a interferência e/ou a distorção na imagem ocorrerá.

4. Leve o mouse sobre o personagem no painel *Composition* e clique nos pés, nas mãos, nos ombros, na cintura, no pescoço e na cabeça, para adicionar um ponto de controle em cada um desses locais.

Cada ponto adicionado se torna um ponto de controle e também funciona como um ponto de fixação, que mantém o personagem fixo, como se ele tivesse sido alfinetado na parede.

5. Ainda com a ferramenta *Puppet Position Pin*, experimente colocá-la sobre um dos pontos adicionados, pressione o botão do mouse e arraste-o. Você notará que é possível esticar o personagem a partir desse ponto e movê-lo livremente.

Quando você começa a utilizar a ferramenta *Puppet* sobre uma camada, o efeito Puppet é adicionado a ela, e dentro dele é criada uma estrutura de acordo com a ferramenta utilizada. A *Puppet Position Pin* cria uma malha, chamada mesh, e, dentro dela, a opção *Deform*. É dentro de *Deform* que ficam os pontos adicionados à malha, responsáveis por gravar as posições X e Y deles à medida que você os altera.

Sabendo que toda animação se dá com a criação de keyframes, fica claro que, para animar cada ponto adicionado a um personagem, é preciso criar keyframes na timeline acionando o cronômetro de cada parâmetro *Puppet Pin* desejado. O processo pode ser, no entanto, bastante complexo e demorado, principalmente quando existem muitos pontos para animar.

Uma forma de fazer a animação de cada ponto adicionado a um personagem rapidamente é utilizando o atalho Ctrl (Windows) ou o Cmd (macOS). Veja como nos passos abaixo.

1. Usando a ferramenta *Puppet Position Pin*, coloque-a sobre o ponto que você adicionou à mão esquerda do personagem.

2. Segure a tecla Ctrl (Windows) ou a Cmd (macOS), pressione o botão do mouse sobre o ponto a ser animado e comece a mover o mouse.

Ao fazer isso, a agulha começa a correr na timeline, e o After Effects passa a gravar seu movimento como keyframes no parâmetro *Puppet Pin* do ponto selecionado.

3. Repita o processo para a outra mão e, depois, para os pés.

Depois de animar os pontos das mãos e dos pés, ao pré-visualizar sua animação você terá o personagem se movendo como se fosse uma marionete.

Para fazer com que o personagem se desloque da esquerda para a direita no cenário, basta adicionar a ele uma animação de posição, no tradicional parâmetro *Position* de *Transform*.

1. Com a camada *Walker.psd* selecionada, pressione a tecla P para revelar o parâmetro *Position*.

2. Com a agulha no início da timeline, pressione o cronômetro antes do nome *Position*, para ligar a gravação de keyframes e registrar a posição inicial do personagem.

3. Com o mouse sobre o primeiro número de *Position*, o eixo X, clique e arraste para a esquerda, diminuindo o valor e levando o personagem para a esquerda até que ele esteja fora da tela.

4. Leve a agulha para o final da timeline.

5. Com o mouse sobre o valor do eixo X de *Position*, clique e arraste para a direita, até que o personagem seja levado para o outro lado do cenário, saindo da tela à direita.

6. Assista à animação pressionando a barra de espaço.

Para aprender mais sobre as outras ferramentas Puppet, acesse https://helpx. adobe.com/support.html.[1]

O software Character Animator

Outra maneira de trabalhar com animações de personagens e cenários, com muito mais recursos e utilizando sua webcam para capturar as expressões e o movimento da boca durante suas falas, é o software Adobe Character Animator.

Ele é um software independente que também deve ser instalado a partir do aplicativo Creative Cloud, mas trabalha integrado ao After Effects. Na realidade, depois de fazer uma animação de personagem no Character Animator, basta importar seu projeto ao After Effects para adicioná-lo à sua animação e/ou ao seu cenário.

Vamos explorar brevemente essa integração, para você saber por onde começar caso queira se aventurar no universo da animação de personagens.

 ## Exercício

1. Abra o Adobe Character Animator.

2. Clique em *File > Open Project* e navegue até a pasta de exercícios *Conclusão*.

3. Selecione o arquivo *Walker.chproj* e clique em *Abrir*.

---

1   Acessos aos sites informados neste capítulo em: 7 ago. 2021.

O personagem foi desenhado no Photoshop, mas poderia ser igualmente desenhado no Illustrator, uma vez que a estrutura de personagens pode ser feita em qualquer um desses softwares. Saiba mais sobre como criar personagens para usar no Character Animator acessando https://helpx.adobe.com/br/after-effects/character-animator.html.

4. No painel *Camera & Microphone*, caso você tenha uma webcam instalada em seu computador, pressione o botão *Set Rest Pose* enquanto olha para o centro da tela. Isso define a posição de repouso do personagem.

5. Comece a se mexer e a falar. Você verá que o personagem imitará você em tempo real. Pressione o botão *Record* do painel *Scene* para gravar sua atuação.

6. Salve o projeto acessando *File > Save Project Version*.

7. Volte para o After Effects e importe o projeto *Walker.chproj* do Character Animator por meio do comando *File > Import > File*.

8. Na janela de seleção de cena que o After Effects abrir, selecione *Scene - Walker* (a única cena deste projeto) e clique em *OK*.

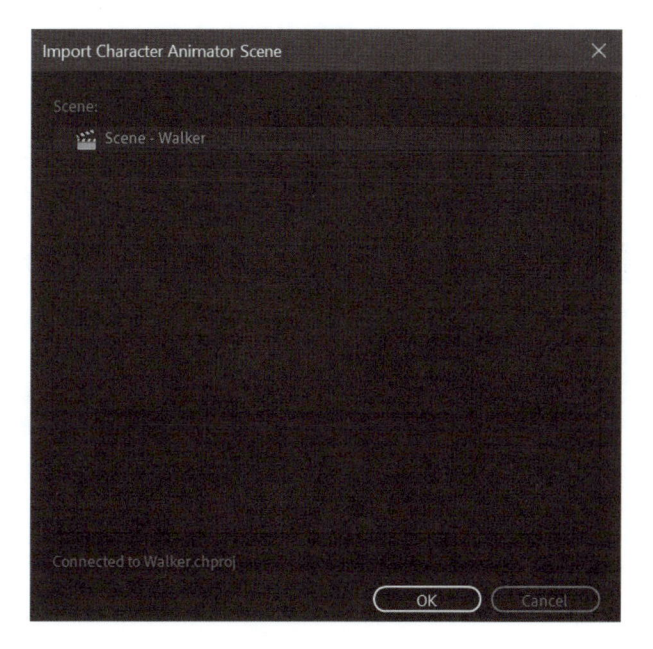

9. Arraste o arquivo importado para o botão *Create a New Composition* do painel *Project* para criar uma nova composição e adicioná-lo a ela.

10. Pressione a barra de espaço para assistir.

Dessa forma, você pode perceber que o projeto do Character Animator se comporta como uma animação pronta na timeline do After Effects. Você pode adicionar outros elementos ao cenário, criando efeitos e ambientando sua animação da maneira como desejar.

Uma excelente fonte de estudos sobre o Character Animator é o website https://okaysamurai.com/puppets/, do Dave Werner, Senior Experience Designer Lead na Adobe. Não deixe de consultá-lo caso você queira aprender tudo sobre o Character Animator com o responsável pela criação de todos os personagens que são disponibilizados junto do software.

Duik, um plug-in indispensável

Uma excelente opção para animação de personagens no After Effects é o plug-in Duik Bassel, da RainBox Lab. Com esse plug-in é possível criar uma estrutura óssea, recurso conhecido como rigging, que nos permite distorcer personagens por articulações, diferentemente da ferramenta *Puppet*, que trata o desenho como marionete.

No canal oficial dos desenvolvedores do plug-in no YouTube, você encontra uma lista de dicas de utilização do Duik no After Effects. Basta acessar https://bit.ly/2LEGmMo.

Plug-ins

Um imenso universo de possibilidades se abre quando começamos a explorar os plug-
-ins que são desenvolvidos para o After Effects. É por meio deles que se criam muitas
das animações que vemos nas vinhetas dos canais de TV a cabo, por exemplo. Texturas
animadas, luzes, efeitos sonoros acompanhados de imagens e muito mais são possíveis
com os plug-ins. No entanto, a grande maioria deles não é gratuita, e a licença pode ser
bastante cara (muitas vezes, viável apenas para grandes produtoras).

Na página oficial da Adobe, você encontra uma lista de todos os desenvolvedores certi-
ficados, seus plug-ins e uma breve descrição de seus recursos. Vale a pena conferir em
https://helpx.adobe.com/br/after-effects/plug-ins.html.

Entre os plug-ins que eu mesmo já utilizei muito e considero essenciais, estão os listados
a seguir.

- **RedGiant Trapcode Suite:** Criação de partículas, fumaça, luzes, efeitos 3D e animação baseada em música. Disponível em: https://www.redgiant.com/products/
  trapcode-suite/.

- **Cycore FX:** Excelente biblioteca de plug-ins para gerar elementos diversos, já inclu-
  sa nativamente no After Effects. Basta procurar por *CC* no painel *Effects & Presets*
  para acessar a lista completa deles.

- **Boris FX:** Efeitos e transições diversos, como correção de cor, distorção, luzes, fumaça, textura, etc. Disponível em: https://borisfx.com/products/sapphire/.

- **RE:Vision Effects:** Redução de ruído, reconstrução de imagem, desfoque de movimento aprimorado, sombra, volume e muito mais. Disponível em: https://revisionfx.com/.

3D e Camera Tracker

O After Effects ainda vai além quando conectado ao Cinema 4D ou ao Mocha AE, da
Boris FX. Embora sejam soluções distintas, é muito comum usar o Mocha para rastrear
o movimento de câmera de um filme ou uma animação 3D e aplicá-lo a uma imagem
no After Effects.

Ambas as soluções vêm como versões limitadas no After Effects, podendo ser usadas
comercialmente. O Cinema 4D Light nos permite criar animações ou imagens 3D em
formato HD (1280 × 720 pixels), enquanto o Mocha AE permite o rastreamento de câmera com algumas limitações de recursos mais avançados.

Você pode descobrir mais sobre como utilizar o Cinema 4D e o After Effects para unir
animação 2D e 3D acessando:

- **Maxon:** https://www.maxon.net/en/cineware-aftereffects;

- **Adobe:** https://helpx.adobe.com/br/after-effects/how-to/introducing-cinema4d-lite
  -aftereffects.html;

- **School of Motion:** https://www.schoolofmotion.com/blog/cinema-4d-to-after-effects.

E, para descobrir mais sobre como rastrear movimento de câmera usando o Mocha AE, acesse:

- **Boris FX:** https://helpx.adobe.com/support.html;
- **Boris FX no YouTube:** https://www.youtube.com/watch?v=hLiqXRhNiSc;
- **Adobe:** https://helpx.adobe.com/after-effects/how-to/add-digital-tattoo.html.

Expressions

Esta lista de recomendações sobre o que pesquisar e estudar para seguir evoluindo no uso do After Effects não poderia ficar sem uma referência ao mundo das expressions.

Como você viu no capítulo sobre expressions, é pela programação em JavaScript que conseguimos elevar nossas animações a um patamar no qual os elementos ganham vida, literalmente, e passam a se movimentar sozinhos, respondendo a gatilhos que são definidos por nós.

Por exemplo, uma boa expression que sempre utilizo em diversos momentos é a de criar o que chamamos de bounce, um efeito de vai e volta como uma mola, fazendo objetos serem lançados até certo ponto e recuarem em razão de uma resistência predefinida.

Digamos que você queira fazer um movimento de posição em um objeto, de modo que vá da esquerda para a direita. Tudo o que você vai precisar é de dois keyframes, o inicial e o final, registrando as duas diferentes posições. Para dar naturalidade a esse movimento, adicionar o efeito bounce é uma boa saída. Basta selecionar o parâmetro Position da camada animada, adicionar uma expression a ela (clique sobre o cronômetro segurando a tecla Alt, no Windows, ou a Option, no macOS) e digitar, na linha de código, o seguinte:

```
e = .7; //elasticity
g = 5000; //gravity
nMax = 9; //number of bounces allowed
n = 0;
if (numKeys > 0){
 n = nearestKey(time).index;
 if (key(n).time > time) n--;
}
if (n > 0){
 t = time - key(n).time;
 v = -velocityAtTime(key(n).time - .001)*e;
 vl = length(v);
 if (value instanceof Array){
  vu = (vl > 0) ? normalize(v) : [0,0,0];
```

```
}else{
  vu = (v < 0) ? -1 : 1;
  }
 tCur = 0;
 segDur = 2*vl/g;
 tNext = segDur;
 nb = 1; // number of bounces
 while (tNext < t && nb <= nMax){
   vl *= e;
   segDur *= e;
   tCur = tNext;
   tNext += segDur;
   nb++
 }
 if(nb <= nMax){
   delta = t - tCur;
   value +  vu*delta*(vl - g*delta/2);
 }else{
   value
 }
}else
 value
```

Pode parecer assustador um código desse tamanho para tal efeito, mas não se deixe enganar. Você pode simplesmente copiar esse código em sua animação. O principal aqui são as três primeiras linhas, nas quais você tem:

- **e = .7** definindo a elasticidade. Esse valor pode ser alterado para qualquer outro e, quanto maior ele for, maior será o efeito mola;

- **g = 5000** definindo a gravidade. Quando maior for esse valor, maior será a força da gravidade e, por consequência, a força com que o objeto será puxado de volta para seu ponto inicial;

- **nMax = 9** definindo o número de vezes que o objeto irá e voltará, até que o efeito mola se acabe.

Para saber mais detalhes sobre esse código, baixar arquivos de exemplo e praticar o efeito, acesse https://www.schoolofmotion.com/blog/after-effects-bounce-expression.

São muitas as possibilidades quando falamos de expressions, e aprender desde o básico e ir evoluindo aos poucos, entendendo a lógica e sua aplicação, é essencial para dominar esse aspecto do After Effects. Por isso, eu recomendo fortemente que você acesse o website Animoplex, que apresenta informações excelentes sobre o tema. Busque "World of Expressions", em https://www.animoplex.com/learn/expressions.html#101.

Considerações finais

Como você pôde perceber, aprender After Effects é um caminho sem volta. Quanto mais você aprender, mais vai querer aprender, pois o software é instigante, e trabalhar com ele é extremamente prazeroso.

Por fim, caso você queira acompanhar meus conteúdos nas redes sociais e ficar por dentro do que eu ando fazendo, fique à vontade para me seguir. No Instagram sou @alexmeajuda, e no YouTube você encontra meu canal em https://youtube.com/alexmeajuda.

Como educador, estou sempre buscando compartilhar meu conhecimento com quem quer aprender e transformar a maneira como trabalha com softwares criativos. Nada é mais incrível do que saber que contribuo para desvendarem aquilo que é mais importante, a essência do software, e passarem a utilizá-lo de forma consciente, dominando de fato seus recursos e aplicando-os criativamente em seus projetos.

Anotações

Anotações

Sobre o autor

Alex Affonso é Global Sales Enablement Trainer para a América Latina da Adobe. Atuou também como consultor para a área criativa da Adobe no Brasil, Adobe Campus Leader, Adobe Education Trainer e Adobe Certified Instructor. Alex começou a trabalhar no mercado criativo em 1998, produzindo *trailers* de games para distribuidoras no Brasil. Na época, cursava letras na Universidade de São Paulo (USP). Depois, fez educação artística na Universidade Estadual Julio de Mesquita Filho (Unesp). Com o passar do tempo, especializou-se nos softwares da Adobe e se enveredou pela área da educação. Em seus treinamentos, procura enfatizar uma aprendizagem "orgânica" (como gosta de ressaltar) do After Effects, em que tudo está interligado e as ferramentas são uma extensão de nós mesmos, pelas quais nos expressamos de maneiras que vão além das possibilidades da nossa natureza.

Índice geral